清涼國師華嚴經疏鈔

청량국사화엄경소초 42

— 십무진장품 ① —

청량징관 찬술 · 관허수진 현토역주

운주사

서언

천이백 년 침묵의 역사를 깨고

오늘도 나는 여전히 거제만을 바라본다.
겹겹이 조종하는 산들
산자락 사이 실가닥 저잣길을 지나 낙동강의 시린 눈빛
그 너머 미동도 없는 평온의 물결 저 거제만을 바라본다.
십오 년 전 그날 아침을 그리며 말이다.
나는 2006년 1월 10일 은해사 운부암을 다녀왔다.
그리고 그날 밤 열한 시 대적광전에서 평소에 꿈꾸어 왔던 『청량국사 화엄경소초』 완역의 무장무애를 지심으로 발원하고 번역에 착수하였다.
나의 가냘픈 지혜와 미약한 지견으로 부처님의 비단과도 같은 화장세계에 청량국사의 화려하게 수놓은 소초의 꽃을 피워내는 긴 여정을 시작한 것이다.
화엄은 바다였고 수미산이었다.
그 바다에는 부처님의 용이 살고 있었고
그 산에는 부처님의 코끼리가 노닐고 있었다.
예쁘게 단장한 청량국사 소초의 꽃잎에는 부처님의 생명이 태동하고 있었고,
겁외의 연꽃 밭에는 영원히 지지 않는 일승의 꽃이 향기를 뿜어내고

있었다.
그 바다 그 산 그리고 그 꽃밭에서 10년 7개월(구체적으로는 2006년 1월 10일부터 2016년 8월 1일까지) 동안 자유롭게 노닐었다.
때로는 산 넘고 강 건너 협곡을 지나고
때로는 은하수 별빛 따라 오작교도 다니었다.
삼경 오경의 그 영롱한 밤
숨쉬기조차 미안한 고요의 숭고함
그 시공은 영원한 나의 역경의 놀이터였다.

애시당초 이 작업은 세계 인문학의 자존심
내가 살아 숨쉬는 이 나라 대한민국 그리고 불교의 자존심에 기인한 것이다.
일찍이 그 누가 이 청량국사의 『화엄경소초』를 완역하였다면 나는 이 작업을 하지 않았을 것이다.
지금도 여전히 완역자는 없다.
더욱이 이 『청량국사화엄경소초』의 유일한 안내자 인악스님의 『잡화기』와 연담스님의 『유망기』도 그 누가 번역한 사실이 없다.
그러나 내 손안에 있는 두 분의 『사기』는 모두 다 번역하여 주석으로 정리하였다.

이 청량국사 화엄경의 소는 초를 판독하지 않으면 알 수가 없다.
그래서 그 이름을 구체적으로 대방광불화엄경수소연의초大方廣佛華嚴經隨疏演義鈔라 한 것이다.

즉 대방광불화엄경의 소문을 따라 그 뜻을 강연한 초안의 글이라는 것이다.
청량국사는 『화엄경』의 소문을 4년(혹은 5년) 쓰시되 2년차부터는 소문과 초문을 함께 써서 완성하시고 5년차부터 8년 동안 초문을 쓰셨다.
따라서 그 소문의 양은 초문에 비하면 겨우 삼분의 일에 지나지 않는다 할 것이다.

나는 1976년 해인사 강원에서 처음 『청량국사화엄경소초 현담』 여덟 권을 독파하였고,
1981년부터 3년간 금산사 화엄학림에서 『청량국사화엄경소초』를 독파하였다.
그때 이미 현토와 역주까지 최초 번역의 도면을 완성하였고,
당시에 아쉽게 독파하지 못한 십정품에서 입법계품까지의 소초는 1984년 이후 수선 안거시절 해제 때마다 독파하여 모두 정리하였다.

그러나 번역의 기연이 맞지 않아 미루다가 해인사 강주시절 잠시 번역에 착수하였으나 역시 기연이 맞지 않아 미루었다.
그리고 드디어 2006년 1월 10일 번역에 착수하여 2016년 8월 1일 십만 매 원고로 완역 탈고하고, 2020년 봄날 시공을 초월한 사상 초유 『청량국사화엄경소초』가 1,200년 침묵의 역사를 깨고 이 세상에 처음 눈을 뜨게 된 것이다.

번역의 순서는 먼저 입법계품의 소초, 다음에는 세주묘엄품 소초에서 이세간품 소초까지, 마지막으로 소초 현담을 번역하였다.
번역의 형식은 직역으로 한 글자도 빠뜨리지 않고 번역하였다. 따라서 어색하게 느껴지는 곳도 있을 것이다.
예를 들면 소所 자를 "바"라 하고, 지之 자를 지시대명사로 "이것, 저것"이라 하고, 이而 자를 "그러나"로 번역한 등이 그렇다.
판본은 징광사로부터 태동한 영각사본을 뿌리로 하였고, 대만에서 나온 본과 인악스님의 『잡화기』와 연담스님의 『유망기』와 또 다른 사기 『잡화부』(잡화부는 검자권부터 광자권까지 8권만 있다)를 대조하여 번역하였다.

앞에서 이미 말한 것처럼, 그 누가 청량국사의 『화엄경소초』를 완역한 적이 있었다면 나는 이 번역에 착수하지 않았을 것이다.
지금까지 이 황금보옥黃金寶玉의 『청량국사화엄경소초』가 번역되지 아니한 것은 나에게 주어진 시대적 사명이고 역사적 명령이라 생각한다.
나는 이 『청량국사화엄경소초』의 완역으로 불조의 은혜를 갚고 청량국사와 은사이신 문성노사 그리고 나를 낳아준 부모의 은혜를 일분 갚는다 여길 것이다.

끝으로 이 『청량국사화엄경소초』가 1,200년의 시간을 지나 이 세상에 눈뜨기까지 나와 인연한 모든 사람들 그리고 영산거사 가족과 김시열 거사님께 원력의 보살이라 찬언讚言하며, 나의 미약한 번역으로 선지자의 안목을 의심케 할까 염려한다.
마지막 희망이 있다면 이 『청량국사화엄경소초』의 완역 출판으로 청량국사에 대한 더욱 깊고 넓은 연구와 『화엄경』에 대한 더욱 다양한 연구가 이루어지기를 바라는 것뿐이다.
장세토록 구안자의 자비와 질책을 기다리며 고개 들어 다시 저 멀리 거제만을 바라본다.
여전히 변함없는 저 거제만을.
2016년 8월 1일 절필시에 게송을 그리며

長廣大說無一字 장광대설무일자
無碍眞理亦無義 무애진리역무의
能所兩詮雙忘時 능소양전쌍망시
劫外一經常放光 겁외일경상방광

화엄경의 장대한 광장설에는 한 글자도 없고
화엄경의 걸림없는 진리에는 또한 한 뜻도 없다.
능전의 문자와 소전의 뜻을 함께 잊은 때에
시공을 초월한 경전 하나 영원히 광명을 놓누나.

불기 2568년 음력 1월 10일 최초 완역장
승학산 해인정사 관허 수진

● 화엄경소초현담華嚴經疏鈔玄談(1~8)

● 화엄경소초華嚴經疏鈔

1. 세주묘엄품世主妙嚴品
2. 여래현상품如來現相品
3. 보현삼매품普賢三昧品
4. 세계성취품世界成就品
5. 화장세계품華藏世界品
6. 비로자나품毘盧遮那品
7. 여래명호품如來名號品
8. 사성제품四聖諦品
9. 광명각품光明覺品
10. 보살문명품菩薩問明品
11. 정행품淨行品
12. 현수품賢首品
13. 승수미산정품昇須彌山頂品
14. 수미정상게찬품須彌頂上偈讚品
15. 십주품十住品
16. 범행품梵行品
17. 초발심공덕품初發心功德品
18. 명법품明法品

19. 승야마천궁품昇夜摩天宮品

20. 야마천궁게찬품夜摩天宮偈讚品

21. 십행품十行品

22. 십무진장품十無盡藏品

23. 승도솔천궁품昇兜率天宮品

24. 도솔천궁게찬품兜率天宮偈讚品

25. 십회향품十迴向品

26. 십지품十地品

27. 십정품十定品

28. 십통품十通品

29. 십인품十忍品

30. 아승지품阿僧祇品

31. 여래수량품如來壽量品

32. 보살주처품菩薩住處品

33. 불부사의법품佛不思議法品

34. 여래십신상해품如來十身相海品

35. 여래수호광명공덕품如來隨好光明功德品

36. 보현행품普賢行品

37. 여래출현품如來出現品

38. 이세간품離世間品

39. 입법계품入法界品

영인본 7책 雲字卷

대방광불화엄경수소연의초 제이십일권의 일권

大方廣佛華嚴經隨疏演義鈔 第二十一卷之一卷

우진국 삼장사문 실차난타 번역
청량산 대화엄사 사문 징관 찬술
대한민국 조계종 사문 수진 현토역주

십무진장품 제이십이의 일권

十無盡藏品 第二十二之一卷

疏

初來意者는 總有五義하니 一은 爲答前第二會初에 十藏問故라 二는 前明正位하고 今依位起行故니 同梵行品이라 三은 前約位別行하고 今辨始終通行故라 四는 前明成位行하고 今辨淨治彼行故니 同十地中에 信等十行이라 五는 前明自分究竟하고 今辨勝進趣後니 同上明法이라 準問인댄 應在十迴向後로대 今此辨者는 略有二義하니 一은 云藏有二義하니 約蘊攝義인댄 在十行後요 約出生義인댄 在十地前이니 義通二處일새 問答互顯하니라 二는 云迴向은 無別自體하고 但以能迴前行으로 爲其自體어니와 今十藏은 旣爲十行勝進하며 亦爲迴向勝進일새 故迴向後에 無別勝進하니 此卽前後互擧하야사 顯義方備니라 然明法品과 及第五迴向에 皆有十藏이나 隨三賢異일새 故不相濫이니라 又前是勝進所成이요 後是一位之果어니와 今通爲勝進일새 故意旨不同하니라

처음에 이 품이 여기에 온 뜻은 모두 다섯 가지 뜻이 있나니

첫 번째는 앞의 제 이회第二會 초에 십장十藏에 대한 질문을 답하는 까닭이다.

두 번째는 앞에서는 정위正位를 밝혔고 지금에는 지위를 의지하여 행을 일으키는 까닭이니 범행품과 같다.

세 번째는 앞에서는 지위의 별행을 잡았고[1] 지금에는 시종始終의 통행을 분별하는 까닭이다.

네 번째는 앞에서는 지위의 행을 밝혀 성립하였고 지금에는 저 행을 청정하게 다스림을[2] 분별하는 까닭이니 십지 가운데 신信 등 십행과 같다.

다섯 번째는 앞에서는 자분의 구경을 잡았고 지금에는 승진의 후위에 나아감을 분별하는 것이니 위에 명법품과 같다.

질문[3]한 것을 기준한다면 응당히 십회향품 뒤에 있어야 할 것이지만 지금 여기에서 분별한 것은 간략하게 두 가지 뜻이 있나니

첫 번째는 말하자면 장藏에 두 가지 뜻이 있나니

온섭蘊攝의 뜻을 잡는다면[4] 십행품 뒤에 있어야 할 것이요

출생의 뜻을 잡는다면 십지품 앞에 있어야 할 것이니

뜻이 두 곳에 통하기에 묻고 답함에 서로 현시하였다.[5]

---

1 원문에 전약위별행前約位別行 운운은 영인본 화엄 6책, p.756을 참조하라.

2 청정하게 다스린다 운운한 것은 말한 바 공견대치共見對治라 한 것이라고 『잡화기』는 말한다.

3 질문이란, 제 이회 초에 십장에 대한 질문이다.

4 온섭의 뜻을 잡는다면 운운한 것은 서자권暑字卷 상 10장을 볼 것이라고 『잡화기』는 말한다.

두 번째는 말하자면 십회향은 따로 자체가 없고 다만 능히 십회향 전에 십행으로써 그 자체를 삼거니와, 지금에 십장은 이미 십행의 승진이 되었으며 또한 십회향의 승진도 되기에 그런 까닭으로 십회향 이후에는 따로 승진이 없나니 이에 곧 전후에 거론하여야 뜻을 나타내는 것이 바야흐로 갖추어지는 것이다.
그러나 명법품明法品[6]과 그리고 제 오회향에 다 십장이 있지만 삼현을 따라 다르기에 그런 까닭으로 서로 혼람하지 말 것이다.

또 앞[7]은 승진의 이를 바요 뒤[8]는 한 지위의 결과이거니와, 지금[9]에는 모두 승진이 되기에 그런 까닭으로 뜻이 같지 않는 것이다.

鈔

準問下는 釋上問前却妨호대 二義通之하니라 然明法下는 會差別호대 有二義釋하니 初는 以位揀이요 前卽勝進所成者는 是勝進家果故라 故經云菩薩이 滿足如是願時에 卽得十種無盡藏하니 所謂普見諸佛無盡藏이요 二는 總持不忘無盡藏이요 三은 決了諸法이요 四는 大悲救護요 五는 種種三昧요 六은 滿衆生心케하는 廣大福德이요 七

---

5 원문에 문답호현問答互顯이란, 問卽出生義요 答卽蘊攝義니 즉 질문은 곧 출생의 뜻이고, 답은 곧 온섭의 뜻이다.

6 명법품明法品은 십주十住를 밝히는 가운데 육품六品 중 제6품이다.

7 앞이란, 십행十行이다.

8 뒤란, 십회향十回向이다.

9 지금이란, 십장十藏이다.

은 演一切法하는 甚深智慧요 八은 報得神通이요 九는 住無量劫이요 十은 入無邊世界하는 無盡藏이라하니라 後是一位之果者는 以是第五迴向之果니라 故經云菩薩이 住此迴向인댄 得十種無盡藏이니 所謂見佛無盡藏이니 於一毛孔에 見阿僧祇諸佛이 出興於世故等이라 其中에 名有同者나 亦復優劣有異니라

질문한 것을 기준한다고 한 아래는 위에 질문하기 전에[10] 도리어 방해하는 말을 통석하되 두 가지 뜻으로 통석한 것이다.[11]
그러나 명법품이라고 한 아래는 차별함을 회석하되 두 가지 뜻으로 회석한 것이 있나니
처음에는 지위로써 가린[12] 것이요
앞[13]은 곧 승진의 이를 바라고 한 것은 이것은 승진가勝進家의 결과인 까닭이다.
그런 까닭으로 경[14]에 말하기를 보살이 이와 같은 서원을 만족할 때에 곧 열 가지 무진장을 얻나니
말하자면 모든 부처님을 널리 보는 무진장이요

---

10 원문에 문전問前이란, 십장十藏을 묻기 전이라는 뜻이다.

11 위에 질문하기 전에 도리어 방해하는 말을 통석한다고 한 것은 방해하여 말하기를 질문을 기준한다면 이 십무진장품이 십회향품 앞에 있는 것이 질문하기 전에 도리어(前却)라는 뜻이 되는 것이다. 역시 『잡화기』의 말이다.

12 원문에 위간位揀이란, 隨三賢異니 즉 삼현을 따라 다르다는 것이다.

13 前 자 아래 명법明法이라는 두 글자는 소문에는 없다.

14 경經이란, 명법품明法品이다.

두 번째는 모두 가져 잊지 않는 무진장이요
세 번째는 모든 법을 결정코 아는 무진장이요
네 번째는 대비로 구호하는 무진장이요
다섯 번째는 가지가지 삼매의 무진장이요
여섯 번째는 중생의 마음을 만족케 하는 광대한 복덕의 무진장이요
일곱 번째는 일체법을 연설하는 깊고도 깊은 지혜의 무진장이요
여덟 번째는 과보로 얻은 신통의 무진장이요
아홉 번째는 한량없는 세월에 머무는 무진장이요
열 번째는 끝없는 세계에 들어가는 무진장이다 하였다.

뒤는 한 지위의 결과라고 한 것은 이것은 제 오회향의 결과이다.
그런 까닭으로 경[15]에 말하기를 보살이 이 회향에 머문다면 열 가지 무진장을 얻을 것이니,
말하자면 부처님을 보는 무진장이니 한 털구멍에 아승지의 모든 부처님이 세상에 출흥함을 보는 까닭이다 한 등이다.
그 가운데 같은 이름도 있지만 또한 다시 우열의 다름도 있다.

疏

二에 釋名者는 藏是出生과 蘊積之義니 謂一藏內에 體含法界故로 攝德出用이 一一無盡이나 寄圓顯十이니 卽帶數釋也니라

15 경經이란, 제오회향경第五迴向經이다.

두 번째 이름을 해석한 것은 장藏은 출생과 온적蘊積[16]의 뜻이니 말하자면 한 장藏 안에[17] 자체가 법계를 포함하는 까닭으로 공덕을 섭수하고 작용을 출생하는 것이 낱낱이 끝이 없지만[18] 원수圓數를 의지하여 십무진장으로만 나타내었으니 곧 대수석이다.

疏

三에 宗趣者는 十藏爲宗하고 攝前生後하야 得果爲趣니라

세 번째 종취는 십장으로 종을 삼고 앞[19]의 말을 섭수하여 뒤[20]의 말을 생기하여 결과를 얻는 것으로 취를 삼는다.

16 온적蘊積은 蘊攝이니 攝德之義也라. 즉 온섭이니 섭덕의 뜻이다.

17 一 자 아래에 一 자가 더 있어 一一藏內라고 古人은 보았다.

18 낱낱이 끝이 없다고 한 것은 이 품의 이름 가운데 무진無盡이라 한 글자이니, 무진無盡"이요" 토라 하나 나는 무진"이나" 토로 보았다.

19 앞이란, 십주十住이다.

20 뒤란, 십향十向이다.

經

爾時에 功德林菩薩이 復告諸菩薩言호대 佛子야 菩薩摩訶薩이 有十種藏하니 過去未來現在諸佛이 已說當說今說하시니라

그때에 공덕림보살이 다시 모든 보살에게 일러 말하기를 불자여,
보살마하살이 열 가지 창고(藏)가 있나니
과거 미래 현재의 모든 부처님이 이미 설하셨으며 당래에 설할 것이며 지금에 설하십니다.

疏

四釋文中에 大分四別하리니 第一은 唱數顯同이요 二는 徵名列異요 三은 依名廣釋이요 四는 總歎勝能이라 今初에 三世同說은 顯勝令遵이라

네 번째 경문을 해석하는 가운데 크게 네 가지로 다르게 나누리니
제일 첫 번째는 장藏의 수를 말하고 함께 설함을 나타낸 것이요
두 번째는 장의 이름을 묻고 이름이 다름을 열거한 것이요
세 번째는 장의 이름을 의지하여 폭넓게 해석한 것이요[21]
네 번째는 십장의 수승한 공능을 모두 찬탄한 것이다.[22]

---

21 영인본 화엄 7책, p.225, 6행엔 의장별석依章別釋이라 하였다.
22 영인본 화엄 7책, p.225, 말행末行엔 총탄십장승능總歎十藏勝能이라 하였다.

지금은 처음으로 삼세에 부처님이 함께 설하신 것은 수승함을 나타내어 하여금 따르게 하는 것이다.

經

何等爲十고 所謂信藏戒藏과 慚藏愧藏과 聞藏施藏과 慧藏念藏과 持藏辯藏이니 是爲十이니라

어떤 등이 열 가지가 되는가.
말하자면 믿음의 창고와
계율의 창고와
스스로 부끄러워하는 창고와
다른 사람에 부끄럽게 생각하는 창고와
들음의 창고와
보시의 창고와
지혜의 창고와
기억하여 생각하는 창고와
가짐의 창고와
분별의 창고이니
이것이 열 가지가 되는 것입니다.

疏

二에 何等下는 徵名列異니 藏如前解하니라 信等對藏인댄 皆持業釋이라 心淨名信이요 制止名戒요 崇重賢善이 爲慚이요 輕拒暴惡이 爲愧요 餐教廣博이 爲聞이요 輟己惠人이 爲施요 決擇諸法이 名慧요 令心明記가 爲念이요 任持所記가 爲持요 巧宣所持가 爲

辯이니 各有業用하니라

두 번째 어떤 등이 열 가지가 되는가라고 한 아래는 장의 이름을 묻고 이름이 다름을 열거한 것이니 장은 앞에서 해석한 것과 같다.
믿음 등을 창고(藏)에 상대한다면 다 지업석이다.
마음이 청정한 것이 이름이 믿음이요
제어하여 그치는 것이 이름이 계율이요
어질고 선한 이를 숭상하고 존중하는 것이 스스로 부끄러워함이 되는 것이요
폭악한 행을 가볍게 거동하는 것이 다른 사람에게 부끄러워함이 되는 것이요
가르침을 거두되[23] 폭넓게 거두는 것이 들음이 되는 것이요
자기를 버리고[24] 다른 사람을 은혜롭게 하는 것이 보시가 되는 것이요
모든 법을 결락하는 것이 이름이 지혜요
마음으로 하여금 분명하게 기억하게 하는 것이 생각이 되는 것이요
기억한 바를 마음대로 가지는 것이 가지는 것이 되는 것이요
가진 바를 교묘하게 선설하는 것이 분별하는 것이 되는 것이니
각각 업의 작용이 있는 것이다

---

23 餐은 '거둘 찬' 자이다.

24 輟은 '버릴 철' 자이다.

鈔

各有業用者는 如信以能除不信濁으로 爲業하고 戒以遮防破戒蔽로 爲業하고 慚以對治無慚하야 止息惡行으로 爲業하고 愧以對治無愧하야 止息惡行으로 爲業하고 聞以能破無知로 爲業하고 施以止慳으로 爲業하고 慧以破癡로 爲業하고 念以治忘念으로 爲業하고 持以治忘失로 爲業하고 辯以治於謇訥로 爲業하니라

각각 업의 작용이 있다고 한 것은 저 믿음은 능히 불신의 혼탁함을 제거함으로써 업의 작용을 삼고,
계율은 파계의 부폐를 막음으로써 업의 작용을 삼고,
스스로 부끄러워하는 것은 부끄러움이 없음을 상대하여 다스려 악행을 그쳐 쉼으로써 업의 작용을 삼고,
다른 사람에게 부끄러워하는 것은 다른 사람에게 부끄러워함이 없음을 상대하여 다스려 악행을 그쳐 쉬게 함으로써 업의 작용을 삼고,
듣는 것은 능히 무지함을 깨뜨림으로써 업의 작용을 삼고,
보시는 아낌을 그침으로써 업의 작용을 삼고,
지혜는 어리석음을 깨뜨림으로써 업의 작용을 삼고,
생각은 망실하는 생각을 다스림으로써 업의 작용을 삼고,
가지는 것은 망실함을 다스림으로써 업의 작용을 삼고,
분별은 말 더듬는[25] 것을 다스림으로써 업의 작용을 삼는 것이다.

25 謇은 '말 더듬거릴 건' 자이고, 訥은 '말 더듬거릴 눌' 자이다.

疏

然이나 念慧及戒慚愧等五는 皆當體爲性이요 餘五는 行用立名이니 此約隨相이라 若就融通인댄 皆順法界之行이니 良以法界가 性自清淨하야 離過等故로 隨義說十이라 然約隨相인댄 前九自利요 後一利他나 通皆具二니라

그러나 생각과 지혜와 그리고 계율과 스스로 부끄러워함과 다른 사람에게 부끄러워하는 등 다섯 가지는 다 당체로 자성을 삼은 것이요
나머지 다섯 가지는 행의 작용으로 이름을 세운 것[26]이니
이것은 수상隨相을 잡은 것이다.
만약 융통融通에 나아간다면 다 법계의 행을 따르는 것이니
진실로 법계가 자성이 스스로 청정하여 허물을 떠나 평등한 까닭으로 뜻을 따라 열 가지를 설한 것이다.
그러나 수상을 잡는다면 앞에 아홉 가지는 자리요
뒤에 한 가지는 이타이지만 모두[27] 다 자리와 이타의 두 가지를 갖추었다.

---

26 행의 작용으로 이름을 세운 것이라고 한 것은 위에 다섯 가지(오장五藏)는 다 그 자체를 거론하여 곧 그 이름을 세웠거니와, 여기에 다섯 가지는 곧 다만 행의 작용만 잡아 이름을 세운 것일 뿐 이 다섯 가지(此等)가 각각 자체가 없는 것이 아니니, 마치 보시는 삼업三業이 다 아낌이 없는 것으로써 자체를 삼는 등과 같은 까닭이다. 역시 『잡화기』의 말이다.

27 모두라고 한 것은 수상隨相과 융통融通이 모두란 뜻이다.

疏

信爲行本일새 故首明之니 依信離過하고 慚愧莊嚴하야사 戒行光潔하리라 上三은 離過之行이요 餘皆進善이니 進善之首에 必藉多聞하며 如聞而行은 唯福與慧며 念使增明하며 持令經久하며 辯以利他라 故前七은 卽七聖財니 慧爲正導일새 故終辨之요 次二는 守護요 後一은 積而能散이라

믿음은 행의 근본이 되기에 그런 까닭으로 첫머리에 밝힌 것이니 믿음을 의지하여 허물을 떠나고 부끄러워하고 부끄럽게 여김으로[28] 장엄하여야 계행이 빛나고 청결할 것[29]이다.

위에 세 가지는 허물을 떠난 행이요

---

28 부끄러워하고 부끄럽게 여긴다 운운한 것은 지금에는 그 차례를 분별하는 것이지만, 그러나 다만 여기에 차례가 같지 않는 것은 크게는 허물을 떠나 선행에 나아가는 것으로써 차례를 삼는 까닭이다. 만약 소본을 의지한다면 곧 계행이 빛나고 청결하다는 말이 믿음을 의지하여 허물을 떠난다는 말(依信 위에) 위에 있어야 할 것이니, 이것은 곧 구절구절이 다 차례이기에 저 말을 의지하는 것이 더욱 옳다 하겠다. 그러나 어리석은 나(私記主)는 곧 허물을 떠난다는 말이 이것이 계행이니, 이미 이것이 차례이지만 그러나 부끄러워하고 부끄럽게 여김으로 장엄하여야 계행이 빛나고 청결할 것이라고 말한 것은 다만 뒤의 말로써 앞에 말을 성립하기를 요망할 뿐이라 하겠다. 역시 『잡화기』의 말이다.

29 원문에 계행광결戒行光潔이란, 경문經文이 신장信藏 다음이 계장戒藏이고, 계장戒藏 다음이 참괴장慚愧藏이기에 순서대로 보면 의신리과依信離過 다음에 가야 한다. 그러나 定法은 없다.

나머지는 다 선행에 나아가는 것이니
선행에 나아가는 첫머리에 반드시 많이 들음을 빙자하며
들은 것과 같이 행하는 것은 오직 복과 더불어 지혜뿐이며
생각함으로 하여금 더욱 분명하게 하며
가짐으로 하여금 오래도록 지나게 하며
분별로써 다른 사람을 이익케 하는 것이다.
그런 까닭으로 앞에 일곱 가지는 곧 칠성재七聖財[30]이니
지혜로 바른 인도를 삼기에 그런 까닭으로 끝까지 분별하는 것이요
다음에 두 가지는 수호하는 것이요
뒤에 한 가지는 쌓아서 능히 흩는 것이다.

---

30 칠성재七聖財는 법재法財, 신재信財, 계재戒財, 참재慚財, 괴재愧財, 문재聞財, 사재捨財, 혜재慧才이니 여기 경문에는 사재를 시재施財라 하였다.

經

佛子야 何等이 爲菩薩摩訶薩信藏고

불자여, 어떤 등이 보살마하살의 믿음의 창고가 되는가.

疏

第三은 依名廣釋이니 十藏이 卽爲十段이라 信中有四하니 謂徵名과 釋相과 結名과 辨益이라 辨益一種은 唯初七十이요 餘之七段은 文但有三이라 今初段中에 初徵可知라

세 번째는 이름을 의지하여 폭넓게 해석하는 것이니
십장이 곧 십단이 되는 것이다.
믿음 가운데 네 가지가 있나니
말하자면 이름을 묻는 것과 모습을 해석하는 것과 이름을 맺는 것과 이익을 분별하는 것이다.
이익을 분별하는 한 가지는 오직 처음과 일곱 번째와 열 번째뿐이요
나머지 칠단은 경문에 다만 세 가지만 있다.

지금 처음 일단 가운데 처음에는 물은 것이니
가히 알 수가 있을 것이다.

經

此菩薩이 信一切法空하며 信一切法無相하며 信一切法無願하며 信一切法無作하며 信一切法無分別하며 信一切法無所依하며 信一切法不可量하며 信一切法無有上하며 信一切法難超越하며 信一切法無生하니라

이 보살이 일체법이 공인 줄 믿으며
일체법이 무상인 줄 믿으며
일체법이 원구함이 없는 줄 믿으며
일체법이 조작이 없는 줄 믿으며
일체법이 분별이 없는 줄 믿으며
일체법이 의지할 바가 없는 줄 믿으며
일체법이 가히 헤아릴 수 없는 줄 믿으며
일체법이 더 이상 없는 줄 믿으며
일체법이 초월하기 어려운 줄 믿으며
일체법이 난 적이 없는 줄 믿는 것입니다.

疏

釋中分三하리니 初明信相이요 次에 若菩薩下는 明信力이요 三에 此菩薩入佛下는 總結信成이라 今初也에 十句爲四하리니 初三은 三空이니 信所執無相이니 謂情有理無가 名空이요 空故無相이요 空無相故로 無所願求라 次三은 信依他無生이니 一은 緣起無作이

요 二는 不實故로 無能所分別이요 三은 無體故로 無所依라 次三은 信圓成無性이니 一은 廣無邊量이요 二는 勝故無上이요 三은 深不可越이라

모습을 해석하는 가운데 세 가지로 나누리니
처음에는 믿음의 모습을 밝힌 것이요
다음에 만약 보살이라고 한 아래는 믿음의 힘을 밝힌 것이요
세 번째 이 보살이 부처님의 지혜에 들어갔다고 한 아래는 믿음이 성취됨을 모두 맺는 것이다.

지금은 처음으로 열 구절을 네 가지로 하리니
처음에 세 가지는 삼공이니 변계소집이 무상인 줄 믿는 것이니,
말하자면 정으로는 있고 이理로는 없는 것이 이름이 공이요,
공한 까닭[31]으로 무상이요,
공하여 무상한 까닭으로 원구願求하는 바가 없는 것이다.
다음에 세 가지는 의타기가 무생인 줄 믿는 것이니
첫 번째는 연기법으로 조작이 없는 것이요
두 번째는 진실하지 않는 까닭으로 능히 분별할 바가 없는 것이요
세 번째는 자체가 없는 까닭으로 의지할 바가 없는 것이다.
다음에 세 가지는 원성실이 무성인 줄 믿는 것이니
첫 번째는 넓어서 끝을 헤아릴 수 없는 것이요

31 원문에 亦 자는 故 자의 잘못이라 고쳤다.

두 번째는 수승한 까닭으로 더 이상 없는 것이요
세 번째는 깊어서 가히 초월할 수가 없는 것이다.

鈔

初三三空等者는 意以前九는 別約三性이요 後一은 總融이라 前中엔 卽依三性하야 信無三性이니 此初에 信所執은 卽遍計所執性이니 云無相者는 卽相無自性性이요 二에 依他無生은 無生은 卽生無自性性이요 三에 圓成無性은 無性은 卽勝義無自性性이라

처음에 세 가지는 삼공이라고 한 등은 뜻이 앞에 아홉 가지는 따로 삼성을 잡은 것이요
뒤에 한 가지는 모두 융합함[32]을 잡은 것이다.
앞의 삼성 가운데는 곧 삼성을 의지하여 삼성이 없는 것을 믿는 것이니
여기 처음에 변계소집이 무상인 줄 믿는다고 한 것은 변계소집성이니 무상이라고 말한 것은 곧 상相이 자성이 없는 자성이요
두 번째 의타기가 무생인 줄 믿는다고 한 것은 무생이라고 한 것은 곧 생生이 자성이 없는 자성이요
세 번째[33] 원성실이 무성인 줄 믿는다고 한 것은 무성이라고 한

---

32 원문에 총융總融이란, 前九總融也니 즉 앞에 아홉 가지를 모두 융합한다는 것이다.

33 二 자와 三 자 아래에 信 자가 있는 것이 좋다. 2행에 차초신소집此初信所執과

것은 곧 승의勝義가 자성이 없는 자성이다.

疏

後一은 總信三性無生이니 如初會辨하니라 則十皆無生일새 並通三性이니 如一無生觀하야 但信依他가 無遍計人法하야 自然之生性인댄 則是無性圓成이리니 餘例此知니라

뒤에 한 가지는 모두 삼성이 무생인 줄 믿는 것이니
초회初會[34]에서 분별한 것과 같다.
곧 열 가지가 다 무생이기에 모두[35] 삼성에 통하나니 여일하게 무생인 줄 관찰하여[36] 다만 의타기가 인법人法을 두루 계교함이 없이 자연히 생기하는 자성인 줄 믿는다면 곧 이것은 자성[37]이 없는 원성실성일 것이니
나머지[38]는 이 무생에 비례하면 알 수가 있을 것이다.

같이 말이다.

34 초회初會는 제이경第二經이다.

35 모두란, 무상無相과 무생無生과 무성無性이다.

36 원문에 여일무생관如一無生觀이란, 즉무생관卽無生觀이다.

37 바로 위에 生性의 性 자는 연자衍字인 듯하고, 無性의 性 자는 生 자의 잘못이 아닌가 한다. 그러나 『잡화기』는 무생無生이라고 한 것은 그 뜻에 말하기를 생기하는 자성이 없다(無生性) 한다 하였다.

38 나머지란, 무상無相과 무성無性이다.

鈔

後一總信三性無生은 總融前九라 文中有三하니 一은 指前이니 卽第二經에 淸淨功德眼自在天王이 得知一切法이 不生不滅하며 不來不去하는 無功用行解脫門이라하니 廣如前說하니라 則十皆無生者는 一은 空是無生義요 二는 無相是無生義요 三은 無願是無生義요 四는 無作是無生義等이라 並通三性者는 此有二義하니 一은 空等通三이니 謂遍計空하며 依他空하며 圓成空等이며 乃至三性이 難超越이라 二는 無相無生無性이 亦通三性이니 下疏依後義하야 作一重云호대 如一無生이라하니라 若作無相인댄 應云호대 但信依他가 無遍計之相하면 則是圓成之相이요 若信依他가 無自然之性하면 則悟圓成之性이라하리니 是故結云호대 餘例可知라하니라

뒤에 한 가지는 모두 삼성이 무생인 줄 믿는다고 한 것은 앞에 아홉 가지를 모두 융합하는 것이다.
경문 가운데 세 가지가 있나니
첫 번째는 앞의 초회를 가리킨 것이니
곧 제이경第二經에 청정공덕안 자재천왕이 일체법이 생기한 적도 없고 사라진 적도 없으며 온 적도 없고 간 적도 없는 줄 아는 무공용행해탈문을 얻었다 하였으니 널리는 앞[39]에서 설한 것과 같다.

곧 열 가지가 다 무생이라고 한 것은 첫 번째는 공이 이 무생의

39 앞이란, 역시 초회初會 제이경第二經이다.

뜻이요
두 번째는 무상이 이 무생의 뜻이요
세 번째는 무원이 이 무생의 뜻이요
네 번째는 무작이 이 무생의 뜻이라는 등이다.
모두 삼성에 통한다고 한 것은 여기에 두 가지 뜻이 있나니
첫 번째는 공 등이 삼성에 통하나니,
말하자면 변계소집성이 공하며 의타기성이 공하며 원성실성이 공하다는 등이며 내지 삼성이 초월하기 어렵다는 것이다.
두 번째는 무상과 무생과[40] 무성이 또한 삼성에 통하나니,
아래 소문[41]에 뒤에 뜻을 의지하여 일중一重을 지어 말하기를 여일하게 무생인 줄 관찰(無生觀)한다 하였다.
만약 무상인 줄 관찰(無相觀)함을 짓는다면 응당히 말하기를 다만 의타기가 두루 계교하는 모습이 없는 줄 믿는다면 이것은 곧 원성실성의 모습[42]이요
만약 의타기가 자연의 성性이 없는 줄 믿는다면 곧 원성실성의 자성[43]을 깨달을 것이다 해야 할 것이니,

---

40 두 번째는 무상과 무생 등이라고 한 것은 앞에 소문에서는 이미 앞에 아홉 가지를 묶어 세 가지 뜻으로 하여 따로 삼무성三無性을 삼은 까닭으로 지금에 통틀어 배속하는 것이다. 역시 『잡화기』의 말이다.

41 원문에 하소下疏란, 並通三性下故로 下疏이니 즉 모두 삼성에 통한다고 한 아래에 있는 까닭으로 아래 소문이라 한 것이다.

42 원성실성의 모습이라고 한 것은 그 모습(相)은 이 무상無相이니 원성실성은 그 무상으로써 모습을 삼는 까닭이다. 바로 아래 원성실성의 자성이라 말한 것도 그 뜻이 이와 같다 하겠다. 역시 『잡화기』의 말이다.

이런 까닭으로 맺어 말하기를 나머지는 여기에 비례하면 알 수가 있을 것이다 하였다.

43 원문에 之相이란 之 자는 無 자이고, 之性이란 之 자도 無 자라고 일부 私記는 말한다.

經

若菩薩이 能如是隨順一切法하야 生淨信已엔 聞諸佛法이 不可思議라도 心不怯弱하며 聞一切佛이 不可思議라도 心不怯弱하며 聞衆生界가 不可思議라도 心不怯弱하며 聞法界가 不可思議라도 心不怯弱하며 聞虛空界가 不可思議라도 心不怯弱하며 聞涅槃界가 不可思議라도 心不怯弱하며 聞過去世가 不可思議라도 心不怯弱하며 聞未來世가 不可思議라도 心不怯弱하며 聞現在世가 不可思議라도 心不怯弱하며 聞入一切劫이 不可思議라도 心不怯弱하니라

만약 보살이 능히 이와 같이 일체의 법을 수순하여 청정한 믿음을 낸 이후에는 모든 불법이 가히 사의할 수 없다고 함을 들을지라도 마음이 겁나거나 약하지 아니하며
일체 부처님이 가히 사의할 수 없다고 함을 들을지라도 마음이 겁나거나 약하지 아니하며
중생의 세계가 가히 사의할 수 없다고 함을 들을지라도 마음이 겁나거나 약하지 아니하며
법계가 가히 사의할 수 없다고 함을 들을지라도 마음이 겁나거나 약하지 아니하며
허공의 세계가 가히 사의할 수 없다고 함을 들을지라도 마음이 겁나거나 약하지 아니하며
열반의 세계가 가히 사의할 수 없다고 함을 들을지라도 마음이

겁나거나 약하지 아니하며
과거의 세계가 가히 사의할 수 없다고 함을 들을지라도 마음이 겁나거나 약하지 아니하며
미래의 세계가 가히 사의할 수 없다고 함을 들을지라도 마음이 겁나거나 약하지 아니하며
현재의 세계가 가히 사의할 수 없다고 함을 들을지라도 마음이 겁나거나 약하지 아니하며
일체세월에 들어가는 것이 가히 사의할 수 없다고 함을 들을지라도 마음이 겁나거나 약하지 아니합니다.

疏

第二에 明信力中二니 先은 正顯業用이요 後는 徵釋所由라 今初에 文有十句로대 遍從前十이니 前十이 並成此十이요 若類例辨인댄 初二는 於勝上法에 不怯이라 次四는 廣多法에 不怯이니 一은 所化衆生이요 二는 卽化法이요 三은 是化處요 四는 化之所歸라 後四는 寬遠法에 不怯이라 若剋文取義인댄 以後十句로 逆配前十이리니 謂由信法無生故로 於佛法不怯이니 佛法은 以無生爲體故며 佛難超故며 衆生無盡故며 法界無邊故며 虛空無依故며 涅槃無分別故며 過去之因은 不作果故며 未來之法은 無可願故며 現在之法은 卽無相故며 入劫無障礙는 以卽空故니 此十이 皆深廣難思니라

제 두 번째 믿음의 힘을 밝히는 가운데 두 가지가 있나니
먼저는 바로 업의 작용을 나타내는 것이요
뒤에는 그 이유를 묻고 해석하는 것이다.
지금은 처음으로 경문에 열 구절이 있으되 앞에 열 구절을 두루 좇아 있나니,
앞에 열 구절[44]이 모두 여기에 열 구절을 이루는 것이요
만약 같은 유형으로 비례하여 분별한다면 처음에 두 가지는 가장 수승한 법에 겁내지 않는 것이다.
다음에 네 가지는 넓고 많은 법에 겁내지 않는 것이니
첫 번째는 교화할 바 중생이요
두 번째는 곧 교화하는 법이요
세 번째는 교화하는 처소요
네 번째는 교화하고 돌아갈 곳[45]이다.
뒤에 네 가지는 넓고 먼 법에 겁내지 않는 것이다.

만약 경문을 정하여 뜻을 취한다면 뒤에 열 구절로서 앞에 열 구절[46]을 역으로 배속해야 할 것이니,

---

44 원문에 前十이란, 初에 信相之十句也니 즉 처음에 신상信相의 열 구절이다.

45 원문에 화지소귀化之所歸란, 교화를 마치고 돌아갈 곳이 열반涅槃이라는 것이다.

46 원문에 後十句란, 此信力之十句요 前十이란, 信相之十句也니 즉 뒤에 열 구절이란 여기에 신력信力의 열 구절이고 앞에 열 구절이란 앞에 신상信相의 열 구절이다.

말하자면 법이 무생인 줄 믿음을 인유한 까닭으로 불법에 겁내지 않나니
불법은 무생으로써 자체를 삼는 까닭이며
부처님은 초월하기 어려운 까닭이며
중생은 다할 수 없는 까닭이며
법계는 끝이 없는 까닭이며
허공은 의지할 바가 없는 까닭이며
열반은 분별이 없는 까닭이며
과거의 원인은 아직 결과를 짓지 않는 까닭이며
미래의 법은 가히 원치 않는 까닭이며
현재의 법은 곧 무상한 까닭이며
세월(劫)에 들어가지만 장애가 없는 것은 곧 공한 까닭이니,
이 열 가지가 다 깊고도 넓어 사의하기 어려운 것이다.

鈔

若剋文取義者는 上은 但當文通釋하고 今은 對前別釋이라

만약 경문을 정하여 뜻을 취한다면이라고 한 것은 위에서는 다만 해당하는 경문만을 통석하였고, 지금에는 앞[47]에 경문을 상대하여 따로 지금에 경문을 해석[48]하였다.

---

47 앞이란, 前信相之十句也니 즉 앞에 신상의 열 구절이다.

48 원문에 釋經이란, 此信力之十句也니 즉 여기에 신력의 열 구절이다.

經

何以故요 此菩薩이 於諸佛所에 一向堅信하야 知佛智慧가 無邊無盡하니라

무슨 까닭인가.
이 보살이 모든 부처님의 처소에서 한결같이 굳게 믿어 부처님의 지혜가 끝이 없고 다함이 없는 줄 아는 것입니다.

疏

二徵釋中에 先徵意云호대 何以深廣難思를 菩薩이 聞而不怯고 釋意云호대 以於深廣에 皆堅信故라 文分爲二리니 初總後別이라 總云호대 一向信者는 無猶豫故요 堅者는 異說不壞故라 所信謂何오 卽佛智慧니라 智慧何相고 無邊無盡이라 然通二義하니 一은 廣無邊涯하며 竪不可盡이요 二는 無二邊之偏하며 同眞性之無盡이라

두 번째 묻고 해석하는 가운데 먼저 묻는 뜻에 말하기를 무슨 까닭으로 깊고도 넓어 사의하기 어려운 것을 보살이 듣고도 겁내지 않는가. 해석하는 뜻에 말하기를 깊고도 넓음에 다 굳게 믿는 까닭이다.

경문을 나누어 두 가지로 하리니
처음에는 한꺼번에 밝힌 것이요

뒤에는 따로 나타낸 것이다.

한꺼번에 밝힌 것에 말하기를 한결같이 굳게 믿는다고 한 것은 유예하는 마음이 없는 까닭이요

굳다고 한 것은 이설異說이 깨뜨리지 못하는 까닭이다.

믿는다는 것은 무엇을 말하는가.

곧 부처님의 지혜이다.

지혜는 어떤 모습인가.

끝도 없고 다함도 없는 것이다.

그러나 두 가지 뜻에 통하나니

첫 번째는 넓어서 끝이 없으며 수竪로 가히 다함이 없는 것이요

두 번째는 이변二邊에 치우침이 없으며[49] 진성이 다함이 없는 것과 같다.

---

49 두 번째는 이변二邊에라고 한 아래는 深의 뜻을 해석한 것이다.

經

十方無量諸世界中에 一一各有無量諸佛하사 於阿耨多羅三藐三菩提를 已得今得當得하리며 已出世今出世當出世하리며 已入涅槃今入涅槃當入涅槃하리며

시방의 한량없는 모든 세계 가운데 낱낱이 각각 한량없는 모든 부처님이 있어서 아뇩다라삼먁삼보리를 이미 얻으셨으며, 지금에 얻으시며, 당래에 얻으실 것이며,
이미 세상에 출흥하셨으며, 지금에 출흥하시며, 당래에 출흥하실 것이며,
이미 열반에 드셨으며, 지금에 열반에 드시며, 당래에 열반에 드실 것이며

疏

二十方下는 別釋이라 初釋前意니 十方無量은 是無邊義요 已現當入은 是無盡義요 言得菩提는 是自證義요 出世入滅은 是應現義라 法無邊故로 佛智無邊하며 一佛之智도 尚不可盡거든 況橫遍十方하며 竪該三際아 菩薩이 於斯廣遠에 堅信不移어니 寧有怯耶아

두 번째 시방의 한량없는 모든 세계 가운데라고 한 아래는 따로 해석한 것이다.
처음에는 앞의 뜻[50]을 해석한 것이니

시방의 한량없다고 한 것은 이것은 끝이 없다는 뜻이요
이미 드셨으며 지금에 드시며 당래에 드실 것이라고 한 것은 이것은 다함이 없다는 뜻이요
보리를 얻으셨다[51]고 말한 것은 이것은 스스로 증득했다는 뜻이요
세상에 출흥하시고 열반에 드셨다고 한 것은 이것은 응하여 나타났다는 뜻이다.
법이 끝이 없는 까닭으로 부처님의 지혜도 끝이 없으며, 한 부처님의 지혜도 오히려 가히 다 할 수 없거든 하물며 횡으로 시방에 두루하며 수로 삼세에 해라 한 부처님의 지혜이겠는가.
보살이 이 넓고 먼 법에 굳게 믿어 옮기지 않거니 어찌 겁냄이 있겠는가.

50 앞의 뜻이라고 한 아래에 소본에는 문광불겁聞廣不怯이라는 네 글자가 있다고 『잡화기』는 말한다.
앞의 뜻이란, 前徵中에 深廣難思를 菩薩이 聞而不怯이니 즉 앞의 묻는 가운데 깊고도 넓어 사의하기 어려운 것을 보살이 듣고도 겁내지 않는다 한 것을 해석한 것이다.

51 보리를 얻으셨다고 한 것은 已得 今得 當得의 뜻이 다 들어 있다.

經

彼諸佛智慧는 不增不減하며 不生不滅하며 不進不退하며 不近不遠하며 無知無捨하나니

저 모든 부처님의 지혜는 증장하는 것도 아니고 감소하는 것도 아니며,
생기하는 것도 아니고 사라지는 것도 아니며,
나아가는 것도 아니고 물러가는 것도 아니며,
가까운 것도 아니고 먼 것도 아니며,
아는 것도 없고 버리는 것도 없나니

疏

二彼諸下는 釋第二意에 聞深不怯이니 謂已得今得菩提나 而不增이요 當得未得이나 而不減이며 已出今出이나 而不生이요 已入今入이나 而不滅이며 當出而不進이요 當入而不退며 現得出入이나 而不近이요 在於已當이나 而不遠이며 照窮萬法이나 而無知요 頓寂諸相이나 而不捨니 以寂照之體는 如如超戱論故니라 但以世俗의 文字數故로 說有三世언정 非菩提涅槃이 有去來今하니라 菩薩이 旣堅信於此어니 寧聞深而怯耶아

두 번째 저 모든 부처님이라고 한 아래는 제 두 번째 뜻에[52] 깊다고 함을 듣고도 겁내지 않는다고 한 것을 해석한 것이니

말하자면 보리를 이미 얻으셨고 지금에 얻으시지만 증장하는 것도 아니고, 당래에 얻으시고 미래에 얻으실 것이지만 감소하는 것도 아니며,
이미 출흥하셨고, 지금에 출흥하시지만 생기하는 것도 아니고, 이미 열반에 드셨고, 지금에 드시지만 사라지는 것도 아니며,
당래에 출흥하실 것이지만 나아가는 것도 아니고, 당래에 열반에 드실 것이지만 물러가는 것도 아니며,
현재에 얻으시고 출흥하시고 열반에 드시지만 가까운 것도 아니고, 이미 얻으셨고 당래에 얻으실 수 있는 것이지만 먼 것도 아니며,
만 가지 법을 비추어 다하지만 아는 것도 없고, 모든 모습을 문득 고요히 하지만 버리는 것도 없나니 고요함과 비춤의 자체는 여여하여 희론을 뛰어난 까닭이다.
다만 세속의 문자 수를 쓴 까닭으로 삼세가 있다고 설하였을지언정 보리와 열반이 과거와 미래와 지금이 있는 것이 아니다.
보살이 이미 이것을 굳게 믿었거니 어찌 깊다고 함을 듣고 겁을 내겠는가.

鈔

已得今得菩提者는 此下는 卽就前廣無邊涯之經하야 以辨離二邊之偏이라 二釋後意에 文四니 一은 約眞如本無增減等이요 二에 寂照下는 寂照契如하야 絶戲論故요 三에 但以世俗下는 暗引淨名證成이

52 제 두 번째 뜻이라고 한 등은 영인본 화엄 7책, p.15, 9행이다.

요 四에 菩薩旣堅信下는 結成不怯이라

보리를 이미 얻으셨고 지금에 얻으신다고 한 것은 이 아래는 곧 앞[53]에 넓어서 끝이 없다고 한 경문에 나아가 이변二邊의 치우침을 떠난 것을 분별한 것이다.

두 번째 뒤에 뜻[54]을 해석함에 소문에 네 가지가 있나니

첫 번째는 진여가 본래 증감이 없다는 등을 잡은 것이요

두 번째 고요함과 비춤의 자체라고 한 아래는 고요함과 비춤이 진여에 계합하여[55] 희론을 끊은 까닭이요

세 번째 다만 세속의 문자 수를 쓴 까닭이라고 한 아래는 그윽이 『정명경』의 말을 이끌어 증거하여 성립한 것이요

네 번째 보살이 이미 이것을 굳게 믿었다고 한 아래는 겁내지 아니함을 맺어 성립한 것이다.

---

53 앞이란, 영인본 화엄 7책, p.15, 9행의 深廣難思之經文이니 卽佛智無邊無盡也라. 즉 앞의 깊고도 넓어 사의하기 어렵다는 경문이니 곧 부처님의 지혜가 끝이 없고 다함이 없다 한 것이다.

54 뒤에 뜻이란, 제 두 번째 뜻이다. 원문에 二釋後意라고 한 네 글자는 衍字가 아닌가 염려한다고 『잡화기』는 말하나 생각해 볼 것이다.

55 고요함과 비춤이 진여에 계합한다 운운한 것은 그 뜻이 그윽이 생략된 것이 있나니, 처음 뜻에도 또한 응당 진여는 본래 고요함도 비춤도 없다고 말해야 하고, 지금 뜻에도 또한 응당 증감 등이 진여에 계합하여 희론을 끊었다고 말해야 할 것이다. 역시 『잡화기』에 말이다.

疏

此二段釋文이 具前十句의 難思之法이니 如文詳之니라

이 이단二段[56]의 석문釋文이 앞[57]에 열 구절의 사의하기 어려운 법을 구족하였으니,
경문과 같이 상세히 기술하였다.

56 이단二段이란, 第一意와 第二意이다.
57 앞이란, 二에 신력信力이다.

經

此菩薩이 入佛智慧하야 成就無邊無盡信하니라

이 보살이 부처님의 지혜에 들어가 끝도 없고 다함도 없는 믿음을 성취합니다.

疏

第三은 總結信成이라 於中二니 初一句는 總牒信成이니 謂由明達佛智의 無邊無盡故로 稱此成信이라

제 세 번째는 믿음이 성취됨을 모두 맺는 것이다.
그 가운데 두 가지가 있나니,
처음에 한 구절은 믿음이 성취됨을 모두 첩석한 것이니,
말하자면 부처님의 지혜가 끝도 없고 다함도 없음을 밝게 통달함을 인유한 까닭으로 이 끝없는 믿음을 성취한다 이름하는 것이다.

經

得此信已에 心不退轉하며 心不雜亂하며 不可破壞하며 無所染著하며 常有根本하며 隨順聖人하며 住如來家하며

이 믿음을 얻은 이후에 마음이 물러나지 아니하며,
마음이 섞이어 혼란하지 아니하며,
가히 파괴할 수 없으며,
염착하는 바가 없으며,
항상 근본이 있으며,
성인을 수순하며,
여래가에 머물며

疏

二에 得此信下는 顯成信之益하고 亦是正顯成相이라 有十一句하니 前七은 行體堅牢니 初句爲總이요 二는 內心不雜故로 不退요 三은 外緣不沮故요 四는 不染相故라

두 번째 이 믿음을 얻은 이후라고 한 아래는 믿음을 성취한 이익을 나타내고, 또한 믿음을 성취한 모습을 바로 나타낸 것이다.
열한 구절이 있나니,
앞에 일곱 구절은 행위 자체가 견고한 것이니
처음 구절은 총구가 되는 것이요

두 번째는 안의 마음이 섞이지 않는 까닭으로 물러나지 않는 것이요
세 번째는 밖의 인연이 무너뜨릴 수 없는 까닭이요
네 번째는 모습에 염착하지 않는 까닭이다.

疏

五는 有正慧故니 無慧之信은 長無明故라 靜法云호대 梵云阿慕羅匿陀는 此云不從根生이니 謂無生之信은 無根生故라 經本云호대 常有根本者는 譯人이 不審阿字가 沒在句하고 翻無爲有일새 於理背也라하니 此或應爾리라 今以理通인댄 二義無違니 無根은 語慧之體요 根本은 約慧之用이니 亦猶從無住本하야 立一切法故니라 無本者는 卽是根本이라

다섯 번째는 바른 지혜가 있는 까닭이니,
지혜가 없는 믿음은 무명만 기르는 까닭이다.
정법靜法이 말하기를 범어의 아모라익타라고 말한 것은 여기에서 말하면 근본을 좇아 생기하지 않는다는 것이니,
말하자면 생기함이 없는 믿음은 근본이 없이 생기하는 까닭이다.
지금 경[58]에 말하기를 항상 근본이 있다고 한 것은 번역한 사람이 아자阿字가 이 구절에 합하여 있음을 알지 못하고[59] 무자無字를 번역

58 원문에 經本은 今經이다. 阿는 無라 번역한다.

59 원문에 몰재沒在라고 한 것은 몰재가 이 한 가지 뜻이니, 아자阿字가 그 상유근본常有根本이라는 구절 위에 있거늘 그러나 번역하는 사람이 잘 알지

하여 유자有字를 삼았기에 이치에 위배된다 하였으니,
이것은 혹 응당 그렇다 할 것이다.
지금에 이치로서 통석한다면 두 가지 뜻[60]이 위배됨이 없나니,
근본이 없다고 한 것은 지혜의 자체를 말한 것이요
근본이라고 한 것은 지혜의 작용을 잡은 것이니 또한 주착함이[61]
없는 근본을 좇아서 일체법을 세운 것과 같은 까닭이다.
근본이 없다고 한 것은 곧 이것이 근본이다.

鈔

此或應爾下는 會通이라 言或應爾는 且許昔解요 後에 今以理下는 引例會通이라

이것은 혹 응당 그렇다고 한 아래는 세 번째 회통이다.

못했다고 말하는 것이다. 소본에는 몰재상구沒在上句라 말하였으니, 상구上句라고 한 것은 句上으로 앞뒤가 바뀐 것이 아닌가 염려한다. 역시 『잡화기』의 말이다.

다시 원어로 말하면 不審阿字沒在句者는 위에 무소염착無所染著의 無字는 梵本의 阿字니 이 阿字가 여기에 상유근본常有根本이라는 句節에 合沒하여 있거늘, 번역자가 알지 못하여 云云이다. 有云, 번역자가 알지 못하여 阿字를 此句에 沒棄하여 無字를 번역하여 云云하다. 沒은 合의 뜻이다. 疏本은 沒在上句라 하였으니 思知하라.

60 두 가지 뜻이란, 무근無根과 근본根本이다.

61 원문 역유亦猶 아래에 古人은 정명淨名 두 글자가 있다고 하였다. 『잡화기』도 淨名이라는 두 글자가 빠졌다고 하였다.

혹 응당 그렇다고 말한 것은 우선 옛날 정법의 해석을 허락한 것이요 뒤에 지금에 이치로써 통석한다고 한 아래는 예를 이끌어 회통한 것이다.

疏

六은 順同古聖故요 七은 安住菩提心故라

여섯 번째는 옛날 성인을 수순하여 같은 까닭이요
일곱 번째는 보리심菩提心[62]에 편안히 머무는 까닭이다.

62 보리심菩提心은 경문經文엔 여래가如來家라 하였다.

經

護持一切諸佛種性하며 增長一切菩薩信解하며 隨順一切如來善根하며 出生一切諸佛方便하나니

일체 모든 부처님의 종성을 보호하여 가지며,
일체 보살의 믿음과 지해(解)를 증장하며,
일체 여래의 선근을 수순하며,
일체 모든 부처님의 방편을 출생하나니

疏

後四는 攝德無盡이니 一은 護已成性이요 二는 復長新解요 三은 順如生善이요 四는 不滯有無라

뒤에 네 가지는 공덕이 끝이 없음을 섭수하는 것이니,
첫 번째는 이미 성취한 종성을 보호하여 가지는 것이요
두 번째는 다시 새로운 지해를 증장하는 것이요
세 번째는 여래를 따라 선근을 생기하는 것이요
네 번째는 있고 없음에 막히지 않는 것이다.

經

是名菩薩摩訶薩의 信藏이니라

이것이 이름이 보살마하살의 믿음의 창고입니다.

疏

三에 是名下는 結이라

세 번째 이것이 이름이 보살마하살이라고 한 아래는 이름[63]을 맺는 것이다.

63 이름이란, 믿음의 창고이다.

經

菩薩이 住此信藏하야 則能聞持一切佛法하야 爲衆生說하야 皆令開悟케하니라

보살이 이 믿음의 창고에 머물러 곧 능히 일체 불법을 듣고 가져 중생을 위하여 설하여 다 하여금 열어 깨닫게 합니다.

疏

四에 菩薩住此下는 辨益易知라

네 번째 보살이 이 믿음의 창고에 머문다고 한 아래는 이익을 분별한 것이니
쉽게 알 수가 있을 것이다.

經

佛子야 何等이 爲菩薩摩訶薩戒藏고

불자여, 어떤 등이 보살마하살의 계율의 창고가 되는가.

疏

第二는 戒藏이니 文三이라

제 두 번째는 계율의 창고이니,
경문에 세 가지가 있다.[64]

---

64 경문에 세 가지가 있다고 한 것은 징명徵名과 석명釋相과 결명結名이다. 원문에 불자하등하佛子何等下는 징명徵名이니 가히 알 수가 있을 것이다.

經

此菩薩이 成就普饒益戒와 不受戒와 不住戒와 無悔恨戒와 無違諍戒와 不損惱戒와 無雜穢戒와 無貪求戒와 無過失戒와 無毁犯戒니라

이 보살이 널리 요익케 하는 계와
받지 않는 계[65]와
머물지 않는 계와
뉘우침도 한탄함도 없는 계와
어김도 다툼도 없는 계와
손해도 뇌롭지도 않는 계와
섞이어 더러움이 없는 계와
탐욕으로 구함이 없는 계와
허물이 없는 계와
훼손함도 범함도 없는 계를 성취하는 것입니다.

疏

釋相中二니 初는 列十名이요 後는 隨牒釋이라 初中十戒가 皆通三聚어니와 取其相顯인댄 初는 但饒益有情이요 後一律儀요 中八通三이니 約遮過罪인댄 皆菩薩律儀요 但爲救護等은 卽是饒益이요

65 원문에 불수계不受戒는 不受外道戒也니 즉 외도의 계를 받지 않는다는 것이다.

攝善可知라 爲顯此十이 皆通三聚하야 故釋後一하야 復顯三聚니라

계의 모습을 해석하는 가운데 두 가지가 있나니
처음에는 열 가지 이름을 열거한 것이요
뒤에는 이름을 따라[66] 첩석[67]한 것이다.
처음 이름을 열거한 가운데 열 가지 계율이 다 삼취정계에 통하거니와 그 모습을 취하여 나타낸다면 처음에 계율은 다만 요익유정계요,
뒤에 한 계율은 섭율의계요
중간에 여덟 계율은 삼취정계에 통하나니
허물을 막는 것을 잡는다면 다 보살의 율의계요
다만 구호한다는 등은 곧 요익유정계요
섭선법계는 가히 알 수가 있을 것이다.
이 열 가지 계율이 다 삼취정계에 통함을 나타내기 위하여 짐짓 뒤에 한 계율[68]을 해석하여 다시 삼취정계를 나타내었다.

---

66 원문에 후수後隨 아래에 名 자가 빠졌다.

67 원문에 첩牒은 포개다, 조회하다는 뜻이 있다. 또 단서한다는 뜻도 있다. 즉 첩문牒問이다.

68 뒤에 한 계율이란, 무훼범계無毁犯戒이다.

經

云何爲普饒益戒고 此菩薩이 受持淨戒는 本爲利益一切衆生이니라

어떤 것이 널리 요익케 하는 계가 되는가.
이 보살이 청정한 계를 받아 가지는 것은 본래 일체중생을 이익케 하기 위한 것입니다.

疏

二牒釋中에 十戒爲十이니 皆先牒後釋이라 初饒益者는 菩薩本意일새 故首明之니라

두 번째 첩석하는 가운데 십계가 열 가지가 되나니,
다 먼저는 첩문하고 뒤에는 해석한 것이다.
처음에 요익케 하는 계라고 한 것은 보살의 본래 뜻이기에 그런 까닭으로 첫머리에 밝힌 것이다.

經

云何爲不受戒고 此菩薩이 不受行外道의 諸所有戒하고 但性自精進하야 奉持三世諸佛如來의 平等淨戒니라

어떤 것이 받지 않는 계가 되는가.
이 보살이 외도가 모두 소유한 계를 받아 행하지 않고 다만 심성이 스스로 정진하여 삼세에 모든 부처님 여래의 평등하고 청정한 계를 받들어 가지는 것입니다.

疏

二不受中에 文有二意하니 一은 不受邪戒니 謂雞狗等이요 二는 三聚宿成하야 動不踰矩라

두 번째 받지 않는 계 가운데 경문이 두 가지 뜻이 있나니,
첫 번째는 사도의 계를 받지 않는 것이니,
말하자면 닭의 계(鷄戒)와 개의 계(狗戒) 등이요,
두 번째는 삼취정계가 숙세부터 이루어져 거동함에 법규를 넘지 않는 것이다.

鈔

謂雞狗等者는 涅槃二十四云호대 菩薩摩訶薩이 受持禁戒는 不爲

生天하며 不爲恐怖하며 乃至不受狗戒雞戒牛戒雉戒하며 乃至是名菩薩修大涅槃이니 是第三戒라하니라 又十住毘婆沙論第三에 明穢土中에 多諸外道가 有持牛戒者鹿戒者狗戒者馬戒者象戒者라하니라 釋曰此皆外道의 所持惡禁戒라 通由二因하야 生此妄計니 一은 由天眼하야 見有衆生이 從雞狗等하야 卽生天上故요 二는 由非理尋思하야 妄生此計니라 婆沙一百一十四에 有二外道하니 一은 名布剌拏憍雉迦니 受持牛戒요 二는 名頞剃剌羅栖爾迦니 受持狗戒라 二人異時에 往詣佛所하야 種種愛語로 相慰問已하고 時布剌拏가 先爲他問호대 此栖爾迦가 受持狗戒하야 修道已滿하니 當生何處닛가 世尊告曰하사대 汝止莫問하라 復再三請거늘 佛以慈心으로 告言諦聽하라 受持狗戒하야 若無缺犯인댄 當生狗中이요 若有缺犯인댄 當墮地獄하리라 聞佛語已하고 悲泣哽咽하야 不能自勝거늘 世尊告曰하사대 吾先告言호대 止不須問하라하얏더니 今果懷恨이로다 時布剌拏白言호대 世尊이시여 不以此人이 當生狗趣라할새 故我悲泣이니다 然我長夜에 受持牛戒하니 或恐將來에 亦當爾耶니다 唯願大慈로 爲我宣說하소서 世尊告曰하사대 準前狗戒라하시니 此等은 皆由不了眞道니라 婆沙又問云호대 云何受持猪戒牛戒狗戒호대 名無缺犯이닛가 答호대 一如牛法과 狗法이 名無缺犯이라하니라

말하자면 닭의 계와 개의 계 등이라고 한 것은 『열반경』 이십사권[69]

69 『열반경』이란, 남경南經, 고귀덕왕품高貴德王品이다. 한글대장경도 24권이니, 열반부 1에 p.482, 上段이다.

에 말하기를, 보살마하살이 금계를 받아 가지는 것은 하늘에 태어나기 위한 것도 아니며, 공포를 위한 것도 아니며, 내지 개의 계와 닭의 계와 소의 계와 꿩의 계를 받기 위한 것도 아니며, 내지[70]
이것이 이름이 보살이 대열반을 닦는 것이니,
이것은 제 세 번째 계이다 하였다.
또 『십주비바사론』 제삼권에 예토를 밝히는 가운데 수많은 외도가 소의 계를 가지는 자도, 사슴의 계를 가지는 자도, 개의 계를 가지는 자도, 말의 계[71]를 가지는 자도, 코끼리의 계를 가지는 자도 있다 하였다.
해석하여 말하면 이것은 다 외도가 가지는 바 나쁜 금계이다.
모두 두 가지 원인을 인유하여 이런 허망한 계교를 내나니,
첫 번째는 천안을 인유하여 중생이 닭과 개 등을 좇아 곧 천상에 태어날 수 있다고 보는 까닭이요
두 번째는 이치에 맞지 않는 심尋과 사思를 인유하여 허망하게 이런 계교를 내는 것이다.
『비바사론』 백십사권에 두 외도가 있으니,
첫 번째는 이름이 포랄나교치가이니

70 내지乃至란, 위에 내지乃至는 경문대로 이어지는 문장文章이고, 여기 내지는 파계破戒를 짓지 아니하며, 결계缺戒를 짓지 아니하며, 흠이 있는 계를 짓지 아니하며, 잡계雜戒를 짓지 아니하며, 성문계聲聞戒를 짓지 아니하며, 라는 것을 포함하고 있다.

71 오계烏戒는 혹 마계馬戒의 잘못이라고 『잡화기』는 말하나, 여기는 이미 교정되어 있다.

소의 계를 받아 가지는 사람이요
두 번째는 이름이 알체랄라서이가이니
개의 계를 받아 가지는 사람이다.
두 사람이 다른 때에 부처님의 처소에 가서 가지가지 사랑스러운 말로 서로 위로하여 문안하여 마치고, 그때에 포랄나가 먼저 저 서이가를 위하여 묻기를, 이 서이가가 개의 계를 받아 가져 도를 닦은 것이 이미 만족하니, 마땅히 어느 곳에 태어나겠습니까.
세존께서 일러 말씀하시기를, 그대는 그만두고 묻지 마라.
다시 재삼 청문하거늘, 부처님께서 자비한 마음으로 일러 말씀하시기를, 자세히 들어라.
개의 계를 받아 가져 만약 이지러지거나 범함이 없다면 마땅히 개의 무리 가운데 태어날 것이요
만약 이지러지거나 범함이 있다면 마땅히 지옥에 떨어질 것이다.
부처님의 말씀을 들어 마치고 슬피 울며 목이 메여 능히 스스로 이기지 못하거늘, 세존께서 일러 말씀하시기를, 내가 먼저 일러 말하기를 그만두고 묻지 말라 하였더니, 지금에 과연 한스러움을 품는구나.
그때에 포랄나가 여쭈어 말하기를, 세존이시여, 이 사람[72]이 마땅히 개의 무리에 태어난다 하기에 그런 까닭으로 제가 슬피 우는 것이 아닙니다. 공연히 제가 장야長夜에 소의 계를 받아 가졌으니, 혹 장래에 또한 마땅히 저렇게 될까 두려워서 그렇습니다.

72 이 사람이란, 서이가이다.

오직 원컨대 큰 자비로 저를 위하여 선설하여 주소서.
세존께서 일러 말씀하시기를, 앞에 개의 계를 기준하라 하였으니, 이런 등은 다 진실한 도를 요달하지 못함을 인유한 것이다.

『비바사론』에 또 물어 말하기를, 어떤 것이 돼지의 계와 소의 계와 개의 계를 받되 이름이 이지러지거나 범함이 없는 것입니까.
답하시기를, 한결같이 소의 법과 개의 법과 같이하는 것이 이름이 이지러지거나 범함이 없는 것이다 하였다.

經

云何爲不住戒고 此菩薩이 受持戒時에 心不住欲界하며 不住色界하며 不住無色界하나니 何以故요 不求生彼코자 而持戒故니라

어떤 것이 머물지 않는 계가 되는가.
이 보살이 계를 받아 가질 때에 마음이 욕계에도 머물지 아니하며, 색계에도 머물지 아니하며, 무색계에도 머물지 아니하나니 무슨 까닭인가.
저곳에 태어남을 구하려 계를 가지지 않는 까닭입니다.

疏

三中엔 唯爲菩提와 及衆生故니 非如難陀之類라

세 번째 계 가운데는 오직 보리와 그리고 중생만을 위한 까닭이니, 난타難陀의 무리와는 같지 않는 것이다.

鈔

非如難陀는 難陀之緣이 甚長이나 而人多聞거니와 正明컨댄 其性多欲하야 染著孫陀羅하니 佛方便誘引之하야 至於天上한대 見諸天女가 端正姝麗하야 過其本妻하며 見諸天男이 皆有天女하며 獨於一處에 見有天女가 逈異姝麗나 而無天男하고 問佛거늘 佛令自問케한대

彼女答言호대 我有夫主는 卽佛弟難陀니다 難陀答言호대 我身卽是니라 女言호대 難陀爲僧하야 身披袈裟니다 聞已에 便求剃落持戒하대 本爲貪著天女하야 而持禁戒일새 故阿難譏之호미 如羝羊相觸하야 將前而更却하나니 汝爲欲持戒도 其事亦如是하니라 身雖能持戒나 心爲欲所牽하야 斯業不清淨거니 何用是戒爲아하니라 意云호대 如羊本擬向前은 如汝欲生天上受欲이요 而更却後는 如汝持戒일새 故業不清淨하니라

난타의 무리와 같지 않다고 한 것은 난타의 연유가 매우 길지만 그러나 사람들이 많이 들었거니와 바로 밝힌다면[73] 그의 성품이 욕심이 많아서 손타라[74]에 염착하니, 부처님께서 방편으로 유인하여 천상에 이른데, 모든 천녀가 단정하고 아름다워 그의 본처보다 지남을 보며, 모든 천남天男이 다 천녀天女가 있음을 보며, 유독 한 처소에 어떤 천녀가 멀리서 보아도 기이하고 아름답지만 천남이 없음을 보고 부처님께 묻거늘 부처님이 하여금 스스로 천녀에게 묻게 한데 저 천녀가 답하여 말하기를, 저의 남편은 곧 부처님의 제자 난타입니다.

난타가 답하여 말하기를, 나의 몸이 곧 이 난타이다.

천녀가 말하기를, 난타는 스님이 되어 몸에 가사를 입었습니다.

---

73 원문에 정명正明이라고 한 것은 『잡화기』에 정명正明"호대" 토이니, 정명正明이라고 한 것은 단정총명端正聰明을 말하는 것이다 하였으니, 그렇다면 현재 나의 해석과는 많이 달라진다. 깊이 생각할 것이다.

74 손타라孫陀羅는 난타의 부인이다.

난타가 들은 이후에 문득 머리를 깎고 계를 가지기를 구하되, 본래부터 천녀를 탐착하기 위하여 금계를 가지기에 그런 까닭으로 아난타가 그 천녀를 속이는 것이 마치 숫양이 서로 부딪혀 앞으로 나아가지만 다시 물러나는 것과 같나니, 그대가 계를 가지고자 하는 것도 그 사실이 또한 이와 같다.

몸은 비록 능히 계를 가지지만 마음은 욕망에 얽힌 바가 되어 이 업이 청정치 못하거니 어찌 이 계를 행한다[75] 하겠는가 하였다.

그 뜻에 말하기를, 마치 양이 본래 앞으로 향하려고 의도하는 것과 같은 것은 저가 천상에 태어나 탐욕을 받고자 하는 것과 같은 것이요. 그러나 다시 뒤로 물러나는[76] 것과 같은 것은 저가 계를 가지기에 그런 까닭으로 업이 청정하지 못한 것[77]과 같은 것이다.

---

75 원문에 用은 行의 뜻이다.

76 뒤로 물러나는 것과 같다 운운한 것은 업이 만약 청정하지 못하다면 그 또한 천상에 태어남을 얻을 수 없는 까닭이다. 역시 『잡화기』에 말이다.

77 업이 청정하지 못한 것이란, 곧 여기서는 욕망에 얽혀 계를 가지기에 업이 청정하지 못하다는 것이다.

經

云何爲無悔恨戒고 此菩薩이 恒得安住無悔恨心하나니 何以故요 不作重罪하며 不行諂詐하며 不破淨戒故니라

어떤 것이 뉘우침도 한탄함도 없는 계가 되는가.
이 보살이 항상 뉘우침도 한탄함도 없는 마음에 편안히 머무름을 얻나니
무슨 까닭인가.
무거운 죄를 짓지 아니하며, 아첨과 속임을 행하지 아니하며, 청정한 계를 깨뜨리지 않는 까닭입니다.

疏

四中엔 涅槃云호대 何故持戒고 爲不悔故라 何故不悔고 爲歡喜故라하고 乃至爲得大涅槃故라하니라

네 번째 계 가운데는『열반경』에 말하기를, 무슨 까닭으로 계를 가지는가.
뉘우치지 않기 위한 까닭이다.
무슨 까닭으로 뉘우치지 않는가.
환희하기 위한 까닭이다 하고,
내지 큰 열반을 얻기 위한 까닭이다 하였다.

鈔

涅槃等者는 卽第二十七에 師子吼言호대 何因緣故로 受持禁戒닛가 佛言하사대 爲心不悔니라 何故不悔고 爲受樂故니라 何故受樂고 爲遠離故니라 何故遠離고 爲安隱故니라 何故安隱고 爲禪定故니라 何故禪定고 爲實知見故니라 何故爲實知見고 爲見生死過患故니라 何故爲見生死過患고 爲心不貪著故니라 何故爲心不貪著고 爲得解脫故니라 何故爲得解脫고 爲得無上大涅槃故니라 何故爲得無上大涅槃고 爲得常樂我淨故니라 何故爲得常樂我淨고 爲得不生不滅故니라 何故爲得不生不滅고 爲見佛性故니라 是故菩薩은 性自能持究竟淨戒라하니라 疏家는 但至涅槃으로 已爲究竟일새 故略後三이니 後三은 卽涅槃中事故니라

『열반경』이라고 한 등은 곧 제이십칠권[78]에 사자후 보살이 말하기를,
무슨 인연인 까닭으로 금계를 받아 가집니까.
부처님이 말씀하시기를, 마음이 뉘우치지 않기 위한 까닭이다.
무슨 까닭으로[79] 뉘우치지 않는가.
즐거움을 받기 위한 까닭이다.
무슨 까닭으로 즐거움을 받는가.
멀리 떠나기 위한 까닭이다.

---

78 二十七卷은 찾아보니 南經은 二十六卷이고, 北經은 二十八卷이다. 한글대장경 열반부 1, p.512, 上段이다.

79 무슨 까닭인가 한 이하는 부처님이 自問自答한 것이다.

무슨 까닭으로 멀리 떠나는가.

안은하기 위한 까닭이다.

무슨 까닭으로 안은한가.

선정에 들기 위한 까닭이다.

무슨 까닭으로 선정에 드는가.

진실하게 알고 보기 위한 까닭이다.

무슨 까닭으로 진실하게 알고 보는가.

생사의 허물과 근심을 보기 위한 까닭이다.

무슨 까닭으로 생사의 허물과 근심을 보는가.

마음이 탐착하지 않기 위한 까닭이다.

무슨 까닭으로 마음이 탐착하지 않는가.

해탈을[80] 얻기 위한 까닭이다.

무슨 까닭으로 해탈을 얻는가.

더 이상 없는 큰 열반을 얻기 위한 까닭이다.

무슨 까닭으로 더 이상 없는 큰 열반을 얻는가.

상·낙·아·정을 얻기 위한 까닭이다.

무슨 까닭으로 상·낙·아·정을 얻는가.

나지도 않고 사라지지도 아니함을 얻기 위한 까닭이다.

무슨 까닭으로 나지도 않고 사라지지도 아니함을 얻는가.

부처님의 성품을 보기 위한 까닭이다.

---

80 해탈解脫 다음 故 자는 衍字이다. 『잡화기』는 탈고脫故의 故 자는 본경에는 없다 하였다.

이런 까닭으로 보살은 성품이 스스로 능히 구경의 청정한 계를 가진다 하였다.

소가疏家는[81] 다만 열반에 이르는 것만으로 이미 구경의 열반을 삼았기에 그런 까닭으로 뒤에 세 가지를[82] 생략하였을 뿐이니, 뒤의 세 가지는 곧 열반 가운데 일인 까닭이다.

---

81 소가疏家 운운은 소문疏文에는 다만 내지위득대열반고乃至爲得大涅槃故라고만 하였다. 그러나 『열반경』을 보면 초문鈔文처럼 세 가지가 더 있다.

82 뒤에 세 가지란, 상락아정과 불생불멸과 견불성見佛性이다.

經

云何爲無違諍戒고 此菩薩이 不非先制하고 不更造立하며 心常隨順하야 向涅槃戒하며 具足受持하야 無所毁犯하며 不以持戒로 惱他衆生하야 令其生苦하고 但願一切로 心常歡喜케하야 而持於戒니라

어떤 것이 어김도 다툼도 없는 계가 되는가.
이 보살이 먼저 제정한 것을 그르치지도 않고 다시 만들지도 아니하며,
마음이 항상 수순하여 열반의 계를 향하며,
구족하게 받아 가져 훼손하거나 범하는 바가 없으며,
계를 가짐으로써 다른 중생을 뇌롭게 하여 그들로 하여금 괴로움을 내지 않게 하고 다만 일체중생으로 마음이 항상 환희케 하기를 서원하여 계를 가지는 것입니다.

疏

五中有四하니 非者違也라 一은 不違制立니 不同調達이요 二는 不違涅槃이니 不取相故요 三은 不違律儀니 具足持故요 四는 不違利物이니 不惱他故니라

다섯 번째 계 가운데 네 가지가 있나니
그르친다(非)고 한 것은 어긴다는 것이다.

첫 번째는 제정한 것을 어기지도 다시 만들지도 않는 것이니,
조달과는 같지 않은 것이요
두 번째는 열반을 어기지 않는 것이니,
모습을 취하지 않는 까닭이요
세 번째는 율의를 어기지 않는 것이니,
구족하게 가지는 까닭이요
네 번째는 중생을 이익케 함을 어기지 않는 것이니,
다른 사람을 뇌롭게 하지 않는 까닭이다.

鈔

不同調達者는 佛說四依는 爲除比丘의 四惡欲故어늘 調達比丘가 加一爲五하니 謂加不食酥鹽魚肉호대 復皆盡形壽하니 況雖有同이나 本意不善하니라 故四分律第四卷云호대 調達이 以五邪法으로 誘諸比丘하나니 盡形壽乞食이 爲一이요 盡形壽著糞掃衣가 爲二요 盡形壽露地坐가 爲三이요 盡形壽不食酥鹽이 爲四요 盡形壽不食魚及肉이 爲五라하니라 不違涅槃者는 非涅槃經이니 以無相持가 順寂滅故니라

조달과는 같지 않다고 한 것은 부처님께서 사의四依를 설하신 것은 비구의 네 가지 나쁜 욕망을 제거하기 위한 까닭이거늘 조달 비구가 하나를 더하여 오의五依를 삼았으니,
말하자면 우유와 염분과 생선과 고기를 먹지 않되, 다시 다 형체와

목숨이 다하도록 한다고 함을 더하였으니,
비유한 것[83]은 비록 같음이 있지만[84] 본래의 뜻으로는 좋지 못하다.[85]
그런 까닭으로 『사분율』 제사권에 말하기를, 조달이 다섯 가지 삿된 법으로써 모든 비구를 유인하나니,
형체와 목숨이 다하도록 걸식하는 것이 첫 번째가 되고,
형체와 목숨이 다하도록 분소의糞掃衣를 입는 것이 두 번째가 되고,
형체와 목숨이 다하도록 길 위에서 좌선하는 것이 세 번째가 되고,
형체와 목숨이 다하도록 우유와 염분을 먹지 않는 것이 네 번째가 되고,[86]
형체와 목숨이 다하도록 생선과 그리고 고기를 먹지 않는 것이 다섯 번째가 된다 하였다.

열반을 어기지 않는다고 한 것은 『열반경』이 아니니,

---

83 원문에 況 자는 說 자로 된 곳도 있다.

84 원문에 유동有同이란, 불설佛說과 조달설調達說이 같음이 있다는 것이다.

85 본래의 뜻으로는 좋지 못하다고 한 것은 그 뜻은 부처님을 어기고자 하기에 나쁜 욕망을 먼저 제어하는 까닭이다. 역시 『잡화기』의 말이다.

86 우유와 염분을 먹지 않는 것이 네 번째가 된다고 한 것은, 초가鈔家는 곧 우유와 염분과 생선과 고기를 합하여 제 다섯 번째를 삼았고 부란약으로써 제 네 번째를 삼았거니와, 지금 『사분율』에는 곧 우유와 염분과 생선과 고기를 열어 제 네 번째(우유와 염분)와 제 다섯 번째(생선과 고기)를 이루고 부란약은 없나니, 두 가지 학설(초가의 말과 『사분율』의 말이다)을 서로 설출한 것이다. 역시 『잡화기』의 말이다.

무상無相으로서 가지는 것이 열반(寂滅)에 수순한다[87]는 까닭이다.

87 원문에 무상지순적멸無相持順寂滅은 곧 소문疏文 중에서 불취상고不取相故라 한 것이다.

經

云何爲不惱害戒고 此菩薩이 不因於戒하야 學諸呪術거나 造作方藥하야 惱害衆生하고 但爲救護一切衆生하야 而持於戒니라

어떤 것이 뇌롭지도 손해나지도 않는 계가 되는가.
이 보살이 계를 인하여 모든 주술을 배우거나 처방한 약을 만들어 중생을 뇌롭지도 손해나지도 않게 하고, 다만 일체중생만을 구호하기 위하여 계를 가지는 것입니다.

疏

六有二意하니 一은 非爲欲惱衆生하야 先須持戒요 二는 非爲欲成淨戒하야 逼惱衆生을 如殺馬祀等이라

여섯 번째 계에 두 가지 뜻이 있나니,
첫 번째는 중생을 뇌롭게 하고자 하기 위하여 먼저 반드시 계를 가지는 것이 아니요
두 번째는 청정한 계를 성취하고자 하기 위하여 중생을 핍박하고 뇌롭게 하기를 마치 말을 죽여 제사를 지내는 등과 같이하지 않는 것이다.

鈔

一非爲欲惱衆生하야 先須持戒者는 如欲禁龍호대 曾聞羅漢持戒하야 而能遣龍하고 遂卽持戒가 是也니라 如馬祀等者는 卽百論中에 外道가 計殺馬祀天하면 得生梵天이라하여 卽逼惱於馬하야 謂爲戒等이라

첫 번째는 중생을 뇌롭게 하고자 하기 위하여 먼저 반드시 계를 가지는 것이 아니라고 한 것은 용을 금지하고자 하되, 일찍이 나한羅漢이 계를 가져 능히 용을 보냈다고 함을 듣고 드디어 곧 계를 가진 것과 같은 것이 이것이다.

말을 죽여 제사를 지내는 등과 같다고 한 것은 곧 『백법론』 가운데 외도가 말을 죽여 하늘에 제사 지내면 범천에 태어남을 얻는다고 함을 계교하여 곧 말을 핍박하고 뇌롭게 하여 계를 삼는다고 말하는 등이다.

經

云何爲不雜戒고 此菩薩이 不著邊見하며 不持雜戒하고 但觀緣起하야 持出離戒니라

어떤 것이 섞이어 더러움이 없는 계가 되는가.
이 보살이 변견에 집착하지 아니하며, 섞이어 더러운 계를 가지지 아니하고, 다만 연기법만 관찰하여 벗어나 떠나는 계를 가지는 것입니다.

疏

七中엔 戒正見邪일새 故名爲雜이니 定有定無는 爲斷常雜이요 觀緣性하야 離非有非無는 則名爲持라 又無煩惱之雜은 眞出離矣니라

일곱 번째 계 가운데는 계는 바르지만 소견이 삿되기에 그런 까닭으로 이름을 섞이어 더러운 계라 하는 것이니,
결정코 있다고 하고 결정코 없다고 하는 것은 단견과 상견이 섞이어 더러운 것이 되는 것이요
연기의 자성을 관찰하여 있지도 않고 없지도 아니함을 벗어나 떠나는 것은[88] 곧 이름이 가지는 것이 되는 것이다.

88 또 연기의 자성을 떠나는 줄 관찰하여 있지도 않고 없지도 않는 것은 이라고도 해석하나니 이것은 보통의 해석이다.

또 번뇌의 섞이어 더러움이 없는 것은 진실로 벗어나 떠나는 것이다.

鈔

定有定無者는 今律學者는 多計爲有하고 禪學之者는 說戒如空하나니 定有著常이요 定無著斷이니 此爲邪見으로 雜於正戒니라 觀緣性離者는 觀緣之相일새 不壞堅持요 緣成性空일새 故不起迷倒니라

결정코 있다고 하고 결정코 없다고 하는 것은 지금의 율학자는 다분히 있다고 계교하고, 선학자는 계가 허공과 같다고 설하나니,
결정코 있다고 하는 것은 상견에 집착한 것이요,
결정코 없다고 하는 것은 단견에 집착한 것이니,
이것은 사견으로 정계正戒에 섞이어 더러움이 되는 것이다.

연기의 자성을 관찰하여 있지도 않고 없지도 아니함을 벗어나 떠나는 것이라고 한 것은 연기의 모습을 관찰하기에 굳게 가짐을 무너뜨리지 않고, 연기로 이루어지는 자성이 공하기에 그런 까닭으로 미혹하여 거꾸러진 소견을 일으키지 않는 것이다.

經

云何爲無貪求戒고 此菩薩이 不現異相하야 彰己有德하고 但爲滿足出離法故로 而持於戒니라

어떤 것이 탐욕으로 구함이 없는 계가 되는가.
이 보살이 기이한 모습을 나타내어 자기의 공덕이 있음을 밝히지 않고 다만 벗어나 떠나는 법만 만족하게 하기 위한 까닭으로 계를 설하는 것입니다.

疏

八中에 不現異相하야 彰己有德은 五邪之一이니 已見淨行하니라 又如十住論說호대 一者는 矯異요 二者는 自親이요 三者는 激動이요 四者는 抑揚이요 五者는 因利求利라하니 大同前引의 智度論說하니라 今文은 卽矯異也니라

여덟 번째 계 가운데 기이한 모습을 나타내어 자기의 공덕이 있음을 밝히지 않는다고 한 것은 오사五邪의 하나이니,
이미 정행품[89]에 나타내었다.
또 저 『십주비바사론』에 말하기를, 첫 번째는 거짓으로 기이한 행(矯異)을 하는 것이요

89 정행품淨行品은 十信 가운데 第十一品이다.

두 번째는 스스로 나의 친척(自親)이라 하는 것이요
세 번째는 과격하게 행동(激動)하는 것이요
네 번째는 억누르기도 하고 찬양하기도(抑揚) 하는 것이요
다섯 번째는 이익을 인하여 나머지 이익을 구하는 것이다 하였으니, 앞에서 인용한 『지도론』의 말과 크게는 같다.
지금에 경문[90]은 곧 거짓으로 기이한 행을 하는 것에 해당하는 것이다.

鈔

又如十住婆沙論說호대 一矯異者는 謂有貪利養故로 行十二頭陀하야 作如是念호대 他作是行하야 當得敬養일새 我作是行하면 亦或得之라하야 爲利養故로 改易威儀니라 二自親者는 爲有貪利養故로 至檀越家하야 而語之言호대 汝等은 如我父母兄弟와 姊妹親戚하야 無有異也니라 若有所須하면 我能相與하리며 若有所作하면 我能作之하리니 不計遠近하고 來相問訊하라 我住此者는 正相爲耳라하야 爲求利養하야 貪著檀越하야 能以巧辯으로 牽引人心이라 三激動者는 謂有不計貪罪하고 欲得財物하야 現於貪相하야 語檀越言호대 此衣鉢尼師壇好하니 若我得之하면 則能受用하리라 若人能隨意施者인댄 此人難得이라하며 又有謂檀越言호대 汝家羹飯과 餠肉香美하고 衣服又好하니 若常供養我하면 我以親眷으로 必當相與하리라하니라 四抑揚者는 謂貪利養故로 語檀越言호대 汝極慳惜하야 尙不能與父

90 경문이란, 곧 異相을 말하는 것이다.

母兄弟와 姊妹妻子親戚거든 更有誰能得汝物者아하면 檀越愧恥하야 俛仰施與하며 又至餘家하야 語彼人言호대 汝有福德하야 受人身不空이니 阿羅漢等이 常入汝家하야 與汝坐起語言이라하야 欲令檀越로 必謂我是羅漢이라 五者因利求利者는 謂有以衣鉢과 及僧伽梨와 尼師壇等의 資生之物을 持示人言호대 此是國王과 及施主와 幷餘貴人이 將來與我라하야 令其檀越로 心中生念호대 王及貴人도 尙供養彼어든 況我不與아하나니 因以此利하야 更求餘利일새 故以名也라하니라

또 저 『십주비바사론』에 말하기를, 첫 번째는 거짓으로 기이한 행을 하는 것이라고 한 것은 말하자면 이양利養[91]을 탐하려 함이 있는 까닭으로, 십이두타행을 행하여 이와 같은 생각을 하되, 저가 이 행을 지어 마땅히 공경과 이양을 얻었기에 나도 이 행을 짓는다면 또한 혹 그것을 얻을 것이다 하여 이양을 삼는 까닭으로 위의를 고치고 바꾸는 것이다.
두 번째는 스스로 나의 친척이라고 한 것은 말하자면[92] 이양을 탐하려 함이 있는 까닭으로 단월의 집에 이르러 그 단월에게 일러 말하기를 그대 등은 나의 부모와 형제와 자매와 친척과 같아서 다름이 없다. 만약 구하는 바가 있다면 내가 능히 도와줄[93] 것이며, 만약 짓는

91 이양利養이라고 한 것은 『비바사론』에 이利는 음식과 재물 등을 얻는 것을 이름하는 것이고, 양養은 공경 예배하고 자리를 베풀고, 맞이하여 오고, 맞이하여 가는 등을 이름하는 것이다 하였다. 역시 『잡화기』의 말이다.
92 원문에 爲 자는 謂 자가 좋다.

바가 있다면 내가 능히 그것을 지을 것이니 원근을 헤아리지 말고 와서 서로 물어라. 내가 여기에 와서 머무는 자는 바로 도와줄 것이다 하여 이양을 구하기 위하여 단월을 탐착하여 능히 교묘한 변재로써 사람의 마음을 이끄는 것이다.

세 번째는 과격하게 행동하는 것이라고 한 것은 말하자면 탐하는 죄를 헤아리지 않고 재물을 얻고자 함이 있어서 탐하는 모습을 나타내어 단월에게 일러 말하기를, 이 가사와 발우와 니사단尼師壇[94]이 좋으니 만약 내가 그것을 얻는다면 곧 능히 받아 사용할 것이다. 만약 사람이 능히 뜻을 따라 보시한다면 이 사람은 얻기 어려운 사람이다 하며

또 어떤 사람은 단월에게 일러 말하기를 그대 집에 국과 밥과 떡과 고기가 향도 맛도 좋고 의복도 또한 좋으니 만약 상시로 나에게 공양한다면 내가 친한 권속[95]으로서 반드시 마땅히 서로[96] 도와줄 것이다 하였다.

네 번째는 억누르기도 하고 찬양하기도 한다고 한 것은 말하자면 이양을 탐하려는 까닭으로 단월에게 일러 말하기를 그대는 극도로 아껴 오히려 능히 부모와 형제와 자매와 처자와 친척에게도 도와주지 않거든 다시 누가 능히 그대의 재물을 얻어갈 자가 있겠는가 하면, 단월이 부끄러워 고개를 숙이기도 우러러보기도 하면서 보시

93 원문에 相與의 相 자는 '도울 상' 자이다.

94 니사단은 坐具이다.

95 원문에 권眷 자는 『비바사론』에는 구舊 자이다.

96 원문에 상相 자는 『비바사론』에는 견見 자이다.

하여 주며

또 다른 집에 이르러 저 사람에 일러 말하기를 그대가 복덕이 있어서 사람의 몸을 받은 것은 공연한 것이 아니니 아라한 등이 항상 그대의 집에 들어가 그대로 더불어 앉고 일어나고 말을 한 때문이다 하여 단월로[97] 하여금 반드시 내가 대아라한이라 말하고자 하는 것이다.

다섯 번째는 이익을 인하여 나머지 이익을 구한다고 한 것은 말하자면 가사와 발우와 그리고 승가리와 니사단 등의 삶을 돕는 물품을 가지고 와서 사람에게 보이면서 말하기를 이것은 국왕과 그리고 시주와 아울러 다른 귀인들이 가지고 와서 나에게 준 것이다 하여 그 단월로 하여금 마음 가운데 이런 생각을 내되 왕과 그리고 귀인들도 오히려 저 사람에게 공양하거든 하물며 난들 주지 못하겠는가 하게 하나니, 이 이익을 인하여 다시 나머지 이익을 구하기에 그런 까닭으로 이름한 것이다 하였다.

---

97 단월이라고 한 아래는 『비바사론』에는 혹 단월로 하여금 이러한 마음을 내게 하되 다시 다른 사람은 우리집에 출입할 수 없게 할 것이라(或生是心호대 更無餘人은 入出我家라)는 등의 말이 있다. 역시 『잡화기』의 말이다.

經

云何爲無過失戒고 此菩薩이 不自貢高하야 言我持戒하며 見破戒人이라도 亦不輕毁하야 令他愧恥하고 但一其心하야 而持於戒니라

어떤 것이 허물이 없는 계가 되는가.
이 보살이 스스로 알리고 높여 나는 계를 가진다 말하지 아니하며 파계한 사람을 볼지라도 또한 가볍게 여기거나 훼방하여 저로 하여금 부끄럽게 하지 않고 다만 그 마음을 한결같이 하여 계를 가지는 것입니다.

疏

九中에 不輕毁者는 無行經云호대 見破戒人이라도 不說其過惡하고 應念彼人도 久久에 亦當得道리라하니라 問이라 涅槃云호대 見破戒人거든 應當擯黜하야 訶責擧處하면 當知是人은 得福無量하리라하니 豈不違於無行과 此經이리요 答이라 略有三義하니 一은 此經約自行하고 涅槃據攝衆이요 二는 此經約根未熟하야 護恐增惡일새 故且攝受하고 涅槃約根熟者하야 慈心拔濟일새 故應折伏이요 三은 彼約慈心하고 此約輕毁일새 故不同也니라

아홉 번째 계 가운데 가볍게 여기거나 훼방하지 않는다고 한 것은 『제법무행경』에 말하기를 파계한 사람을 볼지라도 그 허물을 말하지

않고 응당 생각하기를 저 사람도 오랜 뒤에 또한 마땅히 도를 얻을 것이다 하였다.

묻겠다.

『열반경』에 말하기를 파계한 사람을 보거든 응당히 물리쳐 꾸짖고 허물의 처소를 드러내면[98] 마땅히 알아라. 이 사람은 복을 얻는 것이 한량이 없을 것이다 하였으니, 어찌 『제법무행경』과 이 『화엄경』을 어기는 것이 아니겠는가.

답하겠다.

간략하게 세 가지 뜻이 있나니

첫 번째는 이 『화엄경』은 자리행을 잡았고, 『열반경』은 중생을 섭수하는[99] 것을 의거한 것이요

두 번째는 이 『화엄경』은 근기가 미숙한 사람을 잡아서 보호하여 악행을 더할까 염려하기에 그런 까닭으로 또한 섭수하고, 『열반경』은 근기가 성숙한 사람을 잡아서 자비심으로 빼내어 건져주기에 그런 까닭으로 응당히 절복하는 것이요

세 번째는 저 『열반경』은 자비심을 잡았고, 이 『화엄경』은 가볍게 여기거나 훼방함을 잡았기에 그런 까닭으로 같지 않는 것이다.

---

98 원문에 거처擧處는 허물 처, 죄罪의 처소를 거론하는 것이다. 『잡화기』는 그 죄를 들어 처치處治하는 것이라고 하였다.

99 원문에 섭중攝衆은 이타행利他行이다.

經

云何爲無毀犯戒고 此菩薩이 永斷殺盜와 邪婬妄語와 兩舌惡口와 及無義語와 貪瞋邪見하고 具足受持十種善業이니라 菩薩持此無犯戒時에 作是念言호대 一切衆生이 毁犯淨戒는 皆由顚倒니 唯佛世尊이 能知衆生이 以何因緣으로 而生顚倒하야 毁犯淨戒니라 我當成就無上菩提하야 廣爲衆生하야 說眞實法하야 令離顚倒케하리라하나니

어떤 것이 훼손함도 범함도 없는 계가 되는가.
이 보살이 영원히 살생과 도둑질과 삿된 음행과 허망한 말과 두 말과 악한 말과 그리고 뜻이 없는 말과 탐욕과 성냄과 삿된 소견을 끊고 구족하게 열 가지 선업을 받아 가지는 것입니다.
보살이 이 범함이 없는 계를 받아 가질 때에 이와 같은 생각을 하여 말하기를 일체중생이 청정한 계를 훼손하고 범하는 것은 다 전도된 소견을 인유한 것이니, 오직 부처님 세존만이 능히 중생이 무슨 인연으로 전도된 소견을 내어 청정한 계를 훼손하고 범하는지 아신다.
내가 마땅히 더 이상 없는 보리를 성취하여 널리 중생을 위하여 진실한 법을 설하여 하여금 전도된 소견을 떠나게 할 것이다 하나니

疏

十中에 釋內分二리니 初明律儀니 十善이 衆戒之本일새 故偏明之니라 廣如二地하니라 二에 菩薩持此下는 雙明二聚니 攝菩提善과 益衆生故라

열 번째 계 가운데 해석한 안에 두 가지로 나누리니
첫 번째는 섭율의계를 밝힌 것이니
십선이 수많은 계의 근본이기에 그런 까닭으로 십선을 치우쳐 밝힌 것이다.
널리 설한 것은 제이지第二地와 같다.
두 번째 보살이 이 범함이 없는 계를 받아 가진다고 한 아래는 이취정계를 함께 밝힌 것이니
섭보리선법계[100]와 요익유정계인 까닭이다.

100 원문에 섭보리선攝菩提善은 즉 섭선법계攝善法戒이다.

經

是名菩薩摩訶薩의 第二戒藏이니라
佛子야 何等이 爲菩薩摩訶薩慚藏고 此菩薩이 憶念過去의 所作諸惡하야 而生於慚이니

이것이 이름이[101] 보살마하살의 제 두 번째 계의 창고입니다.

불자여, 어떤 등이 보살마하살의 부끄러워하는 창고가 되는가. 이 보살이 과거에 지은 바 모든 악을 기억하고 생각하여 부끄러워함을 내는 것이니

疏

第三은 慚藏이라 釋相中二니 先은 標章이요 二에 謂彼下는 別釋이니 今初라 然이나 慚愧相別하야 諸說不同하니 涅槃云호대 慚者羞天이요 愧者羞人이며 慚者는 自不作惡이요 愧者는 不敎他作이며 慚者는 內自羞恥요 愧者는 發露向人이라하며 瑜伽四十四에 亦云호대 內生羞恥는 爲慚이요 外生羞恥는 爲愧이라하니 大同涅槃後解하니라 成唯識云호대 依自法力하야 崇重賢善은 爲慚이요 依世間力하야 輕拒暴惡은 爲愧라하니 俱舍亦同하니라 若無慚愧하면 但翻上慚愧하리니 謂不羞天하면 則是無慚이니 餘可例知니라

101 원문 是名 이하는 結名임을 알 수 있을 것이다.

제 세 번째는 부끄러워하는 창고이다.
모습을 해석하는 가운데 두 가지가 있나니
먼저는 문장을 한꺼번에 표한 것이요
두 번째 말하자면 저 보살이라고 한 아래는 따로 해석한 것이니
지금은 처음이다.
그러나 참慚과 괴愧의 모습이 달라서 모든 곳에 말이 같지 않나니,
『열반경』에 말하기를 참이라고 하는 것은 하늘에 부끄러워하는[102]
것이요
괴라고 하는 것은 사람에게 부끄러워하는[103] 것이며
참이라고 하는 것은 스스로 악을 짓지 않는 것이요
괴라고 하는 것은 다른 사람으로 하여금 짓지 않게 하는 것이며
참이라고 하는 것은 안으로 스스로 부끄러워하는 것이요
괴라고 하는 것은 허물을 드러내어 사람에게 향하게 하는 것이다
하였으며
『유가론』 사십사권에 또한 말하기를 안으로 부끄러워함을 내는
것은 참이 되고, 밖으로 부끄러워함을 내는 것은 괴가 된다 하였으니
『열반경』의 뒤에 해석[104]과 크게는 같다.

---

102 원문에 수천자羞天者는 仰不愧於天이니 고개 들어 하늘에 부끄럽지 않다는 뜻이다.

103 원문에 수인자羞人者는 俯不慚於地이니 고개 숙여 땅에 부끄럽지 않다는 뜻이니, 慚 자와 愧 자만 바뀌었다.

104 원문에 열반후해涅槃後解란, 慚者內自羞恥요 愧者發露向人이니 참이라고 하는 것은 안으로 스스로 부끄러워하는 것이고, 괴라고 하는 것은 허물을

『성유식론』에 말하기를 스스로의 법력을 의지하여 어질고 선한 사람을 숭상하고 존중하는 것은 참이 되고, 세간의 힘을 의지하여 폭악함을 가볍게 여기고 거부하는 것은 괴가 된다 하였으니 『구사론』도 또한 이와 같다.

만약 참과 괴가 없는 것으로 번역한다면 다만 위에 참과 괴를 번복해야 할 것이니,

말하자면 하늘에게 부끄러움이 없다면 곧 이것은 참이 없는 것이니 나머지는[105] 가히 비례하면 가히 알 수가 있을 것이다.

鈔

慚愧相別者는 雙釋慚愧兩章之通別이라 言涅槃云慚者羞天等者는 卽南經第十七에 耆婆爲阿闍世王說也라 經云호대 大王이여 諸佛世尊이 常說是言하사대 有二白法하야 能救衆生하나니 一慚二愧라 慚者는 自不作罪요 愧者는 不敎他作이며 慚者는 內自羞恥요 愧者는 發露向人이며 慚者羞天이요 愧者羞人이니 是名慚愧니라 無慚愧者는 不名爲人이요 名爲畜生이라하시니라 其成唯識은 卽當第六이라 論云호대 云何爲慚고 依自法力하야 崇重賢善으로 爲性하고 對治無慚하야 止息惡行으로 爲業이니 謂依自法力하야 尊貴增上하야 崇重賢

드러내어 사람에게 향하게 하는 것이다 한 것이다.

105 나머지 운운은 사람에게 부끄러움이 없다면 곧 이것은 괴가 없는 것이고 스스로 악을 짓지 않는다면 곧 이것은 참이 없는 것이다는 등을 가히 알 수가 있다는 것이다.

善하며 羞恥過惡하야 對治無慚하야 息諸惡行이라하니라 釋曰言自法者는 謂於自身에 生尊重增上하고 於法에 生貴重增上하야 二種力故로 崇賢重善하나니 此是慚相이니라 論云호대 云何爲愧고 依世間力하야 輕拒暴惡으로 爲性하고 對治無愧하야 止息惡行으로 爲業이니 謂依世間의 訶厭增上하야 輕拒暴惡하며 羞恥過罪하야 對治無愧하야 息諸惡業이라하니라 釋曰謂依世間의 他人譏毁와 及自羞惡法하야 而不作等이 名依世間의 訶厭增上이니라 有惡者名暴이요 染法體名惡이니 於彼二法에 輕有惡者하야 而不親하고 拒惡法業하야 而不作하나니 由此增上하야 對治無愧하야 息諸惡業이니라 論又云호대 羞恥過惡가 是二通相일새 故諸聖教에 假說爲體라하니라 釋曰此會顯揚說호대 羞恥가 爲二相者는 是通相耳니 從通假說로 爲體나 實是崇拒等이 是別相이라 故下疏云호대 是二通相이라하니라

참과 괴의 모습이 다르다고 한 것은 참과 괴의 두 문장의 통과 별을 함께 해석한 것이다.

『열반경』에 말하기를 참이라고 하는 것은 하늘에 부끄러워하는 것이라고 말한 등은 곧 남장경 제십칠권에 기바耆婆가 아사세왕을 위하여 설한 것이다.

『열반경』에 말하기를 대왕이시여, 모든 부처님 세존께서 항상 이런 말씀을 설하시기를 두 가지 백정법이 있어서 능히 중생을 구호하나니,

첫 번째는 참이요 두 번째는 괴이다.

참이라고 하는 것은 스스로 죄를 짓지 않는 것이요

괴라고 하는 것은 다른 사람으로 하여금 짓지 않게 하는 것이며
참이라고 하는 것은 안으로 스스로 부끄러워하는 것이요
괴라고 하는 것은 허물을 드러내어 사람에게 향하게 하는 것이며
참이라고 하는 것은 하늘에게 부끄러워하는 것이요
괴라고 하는 것은 사람에게 부끄러워하는 것이니
이것이 이름이 참괴이다.
참괴가 없는 사람은 사람이라 이름할 수 없고 축생이라 이름한다
하였습니다 하였다.

그 『성유식론』이라고 한 것은 곧 제육권에 해당한다.
『유식론』에 말하기를 어떤 것이 참이 되는가.
스스로의 법력을 의지하여 어질고 선한 사람을 숭상하고 존중하는 것으로 자성을 삼고, 부끄러움(慚)이 없음을 대치하여 악행을 그쳐 쉼으로 업을 삼는 것이니,
말하자면 스스로의 법력을 의지하여 존귀한 마음이 증상하여 어질고 선한 사람을 숭상하고 존중하며 과오를 부끄럽게 여겨 부끄러움이 없음을 대치하여 모든 악행을 쉰다 하였다.
해석하여 말하면 스스로의 법력이라고[106] 말한 것은 자신에게 존중함을 증상으로 내고, 법에 귀중함을 증상으로 내어 두 가지 힘을 의지한 까닭으로 어진 사람을 숭상하고 선한 사람을 존중하나니

106 스스로의 법력이라고 한 것은 『유식론』 주註에 말하기를 법이라고 한 것은 교법이니 말하자면 내가 이와 같은 몸으로 이와 같은 법을 알거늘 감히 모든 악을 짓겠는가 하였다. 역시 『잡화기』의 말이다.

이것이 참慚의 모습이다.

『유식론』에 말하기를 어떤 것이 괴가 되는가.

세간의 힘을 의지하여 폭악함을 가볍게 여기고 거부하는 것으로 자성을 삼고, 부끄러움(愧)이 없음을 대치하여 악행을 그쳐 쉼으로 업을 삼는 것이니,

말하자면 세간에 꾸짖고 싫어하기를[107] 증상으로 함을 의지하여 폭악함을 가볍게 여기고 거부하며 허물을 부끄럽게 여겨 부끄러움이 없음을 대치하여 모든 악업을 쉰다 하였다.

해석하여 말하면 세간에 다른 사람을 속이고 훼손한 것과 그리고 스스로 악법을 부끄럽게 여겨 짓지 않는 등을 의지하는 것이 이름이 세간에 꾸짖고 싫어하기를 증상으로 함을 의지한다는 것이다.

악법이 있는 것은 이름이 폭暴이요

법의 자체가 더러운 것은 이름이 악惡이니,

저 두 가지 법에 악이 있는 것을 가볍게 여겨 친하지 않고 악법의 업을 거부하여 짓지 않나니 이 증상增上을 인유하여 부끄러움이 없음을 대치하여 모든 악업을 쉬는 것이다.

『유식론』에 또 말하기를 과오를 부끄럽게 여기는 것(羞恥)이 이 두 가지가 통상通相[108]이기에 그런 까닭으로 모든 성인의 가르침에

---

107 세간에 꾸짖고 싫어한다고 한 것은 말하자면 세간에 부끄러워하는 바 법에 다른 사람을 꾸짖고 자기는 싫어하는 것이다. 역시 『잡화기』의 말이다.

108 원문에 시이통상是二通相이란, 『唯識述記』에 羞恥等者는 是慚愧二法之通相이라하니 卽二羞恥라. 즉 『유식술기』에 수·치라고 한 등은 이 참·괴라는 두 가지 법의 통상이다 하니 곧 두 가지는 수·치라는 것이다.

가설假設로 자체를 삼는다[109] 하였다.
해석하여 말하면 이것은[110] 『현양론』에 말하기를 수치羞恥가 이상二相이 된다고 한 것은 이것은 통상이라고 한 것을 회석會釋한 것이니, 통상을 좇아 가설로 자체를 삼았지만 진실로는 숭상하고 거부하는 등이 이 별상이다.
그런 까닭으로 아래 소문[111]에 말하기를 이 두 가지가 통상이다 하였다.

俱舍亦同者는 卽彼第二의 根品之中에 偈云호대 無慚愧不重하며 於罪不見怖라하니라 釋曰不重賢善이 名爲無慚이니 謂於諸功德과 及有德人에 無敬無崇하며 無所忌難하며 無所隨屬이 說名無慚이니 卽是恭敬으로 所敵對法이라 云功德者는 戒定慧요 有德人者는 有戒定慧人也요 無忌難者는 無畏懼也요 不隨屬者는 不作弟子禮也라 於罪不見怖는 釋無愧也니 爲諸善者를 所訶厭法이 說名爲罪요 於此罪中에 不見能招可怖畏果가 說名無愧니라 翻上卽是慚愧之相이니 謂重賢善等이라 故同唯識하니라

---

109 가설假設로 자체를 삼는다고 한 것은 수치羞恥를 가자하여 참괴慚愧의 자체를 삼지만 그러나 진실인즉 이상二相이 다른 것이다. 그런 까닭으로 저 논에 말하기를 이것은 참괴가 서로 수치의 과오에 통함을 분별한 것이다 하였다. 『잡화기』의 말이다.

110 원문에 차회此會 운운은 유식唯識에서 『현양론顯揚論』을 이끌어 통상通相이라고 말한 것을 회석會釋한 것이다.

111 아래 소문이란, 영인본 화엄 7책, p.38, 7행이다.

『구사론』도 또한 이와 같다고 한 것은 곧 저 『구사론』 제 두 번째 근품[112] 가운데 게송에 말하기를 참괴가 없어서 존중하지 아니하며 허물에 두려움을 보지 않는다 하였다.

해석하여 말하면[113] 어질고 선한 사람을 존중하지 않는 것이 이름이 무참無慚이 되는 것이니,

말하자면 모든 공덕과 그리고 덕이 있는 사람에게 공경함도 없고 숭상함도 없으며 꺼리거나 어렵게 여기는 바도 없으며 따르는 바도 없는 것이 이름이 부끄러움이 없다(無慚) 말하는 것이니 곧 이것은 공경으로 대적하여 다스릴 바 법이다.

공덕이라고[114] 말한 것은 계율과 선정과 지혜요

덕이 있는 사람이라고 한 것은 계율과 선정과 지혜가 있는 사람이요

꺼리거나 어렵게 여기는 바가 없다고 한 것은 두려움이 없는 것이요

따르는 바가 없다고 한 것은 제자의 예를 짓지 않는 것이다.

허물에 두려움을 보지 않는다고 한 것은 무괴無愧를 해석한 것이니, 모든 선한 사람을[115] 꾸짖고 싫어하는 바 법이 이름이 허물이 된다

---

112 원문에 第二란, 第一은 계품界品, 第二는 근품根品, 第三은 세간품世間品 등이다. 第二에 根品은 卷數로는 第四卷에 해당한다. 第二 다음에 疏根品에 서의 疏 자는 衍字이다.

113 원문에 釋曰이란, 저 『구사론』 根品 長行이다. 『잡화기』도 이와 같다.

114 공덕이라고 말한 것으로부터 이하는 이 초가의 해석이다고 『잡화기』는 말한다.

115 원문에 위제선자爲諸善者라고 한 아래는 저 『구사론』의 말이다. 『잡화기』에는 위제선자爲諸善者라고 한 것으로부터 무괴無愧라고 함에 이르기까지는 저 『구사론』의 장행문이다 하였다.

말하는 것이요

이 허물 가운데 능히 가히 두려움의 결과를 초래함을 보지 않는 것이 이름이 무괴라고 말하는 것이다.

위에 무참과 무괴를 번복한다면 곧 이것이 참괴의 모습이니, 말하자면 어질고 선한 사람을 존중하는 등[116]이다.

그런 까닭으로 『유식론』과 같은[117] 것이다.

疏

若說羞恥하야 爲慚愧者인댄 是二通相이거니와 今經은 多同唯識이나 而以不相恭敬으로 爲二通相하니라

만약 수치羞恥를 설하여 참괴慚愧를 삼는다면 이 두 가지가 통상[118]이거니와, 지금의 경문은 다분히 『유식론』과 같지만 서로 공경하지 않는 것으로써 두 가지의 통상을 삼은 것이다.

鈔

若說羞恥下는 釋二通相이라 先依唯識이니 已如上引이요 後依今經

---

116 등等이란, 於罪見怖니 즉 허물에 두려움을 본다는 것을 등취함이다.

117 『유식론』과 같다고 한 것은 소문 가운데 말한 『성유식론成唯識論』과 같다는 것이다.

118 두 가지 통상이란, 수치羞恥가 참괴이법慚愧二法의 통상通相이다. 두 가지는 곧 羞·恥이다.

이니 以二文이 皆有不相恭敬故니라

만약 수치를 설하여라고 한 아래는 두 가지의 통상을 해석한 것이다.
먼저는 『유식론』을 의지한 것이니
이미 위에서 인용한 것과 같은 것이요
뒤에는 지금의 경을 의지한 것이니
두 문장[119]이 다 서로 공경하지 않는다는 것이 있는 까닭이다.

119 원문에 二文이란, 참괴慚愧의 두 경문(二經文)이니 영인본 화엄 7책, p.39, 8행과 p.41, 8행이다.

經

謂彼菩薩이 心自念言호대 我無始世來로 與諸衆生으로 皆悉互作父母兄弟와 姊妹男女하야 具貪瞋癡와 憍慢諂誑과 及餘一切諸煩惱故로 更相惱害하며 遞相陵奪하며 姦婬傷殺하야 無惡不造니라

말하자면 저 보살이 마음에 스스로 생각하여 말하기를 내가 시작도 없는 세상으로부터 오면서 모든 중생으로 더불어 모두 다 서로 부모와 형제와 자매와 남녀가 되어 탐욕과 성냄과 어리석음과 교만과 아첨과 속임과 그리고 나머지 일체 모든 번뇌를 갖춘 까닭으로 다시 서로 뇌롭게 하고 해치며
서로서로 업신여기고 빼앗으며
간음하고 상처내고 죽여 악행마다 짓지 아니함이 없는 것이다.

疏

二에 別釋中分二리니 先은 釋過去作惡이 卽無慚行이요 二에 自惟下는 釋而生於慚이라 前中亦二니 初는 自念無慚이라

두 번째 따로 해석하는 가운데 두 가지로 나누리니,
먼저는 과거에 지은 악행이 곧 부끄러움이 없는(無慚) 행임을 해석한 것이요
두 번째 스스로 생각한다고 한 아래는 부끄러운 생각을 내는 것을

해석한 것이다.

앞의 가운데 또한 두 가지가 있나니

처음에는 스스로 부끄러움이 없는(無慚) 행을 한 것을 생각하는 것이다.

經

一切衆生도 悉亦如是하야 以諸煩惱로 備造衆惡일새 是故로 各各不相恭敬하며 不相尊重하며 不相承順하며 不相謙下하며 不相啓導하며 不相護惜하고 更相殺害하야 互爲怨讎라하야

일체중생도 다 또한 이와 같아서 모든 번뇌로써 수많은 악행을 갖추어 지었기에 이런 까닭으로 각각 서로 공경하지 아니하며
서로 존중하지 아니하며
서로 받들어 따르지 아니하며
서로 겸손하고 하심하지 아니하며
서로 열어 인도하지 아니하며
서로 보호하여 아끼지 아니하고 다시 서로 죽이고 해하여 서로 원수가 되었다 하여

疏

後에 一切下는 悲他亦爾라

뒤에 일체중생이라고 한 아래는 다른 사람을 자비롭게 생각하는 것도 또한 그러하다는 것이다.

經

自惟호대 我身及諸衆生이 去來現在에 行無慚法을 三世諸佛이 無不知見이시니 今若不斷此無慚行인댄 三世諸佛도 亦當見我리니 我當云何猶行不止리요 甚爲不可니라

스스로 생각하기를 나의 몸과 그리고 모든 중생이 과거 미래 현재에 부끄러움이 없는(無慚) 법을 행한 것을 삼세에 모든 부처님이 알고 보지 아니함이 없으시니,
지금에 만약 이 부끄러움이 없는 행을 끊지 않는다면 삼세에 모든 부처님도 또한 마땅히 나를 보실 것이니, 내가 마땅히 어떻게 오히려 행하면서 그치지 않겠는가. 심히 옳지 못함이 되는 것이다.

疏

第二에 正顯慚相中에 初는 自念昔非니 恥佛知見하야 現修慚相이요 自惟는 卽是內自羞恥니라

제 두 번째 바로 부끄러움의 모습(慚相)을 나타내는 가운데 처음에는 스스로 옛날의 잘못을 생각하는 것이니,
부처님이 알고 보심을 부끄럽게 여겨 현재 부끄러움의 모습을 닦는 것이요
스스로 생각한다고 한 것은 곧 이것은 안으로 스스로 부끄러워하는 것이다.

鈔

自惟卽是內自羞恥者는 正同涅槃이요 兼得唯識의 依自法力이라

스스로 생각한다고 한 것은 곧 이것은 안으로 스스로 부끄러워하는 것이라고 한 것은 바로는 『열반경』과 같고[120] 겸하여 『유식론』에 스스로의 법력을 의지한다고[121] 한 것을 얻은 것이다.

120 『열반경』과 같다고 한 것은 영인본 화엄 7책, p.35, 2행이다.

121 『유식론』에 스스로의 법력을 의지한다고 한 것은 영인본 화엄 7책, p.35, 5행이다.

經

是故로 我應專心斷除하고 證阿耨多羅三藐三菩提하야 廣爲衆生하야 說眞實法하리라하나니

이런 까닭으로 내가 응당히 오롯한 마음으로 끊어서 제거하고 아뇩다라삼먁삼보리를 증득하여 널리 중생을 위하여 진실한 법을 설할 것이다 하나니

疏

二에 是故已下는 決志斷證이라 文言去來現在에 行無慚者는 言總意別이라 菩薩은 自惟昔過하고 愍物의 三世常行하나니 故로 專心斷除는 防己伏之再起요 爲衆生說은 則物我之兼亡이라

두 번째 이런 까닭이라고 한 이하는 스스로의 뜻을 결정하여 끊고 증득하는 것이다.
경문[122]에 과거 미래 현재에 부끄러움이 없는 법을 행하였다고 말한 것은 말은 총總이지만 뜻은 별別이다.[123]

---

122 원문에 文 자는 前 자인 듯하다.

123 원문에 언총의별言總意別이란, 무참자無慚者는 總이나, 불중생佛衆生은 別也라. 즉 경문 가운데 總言호대 보살아신菩薩我身과 급제중생及諸衆生이 삼세무참三世無慚이라 하였지만, 그러나 그 뜻은 보살菩薩은 오직 과거過去에 무참無慚이요, 중생衆生은 삼세三世에 함께 무참無慚인 까닭으로 別이 되는 것이다.

보살은 스스로 옛날의 허물을 생각하고 중생이 삼세에 항상 행한 것을 어여삐 여기나니,
그런 까닭으로 오롯한 마음으로 끊어 제거한다고 한 것은 이미 절복하여 다시 일어나는 것을 막는 것이요
중생을 위하여 설한다고 한 것은 곧 중생과 나를 함께 잃는 것이다.

經

是名菩薩摩訶薩의 第三慚藏이니라
佛子야 何等이 爲菩薩摩訶薩愧藏고 此菩薩이 自愧昔來로 於五欲中에 種種貪求하야 無有厭足할새 因此增長貪恚癡等의 一切煩惱라하야 我今不應復行是事리라하며

이것이[124] 이름이 보살마하살의 제 세 번째 부끄러워하는 창고(慚藏)입니다.

불자여, 어떤 등이 보살마하살의 부끄럽게 생각하는 창고(愧藏)가 되는가.
이 보살이 스스로 부끄러워하기를 옛날로부터 오면서 저 오욕 가운데 가지가지로 탐하고 구하여 싫어하거나 만족함이 없었기에 이로 인하여 탐욕과 성냄과 어리석은 등 일체 번뇌를 증장한다 하여 내가 지금 응당히 다시는 이 일을 행하지 않을 것이다 하며

疏

第四는 愧藏이라 釋相中三이니 初는 自念無愧하야 而修愧行이니 故云我今不應復行是事리라하니 卽愧行也니라

124 이것이라고 한 아래는 結名임을 가히 알 수가 있을 것이다..

제 네 번째는 부끄럽게 생각하는 창고(愧藏)이다.

모습을 해석하는 가운데 세 가지가 있나니

처음에는 스스로 부끄럽게 여긴 적이 없음을 생각하여 부끄러운 행을 닦는 것이니,

그런 까닭으로 말하기를 내가 지금 응당히 다시는 이 일을 행하지 않을 것이다 하였으니

곧 부끄럽게 생각하는 행(愧行)이다.

經

又作是念호대 衆生無智하야 起諸煩惱하야 具行惡法할새 不相恭敬하며 不相尊重하며 乃至展轉히 互爲怨讎하야 如是等惡을 無不備造하며 造已歡喜하고 追求稱歎하며 盲無慧眼하야 無所知見하야

또 이와 같은 생각을 하기를 중생이 지혜가 없어서 모든 번뇌를 일으켜 악한 법을 갖추어 행하였기에 서로 공경하지 아니하며 서로 존중하지 아니하며
내지[125] 전전히 서로 원수가 되어 이와 같은 악을 갖추어 짓지 아니함이 없으며
지은 이후에는 스스로 환희하고 칭찬해 주기를 추구하며
소경으로 지혜의 눈이 없어서 아는 바도 보는 바도 없어서

疏

二에 又作下는 傷物無愧하야 不覺苦集이니 故云無知無見이라하니라

두 번째 또 이와 같은 생각을 하였다고 한 아래는 중생을 상하게

125 내지라고 한 것은 서로 받들어 따르지 아니하며, 서로 겸손하고 하심하지 아니하며, 서로 열어 인도하지 아니하며, 서로 보호하고 아끼지 않는다는 말을 함유하고 있다.

하고도 부끄러움이 없이 괴로움과 괴로움의 집합체를 깨닫지 못하나니,
그런 까닭으로 말하기를 아는 바도 없고 보는 바도 없다 하였다.

鈔

不覺苦集者는 不知苦果하며 不見集故니라

괴로움과 괴로움의 집합체를 깨닫지 못한다고 한 것은 괴로움의 과보를 알지 못하며
괴로움의 집합체를 보지 못하는 까닭이다.

經

於母人腹中에 入胎受生하야 成垢穢身하야 畢竟至於髮白面皺하나니 有智慧者는 觀此但是從婬欲生한 不淨之法하며 三世諸佛도 皆悉知見하시니라 若我於今에 猶行是事하면 則爲欺誑三世諸佛이니 是故我當修行於愧하고 速成阿耨多羅三藐三菩提하야 廣爲衆生하야 說眞實法하리라하나니

어머니라는 사람의 배 가운데 태에 들어가 생을 받아 더러운 몸을 이루어 필경에 머리가 희고 얼굴이 주름짐[126]에 이르나니,
지혜가 있는 사람은 이것이 다만 음욕으로 좇아 생겨난 부정한 법인 줄 관찰하며
삼세에 모든 부처님도 다 알고 보신다.
만약 내가 지금에 오히려 이 일을 행한다면 곧 삼세에 모든 부처님을 속이는 것이 되나니
이런 까닭으로 내가 마땅히 부끄러움을 수행하고 빨리 아뇩다라삼먁삼보리를 성취하여 널리 중생을 위하여 진실한 법을 설할 것이다 하나니

疏

三에 於母人下는 依顧世間하고 而修愧行하야 誓益自他니라

126 皺는 '주름 추' 자이다.

세 번째 어머니라는 사람이라고 한 아래는 세간을 의지하여 돌아보고 부끄러운 행을 닦아 자기도 다른 사람도 이익케 하기를 서원하는 것이다.

鈔

依顧世間은 卽順唯識意니라

세간을 의지하여 돌아본다고 한 것은 곧 『유식론』의 뜻을 따른 것이다.

疏

於中에 初所愧境이요 有智慧下는 顧他生愧니 卽外羞也라 初는 因人이요 後는 諸佛이라 是故已下는 決志斷證이라 言不淨之法者는 從婬欲生은 卽種子不淨이요 母人腹中은 卽住處不淨이요 成垢穢身은 卽自相自性이요 究竟髮白은 意含究竟不淨이라

그 가운데 처음에는 부끄러워할 바 경계요
지혜가 있는 사람이라고 한 아래는 다른 사람을 돌아보고 부끄러운 생각을 내는 것이니 곧 밖으로 부끄러워하는 것이다.
처음[127]에는 인인因人이요

127 初란, 有智慧者 이하이니 즉 처음이란 경문에 지혜가 있는 사람이라고

뒤[128]에는 모든 부처님이다.
이런 까닭이라고 한 이하는 스스로의 뜻을 결정하여 끊고 증득하는 것이다.

부정한 법이라고 말한 것은 음욕으로 좇아 생겨난다고 한 것은 곧 종자가 부정한 것이요
어머니라는 사람의 배 가운데라고 한 것은 곧 머무는 곳이 부정한 것이요
더러운 몸을 이룬다고 한 것은 곧 자상과 자성[129]이 부정한 것이요
구경에 머리가 희다고 한 것은 그 뜻이 구경究竟[130]이 부정하다는 것을 포함하고 있다.

鈔

從婬欲生者는 疏中에 先說五種不淨하니 一은 種子不淨이요 二는 住處不淨이요 三은 自性不淨이요 四는 自相不淨이요 五는 究竟不淨이라 卽智論二十一說이니 梵行品에 已廣其相거니와 但自性不淨이 卽三十六物하니 今當更說하리라 卽涅槃十二聖行品云호대 從頭至

한 이하이다.

128 後란, 영인본 화엄 7책, p.42, 4행 아래 三世諸佛 이하이니 즉 뒤에란 경문에 삼세에 모든 부처님이라고 한 이하이다. 疏本엔 初는 顧因人이요 後는 諸佛이라하니 因人은 菩薩이다. 따라서 諸佛은 果人이다.

129 자상自相은 외상外相이고, 자성自性은 내상內相이다.

130 구경究竟이란, 죽을 때를 말함이다. 경문에서는 필경이라 하였다.

足히 其中唯有髮(一). 毛(二). 爪(三). 齒(四). 不淨(五). 垢穢(六). 皮(七). 肉(八). 筋(九). 骨(十). 脾(十一). 腎(十二). 心(十三). 肺(十四). 肝(十五). 膽(十六). 腸(十七). 胃(十八). 生藏(十九). 熟藏(二十). 大便(二十一). 小便(二十二). 涕(二十三). 唾(二十四). 目淚(二十五). 脂(二十六). 膏(二十七). 腦(二十八). 膜(二十九). 骨(三十). 髓(三十一). 膿(三十二). 血(三十三). 膀(三十四). 胱(三十五). 諸脈(三十六)이라하니라 釋曰遠公은 不分其中에 骨有二하고 腦有二어늘 腦連膜라하야 除二欠二하고 腸有大小라도 亦欠其一이나 餘處有胞일새 具三十六이라하얏거니와 直就經文하야 今具者인댄 復有分垢爲一하고 汗爲一일새 則穢字屬汗이니 亦具三十六하니라

음욕으로 좇아 생겨난다고 한 것은 소문 가운데 먼저 다섯 가지 부정을 설하였으니
첫 번째는 종자가 부정한 것이요
두 번째는 머무는 곳이 부정한 것이요
세 번째는 자성이 부정한 것이요
네 번째는 자상이 부정한 것이요
다섯 번째는 구경이 부정한 것이다.
곧 『지도론』 이십일권[131]에 설한 것이니, 범행품에서 이미 그 모습을 광설하였거니와 다만 자성이 부정한 것만 곧 삼십육물이 있나니 지금에 마땅히 다시 설하겠다.

---

131 『지도론』 이십일권은 살펴보니 今本은 십구권이다.

곧 『열반경』 십이권 성행품에 말하기를 머리로 좇아 발에 이르기까지 그 가운데 오직 머리카락과(一) 털과(二) 손톱과(三) 치아와(四) 부정한 것과(五) 때와 더러운 것과(六) 가죽과(七) 살결과(八) 근육과(九) 뼈와(十) 비장과(十一) 신장과(十二) 심장과(十三) 폐와(十四) 간과(十五) 쓸개와(十六) 창자와(十七) 위장과(十八) 생장과(十九) 숙장과(二十) 대변과(二十一) 소변과(二十二) 콧물과(二十三) 침과(二十四) 눈물과(二十五) 비계와(二十六) 기름과(二十七) 뇌와(二十八) 뇌의 막과(二十九) 골과(三十) 골수[132]와(三十一) 고름과(三十二) 피와(三十三) 방膀과(三十四) 광胱[133]과(三十五) 모든 맥脈만이 있다(三十六) 하였다.

해석하여 말하면 원공遠公은[134] 그 가운데 골이 두 가지가 있고 뇌가 두 가지가 있거늘, 뇌는 뇌의 막에 연결되어 나누지 않는다 하여, 두 가지를 제함에 두 가지가 모자라고 창자에 대장과 소장이 있다 하여도 또한 한 가지가 모자라지만 나머지 처소에 태의(胞)가 있기에 곧 삼십육물을 갖추었다 하였거니와, 바로 경문에 나아가서[135] 지금

---

132 골수骨髓는 뼛속에 차 있는 누런 물체의 조직으로, 혈액세포를 생성하는 조혈기관이다.

133 방광膀胱은 오줌통 방, 오줌통 광이니, 어떻게 나누는지 잘 모르겠다.

134 원문에 원공불분遠公不分이라고 한 것은 이 가운데 골과 수를 합하고 뇌와 막을 합하니 삼십육물 가운데 두 가지를 제외하여 두 가지가 모자라는 것이다. 그러나 이 장腸 가운데 대장과 소장을 열고 나머지 처소에 태의를 더하니 삼십육물이 갖추어졌다 하겠다.

135 바로 경문에 나아간다 운운한 것은 초가鈔家가 저 원공遠公의 해석을 가져 다시 도와 회석한 것이니 그 뜻에 말하기를 설사 저 원공의 해석이 그렇다

에 갖추어 말한다면 다시 때(垢)를 나누어[136] 하나를 삼고 땀을 하나로 삼은 것이 있기에 곧 더럽다는 글자(穢字)가 땀(汗)에 속하는 것이니 또한 삼십육물을 갖추었다 하겠다.

疏

又垢穢形은 是內汚穢不淨이요 處胎受生은 有苦觸不淨이요 從婬欲生은 下劣不淨이라 若觀待涅槃인댄 三界는 並爲不淨이요 其五取蘊體는 是違壞不淨이요 上來煩惱도 亦是不淨이라

또 더러운 형체[137]라고 한 것은 이것은 안으로 오염되고 더러운 것이 부정한 것이요
태에 거처하여 생을 받는다고 한 것은 괴로움을 접촉함이 있는 것이 부정한 것이요
음욕으로 좇아 생겨난다고 한 것은 하열한 것이 부정한 것이다.
만약 열반에 관찰하여 대망待望한다면 삼계는 모두 부정한 것이 되는 것이요
그 오취온의 자체는 어기어 무너지는 것이 부정한 것이 되는 것이요

한들 하필 나머지 처소에 태胞로써 그 모자라는 바를 갖춘다 하는가. 바로 저 경문에 더럽다는 것(穢)을 나누어(垢와 나누는 것) 하나를 삼는다면 곧 또한 그 삼십육이라는 숫자를 갖춤을 얻을 것이라 하였다. 혹자는 이 말이 다 원공遠公의 말이다 하였다. 역시 『잡화기』의 말이다.

136 원문에 분구分垢란, 垢와 穢를 나누어서 본다는 것이다.

137 원문에 형形 자는 경문에는 신身 자이다.

상래에 번뇌도 역시 부정한 것이 되는 것이다.[138]

鈔

又垢穢形是內汚穢不淨者는 然有二種하니 一內二外라 論云호대 云何依內汚穢不淨고 謂身中髮毛爪齒와 塵垢皮肉과 骸骨筋脈과 心膽肝肺와 大腸小腸과 生藏熟藏과 肚胃脾腎과 膿血熱痔과 肪膏肌髓와 腦膜洟唾와 淚汗屎尿인 如是等類가 名爲依內라하니 釋曰此亦三十六物也니라 論에 外는 謂靑瘀와 或復膿爛과 或復變壞와 或復膖脹과 或復食噉과 或復變赤과 或復散壞와 或骨或鎖와 或尿所作과 或唾所作과 或洟所作과 或血所塗와 或膿所塗와 或便穢處인 如是等類가 名爲依外汚穢不淨이라하니라 二에 苦觸不淨은 論云호대 謂順苦受觸은 爲緣所生이요 若身若心이 不平等受는 受所攝이니 如是名爲苦觸不淨이라하니라 三에 下劣不淨者는 論云호대 謂最下劣事와 最下劣界는 所謂欲界라 除此코는 更無極下極劣하며 最極鄙穢한 餘界可得이니 如是名爲下劣不淨이라하니라 四에 觀待不淨者는 論云호대 謂如有一劣淸淨事를 觀待其餘의 勝淸淨事인댄 便似不淨이요 如待無色의 勝淸淨事인댄 色界諸法이 便似不淨이요 觀待薩迦耶의 寂滅涅槃인댄 乃至有頂도 皆似不淨이니 如是等類가 名爲觀待不淨이라하니라 五에 煩惱不淨은 論云호대 謂三界所有一切結縛과 隨

138 원문에 상래번뇌역시부정上來煩惱亦是不淨이라고 한 것은 위에서 말하기를 증장탐에치등增長貪恚癡等 일체번뇌一切煩惱라 한 것이 번뇌부정煩惱不淨이다. 영인본 화엄 7책, p.41, 4행에 있다.

眠煩惱纒이라하니라 六에 違壞不淨은 論云호대 謂五取蘊이 無常無恒하야 不可保信이 是變壞法이니 是故로 靜慮無色이 皆名不淨이라하니라 釋曰今疏隨勝하야 已略配竟하니 但觀所引論文하면 自然明了하리라

또 더러운 형체라고 한 것은 이것은 안으로 오염되고 더러운 것이 부정한 것이라고 한 것은 그러나 두 가지가 있나니
첫 번째는 안으로 부정한 것이요
두 번째는 밖으로 부정한 것이다.
『유가론』[139]에 말하기를 어떤 것이 안을 의지하여 오염되고 더러운 것이 부정한 것이라 하는가.
말하자면 몸 가운데 머리카락과 털과 손톱과 치아와 먼지 때와 가죽과 살결과 해골과 근육과 모든 맥과 심장과 쓸개와 간과 폐와 대장과 소장과 생장과 숙장과 배[140]와 위장과 비장과 신장과 고름과 피와 열과 치질[141]과 살찜[142]과 기름과 살가죽[143]과 골수와 뇌막과 콧물과 침과 눈물과 땀과 똥오줌인 이와 같은 등 유형이 이름이 안을 의지함이 된다 하였으니

---

139 원문에 論이란, 『유가론瑜伽論』 26권. 『지도론智度論』은 살펴보지 않았다. 이하에서의 논도 다 『유가론』이다.

140 肚는 '배 두' 자이다.

141 痔는 혹 痰 자인 듯하다. 즉 가래를 뜻하는 것이니 '가래 담' 자이다.

142 肪은 '살찔 방' 자이다.

143 肌는 '살가죽 기' 자이다.

해석하여 말하면 이것도 또한 삼십육물이다.

『유가론』에 밖의 부정이라고 한 것은 말하자면 어혈[144]이 푸른 것과 혹 다시 고름이 나서 문드러지는 것과[145] 혹 다시 변하여 무너지는 것과 혹 다시 불룩하여 배가 부른 것[146]과 혹 다시 밥으로 먹는 것[147]과[148] 혹 다시 변하여 붉어지는[149] 것과 혹 다시 흩어져 괴멸되는 것과 혹 뼈와 혹 쇠골과 혹 똥을 만드는 바와 혹 침을 만드는 바와 혹 콧물을 만드는 바와 혹 피를 바르는 바와 혹 고름을 바르는 바와 혹 대소변의 더러운 곳인 이와 같은 등 유형이 이름이 밖을 의지하여 오염되고 더러운 것이 부정함이 된다 하였다.

---

144 瘀는 '어혈 어' 자이다.

145 원문에 청어혹부농란등青瘀或復膿爛等은 死後 二, 三, 四日의 모습이다.

146 膖은 '불룩할 방' 자, 脹은 '부를 창' 자이다.

147 원문에 식담食噉은 시체가 새나 짐승의 밥이 되는 것이다. 噉은 '먹을 담' 자이다.

148 원문에 청어青瘀라고 한 것으로부터 다음 줄 식담食噉이라고 함에 이르기까지는 『유가론』에 해석하여 말하기를 다 저기 저 죽은 시체가 一日 二日을 지나 내지 七日을 지난 등의 모습이니, 밥으로 먹는 것이라고 한 것은 까마귀와 까치 등이 다투어 먹는 것이고, 변하여 붉어지는 것이라고 한 것은 죽은 시체가 가죽과 분리되어 피와 살결과 근육과 맥이 속으로 얽혀 있는 것이고, 흩어져 괴멸된다고 한 것은 흙 속(塵土)에 조화되고 섞이는 것이고, 혹 뼈와 혹 쇠골이라고 한 것은 손뼈와 발뼈 등이 각각 그곳에서 바뀌는 것이니, 이것은 곧 죽은 시체가 일 년, 이 년을 지나 내지 칠 년을 지난 등의 모습이다 하였다. 역시 『잡화기』의 말이다.

149 원문에 변적變赤은 가죽을 벗기면 적색赤色으로 변한다.

두 번째 괴로움을 접촉하는 것이 부정한 것이라고 한 것은 『유가론』에 말하기를 말하자면 고수苦受의 접촉을 따르는[150] 것은 인연의 생기하는 바가 되는 것이요
혹 몸과 마음이 평등하게 감수하지 않는 것[151]은 감수의 섭수하는 바이니,
이와 같은 것이 이름이 괴로움을 접촉하는 것이 부정한 것이 된다 하였다.

---

150 고수苦受의 접촉을 따른다고 한 것은 촉觸이 고수苦受로 더불어 상응하는 까닭으로 이름한 것이다. 『구사론』 근품根品에 말하기를 수受를 의지하여 상응하는 것이 이름이 따르는 것(順)이니, 말하자면 업이 우수憂受로 더불어 상응하는 까닭으로 우수의 업을 따른다 이름하는 것이고, 저 촉이 낙수樂受로 더불어 상응하는 것을 낙수의 접촉을 따른다 이름하는 것이다 하였으니, 이미 촉이 낙수로 더불어 상응하는 까닭으로 낙수의 접촉을 따른다 이름하였다면 이것은 촉이 고수로 더불어 상응하는 것이 이름이 고수의 접촉을 따른다고 하는 것인 줄 알아야 할 것이다. 인연의 생기하는 바가 되는 등이라고 한 것은 그 뜻에 말하기를 고수의 접촉을 따르는 것이 인연이 되어 몸과 마음 등에 고수를 생기하는 것이니, 그런 까닭으로 『유식론』에 말하기를 수受, 상想 등이 촉으로써 인연이 되어 생기하는 것이다 하였고, 『구사론』에 말하기를 몸과 마음이 기쁘지 않는 것이 이것이 고수의 뜻이다 하였다. 역시 『잡화기』의 말이다.

151 평등하게 감수하지 않는 것이라고 한 것은 곧 고수苦受이니, 사수捨受와 가려서 말한 까닭이다. 바로 아래 감수의 섭수하는 바라고 한 것은 평등하게 감수하지 않는다고 한 것이 수음受陰의 섭수하는 바가 됨을 말한 것이니 수受는 곧 삼수三受이다. 대개 고수의 접촉한 인연으로 생기한 바 몸과 마음의 고수가 감수의 섭수하는 바가 되는 것이 이것이 말한 바 고수의 접촉하는 것이 부정한 것이 된다 한 것이다. 역시 『잡화기』의 말이다.

세 번째 하열한 것이 부정한 것이라고 한 것은 『유가론』에 말하기를 말하자면 가장 하열한 일과 가장 하열한 세계는 욕계를 말하는 바이다.
이것을 제하고는 다시 지극히 하열하고 지극히 하열하며 가장 지극히 누추하고 더러운 나머지 세계를 가히 얻을 수 없나니, 이와 같은 것이 이름이 하열한 것이 부정한 것이 된다 하였다.

네 번째 열반에 관찰하여 대망한다면 삼계는 모두 부정한 것이 된다고 한 것은 『유가론』에 말하기를 말하자면 만약 하나의 하열한 청정의 일이 있는 것을 그 나머지 수승한 청정의 일에 관찰하여 대망한다면 곧 부정한 것과 같은 것이요
만약 무색계의 수승한 청정의 일에 관찰하여 대망한다면 색계의 모든 법이 곧 부정한 것과 같은 것이요
살가야[152]의 적멸열반에 관찰하여 대망한다면 내지 유정천도 다 부정한 것과 같을 것이니,
이와 같은 등 유형이 이름이 열반에 관찰하여 대망한다면 삼계는 모두 부정한 것이 된다 하였다.

다섯 번째 상래에 번뇌도 역시 부정한 것이 된다고 한 것은 『유가론』에 말하기를 말하자면 삼계에 있는 바 일체의 결박과 수면과

152 薩迦耶는 此云身이니 즉 살가야는 여기에서 말하면 몸이니 소승小乘에서 몸의 적멸寂滅로 열반涅槃을 삼는 것이다.

번뇌와 전纏[153]이다 하였다.

여섯 번째 어기어 무너지는 것이 부정한 것이 된다고 한 것은『유가론』에 말하기를 말하자면[154] 오취온이 영원함도 없고 항상함도 없어서 가히 보전하거나 믿을 수 없는 것이 이것이 변하여 괴멸하는 법이니,
이런 까닭으로 사정려[155]와 사무색[156]이 다 이름이 부정이 된다 하였다.
해석하여 말하면 지금 소문에 수승함을 따라 이미 간략하게 배속하여 마쳤으니,
다만 인용한 바 논문을 관찰만 한다면 자연히 분명하게 알 수가 있을 것이다.

疏

言誑三世佛者는 違本四弘誓의 斷惑故라 餘文易了니라

삼세에 모든 부처님을 속인다고 말한 것은 본래의 사홍서원에서 번뇌를 끊는다는 서원을 어기는 까닭이다.
나머지 경문은 쉽게 알 수가 있을 것이다.

---

153 전纏이란, 팔전八纏과 십전十纏 등이 있다.
154 위謂 자 위에 논운論云이라는 두 글자가 있어야 한다.
155 사정려四靜慮는 색계사선정色界四禪定이니 운허『불교사전』, p.380 참조.
156 사무색四無色은 역시 무색계사선정無色界四禪定이다.

經

是名 菩薩摩訶薩의 第四愧藏이니라
佛子야 何等이 爲菩薩摩訶薩聞藏고

이것이 이름이 보살마하살의 제 네 번째 부끄럽게 생각하는 창고(愧藏)입니다.

불자여, 어떤 등이 보살마하살의 들음의 창고가 되는가.

疏

第五는 聞藏이라 分三하리니 初는 徵名이라

제 다섯 번째는 들음의 창고이다.
세 가지로 나누리니
처음에는 이름을 물은 것이다.

經

此菩薩이 知是事有故是事有하며 是事無故是事無하며 是事起故是事起하며 是事滅故是事滅하며 是世間法이며 是出世間法이며 是有爲法이며 是無爲法이며 是有記法이며 是無記法이니라

이 보살이 이 일이 있는 까닭으로 이 일이 있으며
이 일이 없는 까닭으로 이 일이 없으며,
이 일이 일어나는 까닭으로 이 일이 일어나며
이 일이 사라지는 까닭으로 이 일이 사라지며,
이것이 세간법이며
이것이 출세간법이며,
이것이 유위법이며
이것이 무위법이며,
이것이 유기법이며
이것이 무기법인 줄 아는 것입니다.

疏

二에 釋相中二니 初는 明所知之法이요 後에 菩薩摩訶薩下는 顯多聞之意라 今初는 標稱聞藏이요 釋云知者는 聞爲本故로 實則多知耳라 文亦分二리니 先은 標章이요 後는 牒釋이라 今初니 句雖有十이나 義束爲七하리니 初之四句는 但是緣生故라 謂一은 緣生이요 二는 有漏五蘊이요 三은 無漏五蘊이요 四는 有爲요 五는 無爲

요 六은 有記요 七은 無記라

두 번째 모습을 해석하는 가운데 두 가지가 있나니
처음에는 아는 바 법을 밝힌 것이요
뒤에 보살마하살菩薩摩訶薩[157]이라고 한 아래는 많이 들음의 뜻을 나타낸 것이다.
지금은 처음으로 들음의 창고라고 이름한 것을 표한 것이요
해석하는 가운데 말하기를 안다고 한 것은 들은 것이 근본이 되는 까닭으로 진실로 곧 많이 아는 것이다.

경문을 또한 두 가지로 나누리니
먼저는 문장을 표한 것이요
뒤에는 첩문하고[158] 해석한 것이다.
지금은 처음으로 구절이 비록 열 구절이 있지만 뜻으로 묶어 일곱 가지로 하리니
처음에 네 구절은 다만 연생뿐인 까닭이다.
말하자면 첫 번째[159]는 연생이요,
두 번째는 유루의 오온이요,
세 번째는 무루의 오온이요,
네 번째는 유위요,

157 뒤에 보살마하살菩薩摩訶薩이란, 영인본 화엄 7책, p.150, 3행이다.
158 원문에 첩牒은 첩문牒問이다.
159 一者는 卽初之四句也니 첫 번째라고 한 것은 곧 처음에 네 구절이다.

다섯 번째는 무위요,
여섯 번째는 유기요,
일곱 번째는 무기이다.

鈔

聞爲本故者는 大品第六에 須菩提가 白佛言호대 何等이 一切法中에 無礙相을 應學應知닛가하니 釋曰卽多知之義니라 下佛答中엔 與此列大同하니 佛言하사대 一切法者는 善法不善法과 無記法과 世間法出世間法과 有漏法無漏法과 有爲法無爲法과 共法不共法이라하니 釋曰此十法에 但共不共이 此中略無는 以一向是不共般若故니라 彼經云호대 云何爲共法고 四禪四無色과 四無量心과 四無色定인 如是等法이 是名共法이라하니 智論釋云호대 凡夫聖人이 生處入定處가 所共故로 名爲共法이라하니라 經云호대 何等이 名不共法고 四念處와 乃至十八不共法이 是名不共法이라하니 論釋云호대 菩薩이 分別知此諸法이 各各無相하며 是法이 從因緣和合生故로 無性하며 無性故로 自性空이라하니라 釋曰此는 卽聖人法이 不共凡夫요 如十八不共도 亦不共二乘也니라 餘大同此하니라

들은 것이 근본이 되는 까닭이라고 한 것은 『대품반야경』 제육권에 수보리가 부처님께 여쭈어 말하기를 어떤 등이 일체법 가운데 걸림이 없는 모습을 응당 배우고 응당 아는 것입니까 하였으니
해석하여 말하면 곧 많이 안다는 뜻이다.

아래[160] 부처님이 답하신 가운데는 여기 『화엄경』에서 예한 것으로 더불어 크게는 같나니,
부처님이 말씀하시기를 일체법이라고 한 것은 선법과 불선법과 무기법과 세간법과 출세간법과 유루법과 무루법과 유위법과 무위법과 공법과 불공법이다 하였으니
해석하여 말하면 이 열 가지 법 가운데 다만 공법과 불공법만이 이 가운데 생략되어 없는 것은 한결같이 이것은 불공반야인 까닭이다.
저 『대품반야경』에 말하기를 어떤 것이 공법이 되는가.
사선四禪과 사무색과 사무량심과 사무색정인 이와 같은 등 법이 이것이 이름이 공법이다 하니
『지도론』에 해석하여 말하기를 범부와 성인이 태어난 곳과 삼매에 들어간 곳이 같은 바인 까닭으로 이름을 공법이다 한다 하였다.
『대품반야경』에 말하기를 어떤 등이 이름이 불공법이 되는가.
사념처와 내지 십팔불공법이 이것이 이름이 불공법이다 하니
『지도론』에 해석하여 말하기를 보살이 이 모든 법이 각각 모습이 없으며,
이 모든 법이 인연이 화합함으로 좇아 생기하는 까닭으로 자성이 없으며,
자성이 없는 까닭으로 자성이 공한 줄 분별하여 안다 하였다.
해석하여 말하면[161] 이것은 곧 성인의 법이 범부의 법과 같지 않고

---

160 아래란, 『대품반야경大品般若經』이 질문質問 아래 답이다.

저 십팔불공법도 또한 이승의 법과 같지 않다는 것이다.

나머지는 이 『화엄경』과 크게는 같다.

---

161 여기서 석왈釋曰은 청량淸凉의 해석이다.

經

何等이 爲是事有故是事有고 謂無明有故行有니라
何等이 爲是事無故是事無고 謂識無故名色無니라
何等이 爲是事起故是事起고 謂愛起故苦起니라
何等이 爲是事滅故是事滅고 謂有滅故生滅이니라

어떤 등이 이 일이 있는 까닭으로 이 일이 있음이 되는가.
말하자면 무명이 있는 까닭으로 행이 있는 것입니다.
어떤 등이 이 일이 없는 까닭으로 이 일이 없음이 되는가.
말하자면 식이 없는 까닭으로 명색이 없는 것입니다.
어떤 등이 이 일이 일어나는 까닭으로 이 일이 일어남이 되는가.
말하자면 애愛가 일어나는 까닭으로 고苦가 일어나는 것입니다.
어떤 등이 이 일이 사라지는 까닭으로 이 일이 사라짐이 되는가.
말하자면 유有가 사라지는 까닭으로 생生이 사라지는 것입니다.

疏

二에 何等下는 牒釋이 卽爲七段이라 初緣起中엔 依生引二門하야 開爲四重徵釋하니 謂十二支에 初二能引이요 次五所引이요 次三能生이요 後二所生이니 故爲四也니라

두 번째 어떤 등이라고 한 아래는 첩문하고 해석[162]한 것이 곧 칠단이 된다.

처음에 연기緣起[163] 가운데는 생生과 인引의 두 문을 의지하여 열어서

사중四重으로 묻고 해석하였으니,

말하자면 십이지十二支에 처음에 두 가지는 능인[164]이요,

다음에 다섯 가지는 소인이요,

다음에 세 가지는 능생[165]이요,

뒤에 두 가지는 소생이니

그런 까닭으로 사중이 되는 것이다.

鈔

依生引二門者는 然第六地에 廣顯其相일새 今文略引하니라 然此一段이 疏文有三하니 一은 總顯生引이라

---

162 원문에 첩석牒釋은 첩문牒問과 해석解釋임을 알 것이다.

163 연기緣起는 즉 연생緣生이다.

164 능인能引 운운은 『유식론唯識論』 第八에 말하기를 능인자能引者는 말하자면 무명無明과 행行이 미윤위未潤位에 있나니, 다만 멀리 미래未來의 오과五果를 인발引發하는 종자種子인 까닭이요, 소인자所引者는 말하자면 식識 등의 종자種子가 앞의 인발引發이 되어 점점 증장增長함을 얻는 까닭이니, 『잡집론雜集論』 第四에 말하기를 명색名色, 육입六入, 촉觸, 수受가 마음에 습기習氣를 인유하여 능히 당래의 명색名色 등으로 전후에 상의相依하여 차례로 종자를 생기하여 증장함을 얻는 까닭이라 하였다.

165 능생자能生者는 이윤위已潤位(未潤位와 반대)에 있나니 애愛, 취取가 윤생潤生의 종자種子 그리고 식識 등의 종자를 합하여 친히 미래의 생로병사生老病死의 과보果報를 생기生起하는 까닭이라 하였다. 나머지는 궐자권闕字卷 48장에 인용引用한 것과 같다. 역시 『잡화기』의 말이다.

생과 인의 두 가지 문을 의지한다고 한 것은 그러나 제 육지[166]에 그 모습을 폭넓게 나타내었기에 지금 이 경문에서는 간략하게 인용하였을 뿐이다.
그러나 이 일단이 소문에 세 가지가 있나니
첫 번째는 생과 인을 한꺼번에 나타낸 것이다.

疏

然이나 依雜集第四인댄 十二有支에 皆具此有彼有等義라하니라 故彼論文에 釋支相云호대 相者는 謂無作緣生故며 無常緣生故며 勢用緣生故라 此有彼有者는 顯無作緣生義니 唯有緣故로 果法得有언정 非緣有實作用하야 能生果法이라 此生故彼生者는 顯無常緣生義니 非無生法이 爲因故로 少有法生하야 而得成立이라 無明緣行等者는 顯勢用緣生義니 雖復諸法이 無作無常이나 然不隨一法爲生故로 一切果生이니 以諸法功能差別故니라

그러나『잡집론』제사권을 의지한다면 십이유지에 다 이것이 있기에 저것이 있다는 등의 뜻을 갖추고 있다 하였다.
그런 까닭으로 저『잡집론』문에 지상支相을 해석하여 말하기를 상相[167]이라고 한 것은 말하자면 무작無作이[168] 인연으로 생기하는

166 제 육지第六地는 궐자권闕字卷 44장이니 그곳에 능인能仁·소인所引, 능생能生·소생所生을 잘 현시하였다.
167 상相이란, 십이유지상十二有支相이다.

까닭이며,

무상이 인연으로 생기하는 까닭이며,

세용勢用이 인연으로 생기하는 까닭이다.

이것이 있기에 저것이 있다고 한 것은 무작이 인연으로 생기하는 뜻을 나타낸 것이니,

오직 인연이 있는 까닭으로 과법果法이 있음을 얻을지언정 인연이 진실한 작용이 있어서 능히 과법을 생기하는 것이 아니다.

이것이 생기하는 까닭으로 저것이 생기한다고 한 것은 무상이 인연으로 생기하는 뜻을 나타낸 것이니,

무생의 법이 인연이 된 까닭으로 잠깐이라도 법이 생기함이 있어서[169] 성립함을 얻는 것이 아니다.

무명이 행을 인연한다고 한 등은 세용이 인연으로 생기하는 뜻을 나타낸 것이니,

비록 다시 모든 법이 무작이고 무상이지만 그러나 한 법이 인연이 된 까닭으로 일체 과법이 생기하는 것이 아니니 모든 법이 공능이 차별한 까닭이다.

---

168 무작無作이라고 한 등은 논論에 중연작용衆緣作用이 공空한 까닭으로 무작용無作用의 뜻이요, 항상하지 않는 까닭으로 무상無常의 뜻이라 하였다. 세용勢用이라고 한 것은 세력작용勢力作用이다. 역시 『잡화기』의 말이나, 세용 등이란 나의 말이다.

169 원문에 소유법생少有法生이란, 논論에 소소생법少所生法이라 하였다. 역시 『잡화기』의 말이다. 여기서 少 자는 잠깐, 조금의 뜻이다.

鈔

二에 然依雜集下는 以三緣生으로 會釋經文之意라 文二니 先은 正說三緣生이라 故彼論云호대 云何緣生이며 幾是緣生이며 何義觀緣生耶아 (問也) 謂相故며 分別支故라하니 釋曰彼有十五義어늘 今略用一二耳니라 論名相者는 謂無作緣生故며 無常緣生故며 勢用緣生故니 是緣生相이라 由此三故로 薄伽梵說하사대 此有故彼有며 此生故彼生이며 爲無明緣行이라하야 乃至廣列也니라 此有故彼有者는 顯無作緣生義等은 具如疏文이니 卽是釋也니라 功能差別下는 更云如從無明力故로 諸行得生하고 乃至生力故로 得有老死라하니라

두 번째 그러나 『잡집론』 제사권을 의지한다고 한 아래는 세 가지 인연으로 생기하는[170] 것으로써 경문의 뜻을 회석한 것이다.
소문에 두 가지가 있나니
먼저는 세 가지 인연으로 생기하는 것을 바로 설한 것이다.
그런 까닭으로 저 『잡집론』에 말하기를 어떤 것이 인연으로 생기하는 것이며
얼마나 인연으로 생기하며
어떤 뜻으로 인연으로 생기함을 관찰하는가(묻는 것이다).
말하자면 유지有支의 상相인 까닭이며 유지를 분별하는 까닭이다 하였으니,
해석하여 말하면 저 『잡집론』에는 열다섯 가지 뜻이 있거늘[171] 지금에

---

170 원문에 삼연생三緣生은 무작無作, 무상無常, 세용연생勢用緣生이다.

는 한두 가지만 간략하게 인용하였을 뿐이다.

『잡집론』에 상이라고 이름한 것[172]은 말하자면 무작이 인연으로 생기하는 까닭이며

무상이 인연으로 생기하는 까닭이며

세용이 인연으로 생기하는 까닭이니,

이것이 인연으로 생기하는 상이다.

이 세 가지 인연으로 생기함을 인유한 까닭으로 박가범이 말씀하시기를 이것이 있는 까닭으로 저것이 있으며,

이것이 생기하는 까닭으로 저것이 생기하며,

무명이 행을 인연한다 하여 내지 폭넓게 열거하였다.

이것이 있는 까닭으로[173] 저것이 있다고 한 것은 무작無作[174]이 인연으

---

171 원문에 피유십오의彼有十五義는 저 『잡집론雜集論』 가운데 初義를 답함에 三義가 있고, 第二義를 답함에 十一義가 있고, 第三義를 답함에 一義가 있나니, 지금에는 初義를 답함에 三義만 인용하였다.

이 三問答等의 뜻은 영인본 화엄 7책, p.72, 1행(三十四丈下 一行)에도 있으니 참고하라. 이상은 『유망기遺忘記』를 기준하여 살펴본 것이다.

『잡화기雜華記』에는 十五에서 五 자는 衍이라 하고 論을 살펴봐도 十義밖에 없다 하였다.

즉 初에 지상고支相故(相故)는 初問에 답答하고, 中間에 八義인 분별지고分別支故·건립지연고建立支緣故·건립지업고建立支業故·지잡염섭고支雜染攝故·의고義故·심심고甚深故·차별고差別故·순역고順逆故는 此問에 답하고, 後에 승력勝力은 後問에 답한 것이라 하였으니 생각해 볼 것이다.

172 원문에 논명상자論名相者로 세용연생고勢用緣生故까지를 인용구로 보아도 좋을 듯하다. 論名의 名 자는 云 자가 아닌가 한다.

로 생기하는 뜻을 나타낸 것이라고 한 등은 소문에 갖추어 설한 것과 같나니,
곧 이것은 해석[175]이다.

공능이 차별한 까닭이라고 한 아래는 다시 말하기를 무명의 힘을 좇은 까닭으로 모든 행이 생기함을 얻고 내지 생生[176]의 힘을 좇은 까닭으로 노·사가 있음을 얻는 것과 같다 하였다.

疏

然今經中엔 欲顯緣起無性코자 擧前二門이니 勢用一門은 六地廣辨하니라 就二門中하야 從增勝說하야 前後互擧하니 前七은 許同因位일새 故名能引所引이요 後五는 要因果相望일새 云能生所生이라 由此로 能所引中엔 但云此有彼有라하고 後文엔 則云此起彼起라하니 起卽生也니라 故集論云호대 謂於因時에 有能引所引하고 於果時에 有能生所生이라하니라

그러나 지금의 경문 가운데는 연기가 자성이 없음을 나타내고자 하여 앞에 두 가지 문[177]을 거론한 것이니

173 원문에 故 자는 소문疏文에는 없다.

174 무작無作을 무명無明이라 한 것은 잘못이다.

175 원문에 釋이란, 앞의 질문을 答釋한 것이다.

176 생生이란, 십이유지十二有支 가운데 生이다.

세용의 한 문門은 육지에 폭넓게 분별하였다.
두 가지 문 가운데 나아가 더 수승함을 좇아 설하여 앞뒤에 서로 거론하였으니,
앞에 일곱 유지有支는 인위因位가 같음을 허락하기에 그런 까닭으로 능인과 소인이라 이름하고
뒤에 다섯 유지는 인과가 서로 바라봄을 요구하기에 능생과 소생이라 말하는 것이다.
이것을 인유하여 능인과 소인 가운데는 다만 말하기를 이것이 있기에 저것이 있다고만 하였고, 뒤의 논문에는 곧 말하기를 이것이 일어나기에 저것이 일어난다 하였으니
일어난다고 한 것은 곧 생기한다는 것이다.
그런 까닭으로 『잡집론』에 말하기를 말하자면 인시因時에 능인과 소인이 있고, 과시果時에 능생과 소생이 있다 하였다.

鈔

然今經中下는 第二에 會釋經文에 有五하니 一은 正明二門이라 然此有彼有等은 亦兼勢用이나 正顯二相일새 故指勢用은 在於六地하니라 就二門下는 二에 出其影略이니 言前後互擧者는 謂能所引中에 明無作緣生하고 能所生中에 明無常緣生이라 前七許同因位下는 三에 出生引所以니 言許同者는 據三世義인댄 初二次五는 過現不同이나 約二世義인댄 許得同世니 但引五種일새 故不名生이라 由此能所

---

177 원문에 前二門이란, 무작문無作門과 무상문無常門이다.

引中下는 四에 出此經影略之由니 以前엔 於能所引中에 無作義顯이나 而影取無常하고 能所生中에 無常義顯이나 影取無作이라 故集論下는 五에 引證生引之相이라

그러나 지금의 경문 가운데라고 한 아래는 제 두 번째 경문을 회석함에 다섯 가지가 있나니
첫 번째는 두 가지 문을 바로 밝힌 것이다.
그러나 이것이 있기에 저것이 있다는 등은 또한 세용을 겸하였지만 바로 두 가지 모습[178]을 나타내기에 그런 까닭으로 세용은 육지에 있다고 가리킨 것이다.

두 가지 문 가운데 나아간다고 한 아래는 두 번째 그윽이 생략된 것을 설출한 것이니,
앞뒤에 서로 거론하였다고 말한 것은 말하자면 능인과 소인 가운데 무작이 인연으로 생기함을 밝히고, 능생과 소생 가운데 무상이 인연으로 생기함을 밝힌 것이다.

앞에 일곱 유지는 인위가 같음을 허락한다고 한 아래는 세 번째 생生과 인引의 까닭을 설출한 것이니,
같다고 허락한다고 말한 것은 삼세의 뜻[179]을 의거한다면 처음에

178 원문에 이상二相이란, 무작無作과 무상無常의 二門이다.
179 원문에 삼세의三世義란, 삼세양중인과三世兩重因果이다.

두[180] 유지와 다음에 다섯[181] 유지는 과거와 현재가 같지 않지만, 이세의 뜻[182]을 잡는다면 이세二世가 같다[183]고 함을 허락하나니 다만 다음에 다섯 가지[184]만 이끌어내기에 그런 까닭으로 생生이라 이름하지는 않는[185] 것이다.

이것을 인유하여 능인과 소인 가운데라고 한 아래는 네 번째 이 경이 그윽이 생략된 이유를 설출한 것이니,
앞에서는 능인과 소인 가운데 무작의 뜻을 나타내었지만 무상의 뜻을 그윽이 취하였고, 능생과 소생 가운데 무상의 뜻을 나타내었지만 무작의 뜻을 그윽이 나타내었다.

그런 까닭으로 『잡집론』이라고 한 아래는 다섯 번째 생生과 인引의 모습을 이끌어 증거한 것이다.

---

180 원문에 初二란, 과거過去 이인二因이다.

181 원문에 次五란, 현재現在 오과五果이다.

182 원문에 이세의二世義란, 이세일중인과二世一重因果이다.

183 원문에 동세同世란, 과거過去와 현재現在가 동세同世이다.

184 원문에 오종五種이란, 역시 현재現在 오과五果이다.

185 원문에 불명생不名生은 生支는 愛부터이다. 『구사론俱舍論』은 삼세양중인과三世兩重因果이고, 『유식론唯識論』은 이세일중인과二世一重因果임은 잘 알고 있을 것이다.

疏

然이나 文有染淨二觀하니 初는 於能引中에 明染觀일새 故云無明有故行有라하니라 第二는 約所引이며 亦通能所相對로 以明淨觀일새 故云識無故名色無라하니라 以識通能引이 有二種業하니 一은 持諸有情의 所有業縛이니 謂與行所引習氣로 俱生滅故요 二는 與名色作緣이니 謂由識入母胎하야 名色得增長이라 今言識無者는 卽不爲業熏하며 不持業縛일새 故不入胎하야 增長名色이니 故云識無故名色無라하니라

그러나 경문에 염과 정의 이관二觀이 있나니,
처음에는 능인 가운데 염관을 밝히기에 그런 까닭으로 말하기를 무명이 있는 까닭으로 행이 있다 하였다.
제 두 번째는 소인을 잡은 것이며 또한 능인과 소인이 상대함을 통함으로써 정관을 밝히기에 그런 까닭으로 말하기를 식이 없는 까닭으로 명색이 없다 하였다.
식이 능인에 통하는 것이 두 가지 업이 있나니
첫 번째는 모든 유정이 소유한 업의 결박을 가지는 것이니,
말하자면 행行으로 이끌어 낸 바 습기로 더불어 함께 생기하고 사라지는 까닭이요
두 번째는 명색으로 더불어 인연을 짓는 것이니,
말하자면 식이 어머니 태중에 들어감을 인유하여 명색이 증장함을 얻는 것이다.

지금에 식이 없다고 말한 것은 곧 업의 훈습이 되지 아니하며 업의 결박을 가지지 않기에 그런 까닭으로 태중에 들어가 명색을 증장하지 않는 것이니,
그런 까닭으로 말하기를 식이 없는 까닭으로 명색이 없다 하였다.

鈔

然文有染淨下는 第三釋文이니 初句標也라 言染淨觀者는 六地廣明하니 謂無明緣行等은 前能生後하야 生死流轉이니 爲染이요 無明滅行滅等은 反本還源이니 爲清淨耳라 初能引中下는 二에 別釋이니 卽爲四番이니 初番可知라 第二約所引下는 約所引明淨이니 例前亦合云호대 識有故名色有라하고 前文에도 亦合有無明이 無故行無라하리라 以識通能引下는 釋上亦通能所引義니 正義는 正取識名色이 爲所引義요 今釋上言通能所引이라 若識支通能引인댄 名色唯所引이니 故識與名色이 是能所引對니라 於中先은 反釋經文이니 約染觀明이라 然識通能所引者는 若取識種하야 爲識支인댄 卽是所引이요 若取行種하야 爲識支인댄 識是能引이니 行是能引故니라 今擧二業하니 初業是能引이니 以取行習氣하야 爲識支故며 實是行種이 與識俱故로 名爲識支니라 卽集論意는 正取業種하야 以爲識支하고 識種은 乃是名色支攝하얏거니와 而緣起經은 通能所引하니 業種識種이 俱名識故며 識種은 但是名色所依요 非名色故니라 今第二意는 卽是識爲能引일새 云與名色作緣이라하니라 謂由識入母胎下는 兼顯現行二果라 然이나 今下經義가 通能所일새 故六地云호대 於諸行中에

植心種子라하니 卽具二也니라 其二種業言은 卽六地의 自業助成章中이라 然彼二業云호대 識有二種業하니 一은 令諸有相續이요 二는 與名色으로 作生起因이라하니라 今取其勢하야 以能所引으로 而爲二業하니 約持行種인댄 卽是能引이요 約其自體인댄 卽是所引이라 今言識無者는 上反釋經이요 今順釋也니 反上二義는 可知니라

그러나 경문에 염과 정의 이관이 있다고 한 아래는 세 번째 경문을 해석한 것이니,
처음 구절은 문장을 표한 것이다.
염과 정의 이관이라고 말한 것은 육지에 폭넓게 밝혔으니,
말하자면 무명이 행을 인연한다고 한 등은 앞의 유지有支가 능히 뒤의 유지를 생기하여 생사에 유전하는 것이니 염오가 되는 것이요 무명이 사라짐에 행이 사라진다고 한 등은 근본을 돌이켜 근원에 돌아가는 것이니 청정이 되는 것이다.
처음에는 능인 가운데라고 한 아래는 두 번째 따로 해석한 것이니 곧 사번四番[186]으로 하였다.
초번은 가히 알 수가 있을 것이다.
제 두 번째는 소인을 잡은 것이라고 한 아래는 소인을 잡아 정淨을 밝힌 것이니,

186 사번四番이란, 영인본 화엄 7책, p.52, 9행에 初는 능인중能引中 운운云云이고, 第二는 같은 책, p.53, 末行에 약소인約所引 운운이고, 第三은 같은 책, p.56, 8행에 능생소생能生所生 운운이고, 第四는 같은 책, p.56, 末行에 역시 능생소생能生所生 운운이다.

앞의 경문을 비례한다면 또한 합당히 말하기를 식이 있는 까닭으로 명색이 있다 해야 할 것이고, 앞의 경문에도 또한 합당히 무명이 없는 까닭으로 행이 없다고 함이 있어야 할 것이다.

식이 능인에 통한다고 한 아래는 위[187]에 또한 능인과 소인의 뜻에 통한다고 한 것을 해석한 것이니,
정의正義는 식과 명색이 소인의 뜻이 됨을 바로 취한 것이요
지금에는 위에 능인과 소인에 통한다고 말한 것을 해석한 것이다.
만약 식지識支가 능인에 통한다면 명색은 오직 소인에 통하나니,
그런 까닭으로 식과 더불어 명색이 이 능인과 소인의 상대인 것이다.
그 가운데 먼저는 경문을 반대로 해석한 것이니,
염관을 잡아서 밝힌 것이다.
그러나 식이 능인과 소인에[188] 통한다고 한 것은 만약 식의 종자를 취하여 식지識支를 삼는다면 곧 이것은 소인이요
만약 행의 종자를 취하여 식지를 삼는다면 식이 이 능인이니
행이 이 능인인 까닭이다.
지금에는 두 가지 업[189]을 거론하였으니[190]

---

187 위란, 영인본 화엄 7책, p.53, 말행末行이다.

188 그러나 식이 능인能引과 소인所引 운운한 것은 설출한 뜻을 널리 밝힌 것이다. 역시 『잡화기』의 말이다.

189 원문에 이업二業이란, 영인본 화엄 7책, p.54, 1행이다.

190 지금에는 두 가지 업을 거론하였다고 한 아래는 소문을 잡아 바로 해석한 것이니, 대개 『잡집론』의 뜻은 오직 처음의 뜻에만 해당하고, 『연기경』의

처음에 업은 이 능인이니 행의 습기를 취하여 식지를 삼은 까닭이며, 실로는 이 행의 종자가 식으로 더불어 함께하는 까닭으로 이름을 식지라 하는 것이다.

곧 『잡집론』의 뜻은 바로 업의 종자를 취하여 식지를 삼고 식의 종자는 이에 명색지에 섭수하였거니와, 그러나 『연기경』의 뜻은 능인과 소인에 통하나니, 업의 종자와 식의 종자가 함께 이름이 식인 까닭이며 식의 종자[191]는 다만 이 명색의 의지할 바(所依)일 뿐 명색이 아닌 까닭이다.

지금에 제 두 번째 업의 뜻[192]은 곧 이 식이 능인[193]이 되기에 명색으로 더불어 인연을 짓는다고 말하였다.

말하자면 식이 어머니 태중에 들어감을 인유한다고 한 아래는 현행의 이과二果[194]를 겸하여 나타낸 것이다.[195]

뜻은 두 가지 뜻에 통하나니 궐자권闕字卷 41장, 하, 4행을 볼 것이다. 역시 『잡화기』의 말이다.

191 원문에 식종단시識種但是라고 한 아래는 『잡집론雜集論』을 탄핵한 것이니, 此等의 말은 궐자권闕字卷 41장, 하, 7행에도 있다.

192 원문에 제이의第二意란, 영인본 화엄 7책, p.54, 3행에 여명색작연與名色作緣이다.

193 원문에 능인能引이라 한 能 자는 所 자로 된 곳도 있다. 『잡화기』는 能 자는 所 자의 잘못이니 이미 명색으로 더불어 인연을 짓는 까닭으로 소인이 되는 것이니, 명색이 이 소인인 까닭이다 하였다.

194 원문에 현행이과現行二果는 생生과 노사老死니 이세일중인과二世一重因果에서 본 것이다.

195 겸하여 나타낸 것이라고 한 것은 이 가운데 능인과 소인을 말한 것이 이미 대승을 잡는다면 곧 앞에 칠지七支가 다 인위因位에 있는 것이다. 식識 등은

그러나 지금에 하경下經의[196] 뜻이 능인과 소인에 통하기에 그런 까닭으로 육지六地[197]에 말하기를 모든 행 가운데 마음의 종자를 심는다 하였으니 곧 두 가지를 갖춘[198] 것이다.

그 두 가지 업이라고 말한 것은 곧 육지의 자업조성自業助成 문장 가운데 말이다.
그러나 저 육지의 두 가지 업에 말하기를 식이 두 가지 업이 있나니
첫 번째는 삼유(諸有)로 하여금 상속케 하는 것이요
두 번째는 명색으로 더불어 생기의 원인을 짓는 것이다 하였다.
지금에는 그 문세를 취하여 능인과 소인으로써 두 가지 업을 삼았으니
행의 종자를 가지는 것을 잡는다면 곧 이것은 능인이요
그 자체를 잡는다면 곧 이것은 소인이다.

이 미래의 종자이지만 다만 인위에서는 그 모습을 알기 어려운 까닭으로 과위에 나아가 설하였을 뿐이니, 그런 까닭으로 겸하여 나타낸 것이라고 말한 것이다. 또 이 가운데 다 육입 등을 거론하지 아니한 것은 다 명색의 종자에 섭속하는 까닭이니, 또한 궐자권闕字卷 초문鈔文을 볼 것이다. 역시 『잡화기』의 말이다.

196 원문에 연금하경然今下經 등이라고 한 것은 지금 경문 가운데(經中)에는 능인能引과 소인所引에 통하는 뜻이 잘 나타나지 않는 까닭으로 아래 궐자권闕字卷 40장, 하, 3행 이하의 경문(經)을 인용하여 能所 二引의 두 가지 뜻을 갖추고 있음을 증거한 것이다.

197 육지六地라고 한 것은 바로 궐자권闕字卷 40장, 하, 3행이다.

198 원문에 구이具二란, 곧 능인能引과 소인所引이다.

지금에 식이 없다고 말한 것이라고 한 것은 위에서는 경을 반대로 해석한 것이요
지금에는 순리대로 해석한 것이니,
위에 반대로 해석한 두 가지 뜻[199]은 가히 알 수가 있을 것이다.

疏

第三은 能生所生相對로 以明染觀일새 故云愛起故苦起라하니 苦卽當果요 愛卽能生이라 能生有三은 擧初攝末이요 下明淨觀은 擧末攝初니 蓋巧辨影略耳니라 第四도 亦能所生相對로 以明淨觀이니 謂因亡果喪耳니라

제 세 번째 뜻은 능생과 소생이 상대함으로써 염관을 밝히기에 그런 까닭으로 말하기를 애愛가 일어나는 까닭으로 고苦가 일어난다 하였으니,
고는 곧 당과當果요 애는 곧 능생이다.
능생에 세 가지가 있는 것은[200] 처음을 들어 끝을 섭수하는 것이요
아래 정관을 밝힌 것은 끝을 들어 처음을 섭수하는 것이니,
대개 교묘한 변재로 그윽이 생략하였을 뿐이다.

---

199 원문에 이의二義란, 영인본 화엄 7책, p.54, 1행의 이종업二種業이니 즉 一은 지제유정소유업박持諸有情所有業縛이고, 二는 여명색작연與名色作緣이다.

200 원문에 有三이란, 愛, 取, 有이다.

제 네 번째 뜻도 또한 능생과 소생이 상대함으로써 정관을 밝힌 것이니,
말하자면 원인이 없음에 과보도 없는 것이다.

鈔

第三下는 能生所生相對니 上愛取有는 是能生이요 生老死는 爲所生故라

제 세 번째 뜻이라고 한 아래는 능생과 소생이 상대한 것이니,
위에 애와 취와 유는 이 능생이요
생과 노사는 소생이 되는 까닭이다.

疏

後之三門이 皆能所相望거늘 何以無明與行은 唯約能引하야 而相望耶아 答이라 欲顯十二支가 皆有無作과 無常二門故로 於初一位에 相次以明이라 不爾인댄 則謂要四位相望하야사 方得此有彼有等義리라 故下三門은 欲顯四位不同하야 故能所相望하니라 又爲顯能引支中에 或二或三하야 故於前二를 別爲一段이니 蓋說者之妙也니라

뒤에 삼문三門[201]이 다 능인과 소인이 상대하여 대망待望하거늘 무슨 까닭으로 무명과 더불어 행[202]은 오직 능인만을 잡아 상대하여 대망하

는가.

답하겠다.

십이유지가 다 무작과 무상의 두 가지 문門이 있음을 나타내고자 한 까닭으로 처음 일위一位[203]에 서로 차례로[204] 밝힌 것이다.

그렇지 않다고 한다면 곧 사위四位[205]가 서로 대망함을 요하여야 바야흐로 이것이 있기에[206] 저것이 있다는 등의 뜻을 얻는다 말할 것이다.

그런 까닭으로 아래 삼문三門은 사위四位가 같지 아니함을 나타내고자 하여 그런 까닭으로 능·소를 상대하여 대망하였다.

또 능인지能引支 가운데[207] 혹은 둘이기도 하고 혹은 셋이기도 함을 나타내기 위하여 그런 까닭으로 앞에 둘을 따로 일단一段을 삼은 것이니 대개 설하는 사람[208]의 묘이다.

---

201 뒤에 삼문三門이란, 四番門 가운데 後三門이다.

202 무명無明과 행行은 初番門이다.

203 처음 일위一位란, 곧 初一番門에 능인能引이다.

204 원문에 相次란, 무명無明이 있는 까닭으로 행이 있고, 행이 있는 까닭으로 식이 있다는 등등이다.

205 사위四位는 능인能引, 소인所引, 능생能生, 소생所生이니 경문經文에 사종징석四種徵釋이다. 영인본 화엄 7책, p.50, 3행에 잘 나타나 있다.

206 원문 此有라고 한 아래에 『잡화기』는 等義라는 두 글자가 빠졌다고 하나, 此本에는 피유등의彼有等義라는 네 글자를 보증하여 교정이 되어 있다.

207 또 능인지能引支 가운데라고 운운한 것은 만약 무명과 행으로 능대能對를 삼고 식 등으로 소대所對를 삼아 합하여 일단一段을 삼는다면 곧 이 식識은 다만 소인所引만 될 뿐 그 능인能引이 되는 뜻은 빠졌기에 그런 까닭으로 반드시 따로 설해야 하는 것이다. 역시 『잡화기』의 말이다.

鈔

後之三門下는 料揀이니 初問이라 然第二門은 識與名色이니 識雖有能引之義나 正取所引故로 三皆能所相對니라 又爲顯下는 重顯前二相次하야 爲一所以니 識支是所引인댄 則能引唯二요 識是能引인댄 則能引有三하리라 若識取所引인댄 則上四番이 而爲三類니 初一은 唯就能引明이요 第二는 唯就所引說이요 三四는 通能所相對라 故顯十二가 一一相望에 皆得此有彼有此生彼生等이니 不必要能引所引과 能生所生相對로 以明하야사 方有此有彼有等일새 故疏云說者之妙라하니라

뒤에 삼문이라고 한 아래는 헤아려 가리는 것이니
처음에는 물은 것이다.
그러나 제 이문第二門은 식과 더불어 명색이니,
식이 비록 능인能引[209]의 뜻이 있지만 바로 소인을 취하는 까닭으로
삼문이 다 능·소를 상대하는 것이다.

또 능인지 가운데 혹은 둘이기도 하고 혹은 셋이기도 함을 나타내기 위한다고 한 아래는 앞에 둘이 서로 차례하여 하나가 되는 까닭을

208 智 자는 북장경北藏經에는 者 자이다. 초문鈔文에도 者 자이므로 者 자가 좋다.

209 능인能引은 소인이 혹 바뀐 것이 아닌가 한다. 『잡화기』는 能所라는 두 글자가 앞뒤로 바뀌었다고 하였다.

거듭 나타낸 것이니,
식지識支가 이 소인이라고 한다면 곧 능인은 오직 둘[210]뿐일 것이요
식識이 이 능인이라고 한다면 곧 능인은 세 가지가 있어야[211] 할 것이다.
만약 식이 소인을[212] 취한다면 곧 위에 사번四番이 삼류三類가 되나니
처음 일번문은 오직 능인에만 나아가 밝힌 것이요
제 이번문은 오직 소인에만 나아가 설한 것이요
제 삼번문과 제 사번문은 능·소가 상대함에 통하는 것이다.
그런 까닭으로 십이유지가 낱낱이 서로 대망함에 다 이것이 있기에 저것이 있고 이것이 생기하기에 저것이 생기한다는 등을 얻음을 나타낸 것이니,
능인과 소인과 능생과 소생이 상대함으로써 밝혀야 바야흐로 이것이 있기에 저것이 있다는 등이 있음을 필요로 하지 않기에 그런 까닭으로 말하기를 설하는 사람의 묘다 하였다.

---

210 원문에 唯二란, 무명無明과 행行이다.

211 원문에 有三이란, 무명無明과 행行과 식識이다.

212 만약 식이 소인 운운한 것은 위에 묻고 답한 것이 다 식이 능인과 소인에 통함을 잡아 설한 것이라면 곧 앞의 소문 가운데 겸하여 쓴 뜻이고, 지금에 식이 소인이 됨을 잡아 설한다면 곧 앞의 소문 가운데 바로 쓴 뜻이라 하겠다. 역시 『잡화기』의 말이다.

經

何等이 爲世間法고 所謂色受想行識이니라

어떤 등이 세간의 법이 되는가.
말하자면 색과 수와 상과 행과 식입니다.

疏

第二는 有漏五蘊이니 蘊者는 積聚義라 雜集第一云호대 藏果重擔義라하니라 而標名世間者는 世는 卽隱覆義니 隱覆勝義故라 又可破壞義니 三世所遷故라 間者는 墮虛僞中故니 隱覆之法이 卽墮虛僞故로 世卽是間이라 然色等蘊이 通於無漏인 出世之義나 欲訶毁故로 略擧一分하니라

제 두 번째는 유루의 오온이니
온이라고 하는 것은 쌓아 모은다는 뜻이다.
『잡집론』 제일권에[213] 말하기를 과법을 저장한다는 뜻이며 무거운 짐이라는 뜻이다 하였다.
그러나 이름을 세간이라고 표한 것은, 세世라고 한 것은 숨겨 덮는다는 뜻이니

213 제일第一이라고 한 두 글자는 당연히 필요 없는 글자이다. 초가鈔家가 초문에서 가리킨 것이 이것이니, 『잡집론』을 기준하면 이와 같다 하겠다. 이상은 『잡화기』의 말이나 이 두 글자가 있다 해도 무방하다.

수승한 뜻을 숨겨 덮는 까닭이다.
또 가히 파괴된다는 뜻이니
삼세가 변천하는 바인 까닭이다.
간間이라고 한 것은 허위 가운데 떨어지는 까닭이니
숨겨 덮은 법이 곧 허위에 떨어지는 까닭으로 세世가 곧 간間이다.
그러나 색 등의 온蘊이 무루인 출세간의 뜻에도 통하지만 오온을 꾸짖어 훼하고자 하는 까닭으로 간략하게 일분一分[214]만 거론하였다.

鈔

第二有漏五蘊下는 文五니 一은 釋總名이니 已見光明覺하니라 雜集藏果等者는 卽第一論이니 其藏果義는 與蘊義大同하고 重擔은 與陰覆義大同하니라 然彼論云호대 蘊義云何고 答이라 諸所有色이 乃至若近若遠의 彼一切를 略說色蘊이니 積聚義故로 如財貨蘊하며 如是乃至識蘊이라하니라 釋曰此卽藏果義니 蘊藏色等果法耳니라 言重擔者는 論云호대 荷雜染擔일새 故名爲蘊이니 如肩荷擔이라 荷雜染擔者는 謂煩惱等諸雜染法이 皆依色等故니 譬如世間에 身之一分이 能荷於擔일새 卽此一分이 名肩名蘊인달하야 色等亦爾하야 能荷雜染故로 名之爲蘊이라하니라 而標名下는 二에 釋世間이라 世有三義하니 隱覆名世는 通爲無爲니 如世界成就品하니라 下二는 唯有爲世間이니 世卽是間은 持業釋也니라 然色等下는 三에 料揀이라 言通無漏者는 謂佛五蘊이니 況因滅無常色하야 獲常色等이라 兼通無爲

214 일분一分이란, 유루세간有漏世間을 말한다.

어늘 今但取有漏인 有爲蘊하고 不攝無爲는 義不相應故며 留於無漏하야 在後段說하니라

두 번째는 유루의 오온이라 한 아래는 문장이 다섯 가지[215]가 있나니
첫 번째는 총명을 해석한 것이니
이미 광명각품에 나타내었다.
『잡집론』에 과법을 저장한다고 한 등은 곧 제일권론[216]이니
그 과법을 저장하는 뜻이라고 한 것은 쌓아 모은다는 뜻으로 더불어 크게는 같고, 무거운 짐이라는 뜻이라고 한 것은 숨겨 덮는다는 뜻으로 더불어 크게는 같다.
그러나 저 『잡집론』에 말하기를 쌓아 모은다는 뜻이 어떠한가.
답하겠다.
모든 있는 바 색이 내지[217] 혹 가깝거나 멀거나[218] 저 일체를 간략하게 색온이라 설하나니[219]
쌓아 모으는 뜻인 까닭으로 재물과 돈을 쌓아 모으는 것과 같으며, 이와 같이 내지 식온이라 하였다.

---

215 다섯 가지란, 오온五蘊이다.

216 第二는 소문疏文에는 第一이다.

217 내지乃至라고 한 것은 안과 밖의 추색麤色과 세색細色의 수승하고 하열함을 뛰어넘은 것을 말하는 것이다. 역시 『잡화기』의 말이다.

218 원문에 약근약원若近若遠이라고 한 것은 세색細色은 원遠이 되고, 추색麤色은 근近이 된다.

219 원문에 약설略說이라고 한 아래에 본론本論엔 一 자가 더 있어 일색온一色蘊이라 하였다.

해석하여 말하면 이것은 곧 과법을 저장한다는 뜻이니,
색 등의 과법을 쌓아 저장한다는 것이다.
무거운 짐이라고 말한 것은 『잡집론』에 말하기를 뒤섞이어 더러운 짐[220]을 지기에 그런 까닭으로 이름을 온蘊이라 하는 것이니 어깨에 짐을 지는 것과 같다.
뒤섞이어 더러운 짐을 진다고 한 것은 말하자면 번뇌 등 모든 뒤섞이어 더러운 법이 다 색 등을 의지하는 까닭이니,
비유하자면 세간에 몸의 일부분이 능히 짐을 지기에 곧 이 일부분이 이름이 어깨이며 이름이 온[221]이라 하는 것과 같아서, 색 등도 또한 그러하여 능히 뒤섞이어 더러운 짐을 지는 까닭으로 이름을 온이라 하는 것이다 하였다.

그러나 이름을 세간이라 표한 것이라고 한 아래는 두 번째 세간을 해석한 것이다.
세간에 세 가지 뜻[222]이 있나니
숨겨 덮은 것을 세世라 이름한 것은 유위와 무위에 통하나니,
세계성취품에 설한 것과 같다.
아래에 두 가지 뜻은 오직 유위의 세간뿐이니,
세가 곧 간이라고 한 것은 지업석이다.

---

220 원문에 잡염담雜染擔은 곧 번뇌煩惱의 짐이다.
221 이름이 온이라고 한 것은 비유 가운데 법을 거론한 것이니 문체文體가 용이한 것이다.
222 원문에 삼의三義란, 은부隱覆와 파괴破壞와 허위虛僞이다.

그러나 색 등의 온이라고 한 아래는 세 번째 헤아려 가리는 것이다. 무루에 통한다고 말한 것은 말하자면 부처님의 오온이니,
무상한 색이 사라짐을 인하여 영원한 색을 얻는 등에 비황한 것이다.[223]
무위에도 겸하여 통하거늘, 지금에는 다만 유루인 유위의 오온만 취하고 무위의 오온을 섭수하지 않는 것은 그 뜻이 상응하지 않는 까닭이며, 무루를 유의하여[224] 후단後段[225]에 두어 설한 때문이다.

疏

云何知之고 應知三種이라 一은 知其相이니 謂色以變礙爲相이요 受以領納爲義요 想者取像이요 行謂遷流요 識者了別이라 二는 知其生滅이니 謂生無所從來요 滅無所至니라 三은 知其不生不滅이니 謂法本不生일새 今則無滅이라 故力林菩薩云호대 分別此諸蘊인댄 其性本空寂이라 空故不可滅이니 此是無生義라하니라 況知一切法趣蘊가 蘊卽法界無礙라야 方名眞實多聞이리라

---

223 무상한 색이 사라짐을 인하여 영원한 색을 얻는 등에 비황한다고 한 것은 오온은 오히려 유위에 통하거니와 이미 영원한 색을 얻었다고 한다면 곧 비록 무위라도 또한 색이니 이 무위인 까닭이다. 역시 『잡화기』의 말이다.

224 원문에 의불상응고義不相應故는 무위無爲의 오온五蘊을 섭수하지 않는 까닭이요, 유어무루留於無漏 운운은 무루無漏의 오온五蘊을 섭수하지 않는 까닭이다.

225 후단後段이란, 영인본 화엄 7책, p.65, 3행에 제삼무루오온第三無漏五蘊이다.

어떻게 그것을 아는가.
응당히 세 가지로 안다.
첫 번째는 그 모습을 아는 것이니,
말하자면 색은 변괴變壞와 질애質碍로써 모습을 삼고, 수受는 받아들이는 것으로써 뜻을 삼고, 상想은 형상을 취하는 것으로써 뜻을 삼고, 행行은 말하자면 천류하는 것으로써 뜻을 삼고, 식識은 요별하는 것으로써 뜻을 삼는 것이다.
두 번째는 그것이 생겨나고 사라짐을 아는 것이니,
말하자면 생겨남에 좇아온 바가 없고 사라짐에 이르는 바가 없는 것이다.
세 번째는 그것이 생겨나지도 않고 사라지지도 아니함을 아는 것이니,
말하자면 법이 본래 생겨나지 아니하였기에 지금에 곧 사라지지도 않는 것이다.
그런 까닭으로 역림보살이 말하기를
이 오온을 분별한다면
그 자성이 본래 공적한지라
공한 까닭으로 가히 사라지지 않나니,
이것이 이 무생의 뜻이다 하였다.
하물며 일체법이 온蘊에 나아가는[226] 것을 아는[227] 것이겠는가. 그

226 원문에 취온趣蘊이라 한 蘊 자는 초문鈔文에는 色 자이다. 혹 취향趣向할 바 온이라 하여도 무방하다.
227 원문에 황지況知 운운은 영인본 화엄 7책, p.70, 1행에 황이융섭況二融攝이리

온蘊이 곧 법계에 걸림이 없어야 바야흐로 진실한 다문이라 이름할 것이다.

鈔

云何知下는 四에 釋知相이니 卽大品意니 前文已引하니라 初知相中에 言色以變礙爲相者는 俱舍第一中에 色有二義하니라 一은 變壞義니 論問云호대 始自眼根으로 終乎無表히 世尊何故로 說爲色耶아 答이라 可變壞故로 名爲色蘊이라하니라 釋曰變者는 顯刹那無常이요 壞者는 顯衆同分無常이라 論問云호대 誰能變壞고 謂手觸故等云云하고 卽便變壞라하야 廣說하야 乃至蚊虻等觸이라하니 此變壞者는 卽是可破壞義니라 二는 變礙義니 論云호대 有說變礙일새 故名爲色이라하니라 釋曰變謂變壞요 礙謂質礙라 若爾인댄 極微는 應不名色이니 無變礙故라 此難不然이라 無一極微도 各處而住나 衆微聚集에 變礙義成이라 餘廣如彼하니라 雜集亦二義니 一은 問云호대 色蘊何相고 答이라 變現相是色相이라 此有二種하니 一은 觸對變壞요 二는 方所示現이라 觸對變壞者는 謂由手足하야 乃至蚊虻히 他所觸對時에 卽便變壞니라 方所示現者는 謂由方所하야 隨何相示現이니 如此如此色과 如是如是色等이라

어떻게 그것을 아는가라고 한 아래는 네 번째 그 모습을 아는 것을 해석한 것이니,

요 약여시지若如是知인댄 명위다문名爲多聞이라 한 예이다.

곧 『대품반야경』의 뜻이니 앞의 초문[228]에서 이미 인용하였다.

처음에 그 모습을 아는 가운데 색은 변괴와 질애로써 모습을 삼는다고 말한 것은 『구사론』 제일권 가운데 색이 두 가지 뜻이 있다.
첫 번째는 변괴의 뜻이니,
『구사론』에 물어 말하기를 처음 안근으로부터 끝에 무표색에[229] 이르기까지 세존이 무슨 까닭으로 색이라 설하시는가.
답하겠다.
가히 변괴하는 까닭으로 이름을 색온이라 한다 하였다.
해석하여 말하면 변變이라고[230] 한 것은 찰나의 무상을 나타낸 것이요 괴壞라고 한 것은 중동분衆同分의 무상을 나타낸 것이다
『구사론』에 물어 말하기를 무엇이 능히 변괴하는가.
말하자면 손이 닿는 까닭이다 한 등 운운云云[231]하고 곧 문득 변괴한다 하여 폭넓게 설하여 이에 모기 등이 닿음에[232] 이른다 하였으니,

---

228 원문에 前文이란, 『대품반야경大品般若經』 第六卷이니, 영인본 화엄 7책, p.48, 5행에 설출說出하였다.

229 『구사론俱舍論』은 색色을 오근五根, 오경五境, 무표색無表色의 열한 가지(十一)로 나눈다.

230 원문에 석왈변釋曰變 세 글자(三字)는 鈔의 말을 인용하여 설명하는 것이다.

231 等云云은 본론本論에는 이 세 글자(此三字)가 없다. 『잡화기』에는 이 세 글자가 당연히 없는 것이니, 저 『구사론』에 바로 말하기를 손이 닿는 까닭으로 곧 문득 변괴한다고 한다 하였다.

232 모기 등이 닿는다고 한 것은 원문에 문맹등촉蚊虻等觸이라고 한 네 글자는 저 『구사론』에 없는 것이니, 대개 초가鈔家가 『지도론』의 뜻을 옆으로 이끌어

이 변괴한다고 한 것은 곧 이것은 가히 파괴된다는 뜻이다.
두 번째는 변애變礙의 뜻이니,
『구사론』에 말하기를 변애라고 설함이 있기에 그런 까닭으로 색이라 이름한다 하였다.
해석하여 말하면 변이라고 한 것은 말하자면 변괴요
애라고 한 것은 말하자면 질애이다.
만약 그렇다면 극미진은 응당 색이라 이름할 수 없을 것이니 변애가 없는 까닭이다.
이런 질문은 그렇지가 않다.
하나의 극미진도 각 처소에 머무를 수 없지만 수많은 미진이 모임에 변애의 뜻을 이루는 것이다.
나머지 폭넓게 설한 것은 저 『구사론』과 같다.
『잡집론』[233]에도 또한 두 가지 뜻이 있나니
첫 번째는 물어 말하기를 색온은 어떤 모습인가.
답하겠다.
변현하는 모습이 이 색의 모습이다.
여기에 두 가지가 있나니
첫 번째는 접촉하여 상대함에 변괴하는 것이요
두 번째는 방소方所[234]를 시현하는 것이다.

더한 것이다. 모기 등이 닿는다고 한 것은 말하자면 저 모기 등이 이 안근眼根 등의 색을 닿아(접촉) 상대할 때 이 닿아 상대하는 바 안근 등의 색이 저 모기 등에 상傷하는 바가 되는 것이다. 역시 『잡화기』의 말이다.

233 『잡집론』은 제일권이다.

접촉하여 상대함에 변괴한다고 한 것은 말하자면 수족을 인유하여 이에 모기에 이르기까지 저가 접촉하여 상대할 때에 곧 문득 변괴하는 것이다.
방소를 시현한다고 한 것은 말하자면 방소를 인유하여 어떤 모습을 따라 시현하는 것이니,
이와 같은 이와 같은[235] 색과 이와 같은 이와 같은 색이라 한 등이다.

受以領納者는 雜集問云호대 受蘊何相고 答이라 領納相是受故니 謂領種種淨不淨業으로 所得異熟이라하니라 又唯識云호대 受謂領納順違의 俱非境相으로 爲性이라하니라 想者取像者는 卽唯識文이니 下云호대 施設種種名言으로 爲業이니 謂要安立境分齊相하야사 方能隨起種種名言이라하니라 雜集云호대 搆了相是想相이니 由此想故로 搆了種種像類인 隨所見聞覺知之義하야 起諸言說이라하니라 行謂遷流者는 俱舍云호대 造作遷流의 二義名行이라하며 雜集云호대 造作相是行相이니 由此行故로 令心造作하나니 謂於善惡無記品中에 驅役心故라하니라 釋曰俱舍二義어니와 今取遷流는 欲訶毁故

---

234 방소方所는 彼註에 현전現前의 처소處所라 하였다.

235 이와 같은 이와 같은(如此如此)이라 한 아래는 『잡집론』에 다시 이와 같다(如此如此)는 글자가 있는 것은 현전에 처소를 가리키는 까닭으로 이와 같다고 말한 등이니, 『잡집론』에 말하기를 이와 같은 이와 같은 색(如此如此色)이라고 한 것은 말하자면 골쇄관骨鎖觀 등의 관觀은 알아야 할 바 동류의 영상影像이고, 이와 같은 이와 같은 색(如是如是色)이라고 한 것은 말하자면 형색形色과 현색顯色의 차별이라 하였다. 골쇄관이란 백골관, 골상관骨想觀이라고도 한다. 역시 『잡화기』의 말이다.

니라 識者了別者는 俱舍云호대 識謂各了別이라하며 論云호대 了別名識이니 此有六種의 了別不同일새 故名爲識이라하며 雜集云호대 了別相是識相이니 由此識故로 了別色聲香味觸法等의 種種境界라하니라 況知一切法趣色者는 卽於第三義中에 傍況此義니라 亦大品經云호대 一切法趣色이니 色尙不可得거든 云何當有趣及非趣아하니 天台가 爲三觀釋云호대 初句假요 次句空이요 後句中이라하니라 然經文은 但顯性空거니와 今疏引意는 却取一法趣色하야 明事事無礙니 一中有無量義故로 是名善巧多聞이라

수는 받아들이는 것으로써 뜻을 삼는다고 한 것은 『잡집론』[236]에 물어 말하기를 수온은 어떤 모습인가.
답하겠다.
받아들이는 모습이 이 수인 까닭이니[237]
말하자면 가지가지 정업과 부정업으로 얻은 바 이숙과를 받아들이는[238] 것이다 하였다.

236 『잡집론』은 제일권이다.

237 故 자는 논論에는 相 자이다.

238 원문에 정부정업淨不淨業 소득이숙所得異熟이라고 한 것은 次論에 청정업清淨業은 낙樂의 이숙과異熟果를 받고, 부정업不淨業은 고苦의 이숙과異熟果를 받는다고 하였다.
바로 위에 수고受故라고 한 아래에 『잡집론』에는 유수고由受故라는 세 글자가 있다. 정업과 부정업이라고 한 등은 『잡집론』 이 다음에 해석하여 말하기를 만약 청정한 업이라면 낙樂의 이숙과를 받고, 청정하지 않는 업이라면 고苦의 이숙과를 받고, 청정하거나 청정하지 않는 업이라면 불고불락不苦不樂의

또 『유식론』에 말하기를 수受라고 한 것은 말하자면[239] 순경계도 위違경계도 함께 아닌 경계의 모습을 받아들이는 것으로 자성을 삼는다 하였다.

상은 형상을 취하는 것이라고 한 것은 곧 『유식론』의 문장이니, 수受의 설명 아래에 말하기를 가지가지 명언을 시설하는 것으로 업을 삼는 것이니,
말하자면 경계의 분제 모습(分齊相)을 안립하기를 요망하여야 바야흐로 능히 가지가지 명언을 따라 일으키는 것이다 하였다.
『잡집론』에 말하기를 끌어당겨 요별하는 모습이 이 생각의 모습이니,
이 생각을 인유한 까닭으로 가지가지 형상의 종류인 보고 듣고 깨닫고 아는 바[240]의 뜻을 끌어당겨 요별하여 모든 언설을 일으킨다

이숙과를 받나니 무슨 까닭인가. 청정하거나 청정하지 않는 업을 인유하여 이숙과를 감득하는 까닭이다. 아뢰야식이 항상 사수捨受(불고불락수)로 더불어 상응하나니 오직 이 사수만이 진실한 이숙과이고, 고와 낙의 양수兩受는 이숙과를 좇아 생기는 까닭으로 거짓으로 이숙과라 이름하는 것이다 하였다. 역시 『잡화기』의 말이다.

239 謂 자 다음에 유고수由苦受 세 글자가 있어야 한다고도 한다.

240 보고 듣고 깨닫고 아는 바라고 한 등은 『잡집론』에 해석하여 말하기를 눈과 귀의 감수하는 바는 이것은 보고 듣는 뜻이요, 응당히 이와 같고 이와 같은 뜻을 자연히 생각하여 끌어당기는 것은 곧 깨달음의 뜻이요, 스스로 안으로 감수하는 바는 아는 뜻이요, 모든 언설은 전변詮變의 뜻이다 하였다. 역시 『잡화기』의 말이다.

하였다.

행은 말하자면 천류하는 것이라고 한 것은 『구사론』에 말하기를 조작하고 천류하는 두 가지 뜻이 이름이 행이다 하였으며 『잡집론』에 말하기를 조작하는 모습이 이 행의 모습이니, 이 행을 인유한 까닭으로 마음으로 하여금 조작케 하나니, 말하자면 선품과 악품과 무기품 가운데 마음을 몰아 부리는[241] 까닭이다 하였다.
해석하여 말하면 『구사론』에는 두 가지 뜻을 말하였거니와, 지금에는 천류의 뜻만 취한 것은 꾸짖어 훼하고자 한 까닭이다.

식은 요별하는 것이라고 한 것은 『구사론』에 말하기를 식이라고 하는 것은 말하자면 각각 요별하는[242] 것이다 하였으며 『유식론』[243]에 말하기를 요별하는 것이 이름이 식이니 여기에 여섯 가지 요별이 같지 아니함이 있기에 그런 까닭으로 이름을 식이다 하였으며 『잡집론』에 말하기를 요별하는 모습이 이 식의 모습이니, 이 식을 인유한 까닭으로 색·성·향·미·촉·법 등의 가지가지 경계를 요별한다 하였다.

---

241 원문에 구역驅役은 몰아쳐 부린다는 뜻이다.

242 원문에 식위각요별識謂各了別이라고 한 것은 전오식前五識과 제육식第六識이 각각 요별了別한다는 뜻이니, 즉 안연색眼緣色하고 이문성耳聞聲 운운이다.

243 원문에 논論이란, 『유식론唯識論』 第五卷이다.

하물며 일체법이 색色[244]에 나아가는 것을 아는 것이겠는가 한 것은 곧 제 세 번째 뜻[245] 가운데 옆으로 이 뜻을 비황한 것이다.
또한 『대품반야경』에 말하기를 일체법이 색에 나아가는 것이니[246] 색도 오히려 가히 얻을 수 없거든 어떻게 마땅히 나아가는 것과 나아가지 않는 것이 있겠는가 하니,
천태지자가 삼관으로 해석하여 말하기를 처음 구절은 가관이요, 다음 구절은 공관이요, 뒤에 구절은 중도관이다 하였다.
그러나 경문은 다만 자성이 공한 것만 나타내었거니와, 지금 소문에서 인용한 뜻은 도리어 한[247] 법이 색에 나아감을 취하여 사사무애를 밝힌 것이니,
하나 가운데 한량없는 뜻이 있는 까닭으로 이 이름이 선교다문이다.

疏

然諸蘊性은 性皆遷流나 隨勝立名이니 行之一種은 雖標總稱이나 卽受別名이요 又攝法多故니라

---

244 색色은 疏엔 온蘊이다.

245 원문에 第三義란, 영인본 화엄 7책, p.60, 2행이다.

246 하물며 일체법이라고 한 등은 일체법이 다 색에 나아가는 것을 말한 것이다. 역시 『잡화기』의 말이다.

247 一 자 다음에 切 자가 있어야 한다고 한 것은 『유망기遺忘記』의 뜻이고, 一法을 一個의 法으로 본 것은 『잡화기雜華記』의 뜻이니, 즉 저 일개의 법을 취하여 그 법이 나아갈 바 색이 되는 것을 말한 것이다.

그러나 오온의 자성은 그 자성이 다 천류하지만 수승함을 따라 이름을 세운 것이니,
행의 한 가지는 비록 총칭總稱을 표한 것이지만 곧 별명別名을 받은 것이요
또 법을 섭수한 것이 많은[248] 까닭이다.[249]

鈔

然諸蘊性下는 第五解妨이니 此卽以通爲別妨이라 釋有二義하니 初一可知라 又攝法多者는 第二釋也니 因此하야 略明五蘊의 攝法多少하리라 且依大乘百法인댄 識蘊은 唯攝八識心王하고 色蘊은 唯攝十一種色하고 想受二蘊은 但攝心所의 遍行中二數하니 四蘊이 但攝二十一法하며 除六無爲하나니 蘊所不攝이라 餘七十三은 皆行蘊攝이니 故云多也라하니라 百法은 已見第一疏抄하니라

그러나 오온의 자성이라고 한 아래는 제 다섯 번째 방해함을 해석한 것이니,
이것은 곧 통명으로써 별명을 삼는다고 방해하는 것이다.
해석함에 두 가지 뜻이 있나니

248 원문에 섭법다攝法多라고 한 것은 행온行蘊은 칠십삼법七十三法을 섭수攝收한 때문이다.

249 또 법을 섭수한 것이 많은 까닭이라고 한 것은 이 위에는 수승하고 하열한 것을 잡아 해석하였고, 지금에는 넓고 좁은 것을 잡아 해석한 것이다. 역시 『잡화기』의 말이다.

처음에 한 가지 뜻은 가히 알 수가 있을 것이다.
또 법을 섭수하는 것이 많다고 한 것은 제 두 번째 해석이니,
이것을 인하여 오온이 법을 섭수하는 것이 많고 적음을 간략하게 밝히겠다.

우선 『대승백법론』을 의지한다면 식온은 오직 팔식의 심왕만 섭수하고 색온은 오직 열한 가지 색만 섭수하고 상과 수의 이온二蘊은 다만 심소心所[250]의 변행 가운데 두 가지만 섭수하나니,
사온四蘊[251]이 다만 이십일법[252]을 섭수하였으며 육무위는 제외하나니 오온의 섭수할 바가 아니다.
나머지 칠십삼법은 다 행온의 섭수할 바이니,
그런 까닭으로 말하기를 많다 하였다.
백법百法[253]은 제일권 소초에 이미 나타내었다.

---

250 심소心所 운운은 五十一心所 가운데 변행徧行의 다섯 가지에 두 가지이다.
251 사온四蘊이란, 식識, 색色, 상想, 수受이다.
252 이십일법二十一法이란, 心王八과 色十一과 徧行二이다.
253 백법百法이란, 위에 二十一法과 六無爲와 나머지 七十三法이다.

經

何等이 爲出世間法고 所謂戒定慧와 解脫解脫知見이니라

어떤 등이 출세간의 법이 되는가.
말하자면 계율과 선정과 지혜와 해탈과 해탈의 지견입니다.

疏

第三은 無漏五蘊이며 亦名無取五蘊이라 然無漏蘊에 亦有二類하니 一은 仍本名이니 亦名色等이니 不與漏相應故로 名爲無漏라 二는 從已轉立名이니 卽五分法身이니 如今文是라 欲顯戒等의 德是可欣일새 故從極果하야 標以出世언정 理實亦有世間戒等이라

제 세 번째는 무루오온이며 또한 이름이 무취오온無取五蘊[254]이다.
그러나 무루오온에 또한 두 가지 종류가 있나니
첫 번째는 본래의 이름[255]을 인한 것이니
또한 색이라 이름하는 등이니, 유루로 더불어 상응하지 않는 까닭으로 이름을 무루라 하는 것이다.
두 번째는 이미 전轉함[256]으로 좇아 이름을 세운 것이니

254 무취오온無取五蘊은 영인본 화엄 7책, p.70, 8행에 잘 설명하였다.
255 원문에 본명本名이란, 오온五蘊이다.
256 전한다고 한 것은 오온을 전하여 오분법신을 이룬다는 뜻이다. 바로 아래 소문 즉 영인본 화엄 7책, p.66, 6행에 잘 나타나 있다.

곧 오분법신이니, 지금 경문과 같은 것이 이것이다.
계율 등의 공덕이 이에 가히 기쁘게 함을 나타내고자 하기에 그런 까닭으로 극과極果를 좇아 출세간이라고 표하였을지언정 이치는 진실로 또한 세간의 계율 등이 있는 것이다.

鈔

理實亦有世間戒等者는 上五蘊도 亦有出世間이라 然世間戒等이 自有二義하니 一者는 外道가 共有十善等戒와 四禪等定과 世智之慧하야 脫下地惑하야 於中知見이라 二者는 正教之中에도 亦說十善五戒와 四禪八定과 無見慢修와 欣厭之慧로 脫下界縛하야 了見分明이나 而是有漏일새 故名世間이라

이치는 진실로 또한 세간의 계율 등이 있다고 한 것은 위에 오온도 또한 출세간의 계율 등이 있다는 것이다.
그러나 세간의 계율 등이 스스로 두 가지 뜻이 있나니,
첫 번째는 외도가 십선 등의 계율과 사선 등의 선정과 세간지世間智의 지혜가 함께 있어서 하지下地의 번뇌를 벗어나 그 가운데서 알고 보는 것이다.
두 번째는 바른 가르침 가운데도 또한 십선과 오계와 사선정과 팔정과 아견과 아만이 없이 수행하는 것과 위로 좋아하고 아래로 싫어하는[257] 지혜로 하계下界의 결박을 벗어나 알아보기를 분명하게

257 위로 좋아한다고 한 등은 欣上正妙理하고 厭下苦麤相이니 즉 위로 바른

하는 것을 설하지만, 그러나 이것은 유루이기에 그런 까닭으로 세간이라 이름하는 것이다.

疏

戒定慧三은 上來頻釋하니라 解脫은 卽是離繫으로 爲名하고 解脫知見은 由離繫縛하야 於境自在로 觀求覺了니라 智論八十八云호대 戒衆者는 攝一切戒하야 和合成衆이라하니 衆卽蘊也라 餘皆準之니라

계율과 선정과 지혜의 세 가지는 상래에 자주 해석하였다.
해탈은 곧 계박을 떠남으로 이름을 삼고, 해탈의 지견은 계박을 떠남을 인유하여 저 경계에 자재로 관찰하여 구하고[258] 깨달아 아는 것이다.
『지도론』 팔십팔권에 말하기를 계중戒衆이라 한 것은 일체 계를 섭수하여 화합함으로 중衆을 이룬다 하였으니
중은 곧 온蘊이다.
나머지는 다 이것을 기준할 것이다.

묘리妙理를 좋아하고 아래로 고통의 거친 모습을 싫어한다는 것이다.

258 원문에 관구觀求는 見의 뜻이고 각료覺了는 知의 뜻이다. 따라서 관찰하여 구하고 깨달아 아는 것이라고 해석할 것이다.

疏

然이나 卽轉前五蘊하야 成此五分이니 謂轉色蘊하야 成於戒身이니 表無表戒가 皆色蘊故니라 轉受蘊하야 而成定身이니 定名正受니 入四靜慮하야 出四受故니라 轉想成慧니 凡所有相이 皆是虛妄이니 見相非相이면 見法身故니라 轉行成解脫이니 無貪等行이 名心解脫이요 永斷無知가 慧解脫故니라 又轉識하야 成解脫知見이니 若與邪受로 妄想相應하면 諸識依根하야 了別諸境요 若與正受로 智慧相應하면 卽是現量이니 如實知故니라 仁王觀空品云호대 觀色識受想行하야 得戒忍知見忍과 定忍慧忍과 解脫忍이라하니 卽斯義也니라

그러나 곧 앞에 오온을 전하여 이 오분을 이루나니,
말하자면 색온을 전하여 계율의 몸을 이루나니
표계表戒와 무표계無表戒가 다 색온인 까닭이다.
수온을 전하여 선정의 몸[259]을 이루나니,
선정(定)은 정수正受라 이름하나니 사정려에 들어가 사수四受[260]를 벗어난 까닭이다.
상온을 전하여 지혜를 이루나니,
무릇 있는 바 형상[261]이 다 허망한 것이니 형상이 형상이 아닌 줄

---

259 원문에 定名의 名 자는 身 자의 잘못이다.

260 사수四受는 苦, 樂, 憂, 喜이다.

261 想 자는 相 자가 좋다.

보면 법신을 보는 까닭이다.
행온을 전하여 해탈을 이루나니,
탐욕 등의 행이 없는 것이 이름이 심해탈이요
영원히 무지無知[262]를 끊은 것이 지혜해탈인 까닭이다.
식온을 전하여 해탈의 지견을 이루나니,
만약 사수邪受로 더불어 망상이 상응한다면 육[263]식이 육근을 의지하여 육경을 요별할 것이요
만약 정수正受로 더불어 지혜가 상응한다면 곧 이것은 현량이니 여실하게 아는 까닭이다.
『인왕경』 관공품에 말하기를 색과 식과 수와 상과 수를 관찰하여 계인과 지견인과 선정인과 지혜인과 해탈인을 얻는다 하였으니 곧 이 뜻이다.

鈔

然卽轉前下는 三에 立所由二니 先正釋이니 卽智論及仁王意라 仁王下는 引證이니 如次配之하면 居然可了리라 然新經은 卽菩薩行品이니 經云호대 復次道種性菩薩이 修十迴向하야 起十忍心하니 謂觀五蘊의 色受想行識하야 得戒忍定忍慧忍과 解脫忍解脫知見忍하며 觀

262 무지無智의 智 자는 知 자의 잘못이니, 무지無知는 염오무지染汚無知와 불염무지不染汚無知이다.

263 謂 자는 諸 자이니 제식諸識은 육식六識이고, 근根은 육근六根이다. 그리고 제경諸境은 육경六境이다.

三界因果하야 得空忍無相忍無願忍하며 觀二諦假實과 諸法無常하야 得無常忍하며 觀一切法空하야 得無生忍이라하니라 今即前五니 文是舊經일새 故次與此不同하니라

그러나 곧 앞에 오온을 전한다고 한 아래는 세 번째 인유한 바를 세움에 두 가지가 있나니
먼저는 바로 해석한 것이니
곧 『지도론』과 그리고 『인왕경』의 뜻이다.
『인왕경』 관공품이라고 한 아래는 이끌어 증거한 것이니,
차례와 같이 배속한다면 편안히 앉아서 가히 알 수 있을 것이다.
그러나 신역 『인왕경』(新經)은 곧 보살행품이니,
그 경에 말하기를 다시 도종성보살이 십회향을 닦아 십인十忍의 마음을 일으키나니,
말하자면 오온의 색과 수와 상과 행과 식을 관찰하여 계인과 선정인과 지혜인과 해탈인과 해탈지견인을 얻으며
삼계의 인과를 관찰하여 공인과 무상인과 무원인을 얻으며
이제二諦의 가실假實과 모든 법이 무상한 줄 관찰하여 무상인을 얻으며
일체법이 공한 줄 관찰하여 무생인을 얻는다 하였다.
지금은 곧 앞에 오온이니, 경문이 구경舊經이기에 그런 까닭으로 차례가 여기로 더불어 같지 않는[264] 것이다.

---

264 차례가 여기로 더불어 같지 않다고 한 것은 신역 『인왕경』은 색·수·상·행·식

疏

知見與慧가 此二何別고 佛地論第四에 總有三說하니 略擧其一하리라 謂無漏淨戒는 名爲戒蘊이요 無漏定慧는 名定慧蘊이요 無學勝解는 名解脫蘊이요 無學正見은 名解脫知見蘊이라하니 前三是因이요 後二是果니라

지견과 혜가 이 둘이 어떻게 다른가.
『불지론』 제사권에 모두 세 가지 설이 있나니
간략하게 그 하나만 거론하겠다.
말하자면 무루의 청정한 계는 이름이 계온이요
무루의 선정과 지혜는 이름이 선정과 지혜온이요
무학의 수승한 지해(解)는 이름이 해탈온이요
무학의 바른 소견[265]은 이름이 해탈지견온이다 하니
앞에 세 가지는 이 원인이요
뒤에 두 가지는 이 과보이다.

을 관찰하여 계·정·혜와 해탈·해탈지견인忍을 얻는다 하고, 구역 『인왕경』은 색·식·수·상·행을 관찰하여 계·지견·정·혜·해탈을 얻는다 하였으니 차례가 같지 않다는 것이다.

265 무학의 바른 소견이라고 한 것은 『구사론』에 말하기를 부동아라한(육종아라한의 하나)은 진지盡智(십지의 하나)가 간단함이 없나니, 진지가 생기함이 있지만 혹은 무학의 바른 소견을 인생引生하는 것이다 하였다. 역시 『잡화기』의 말이다.

鈔

知見與慧下는 四에 釋妨難이니 卽相濫難也라 佛地三說者는 今卽第一釋이라 二는 云一切가 皆是無學이니 緣解脫慧는 名解脫知見이라 緣解脫慧者는 緣滅諦智也요 緣餘慧者는 緣餘三諦等智也라하니라 三은 云一切가 通學無學이니 學位分得이요 無學圓滿이니 諸佛菩薩이 皆有五故라하니라

지견과 더불어 지혜라고 한 아래는 네 번째 해방하여 비난함을 해석한 것이니,
곧 서로 혼람하여 비난한 것이다.
『불지론』에 세 가지 설이라고 한 것은 지금에는 곧 제 일설을 해석한 것이다.
두 번째는 말하기를 일체가 다 무학이니
해탈을 반연하는 지혜는 이름이 해탈지견[266]이다.
해탈을 반연하는 지혜라고 한 것은 멸제를 반연하는 지혜요
나머지를 반연하는 지혜라고 한 것은 나머지 삼제[267] 등을 반연하는 지혜다 하였다.
세 번째는 말하기를[268] 일체가 유학과 무학에 통하나니,

266 해탈지견이라고 한 아래에 『불지론』에는 연여혜緣餘慧는 명혜名慧라는 다섯 글자가 더 있다.

267 원문에 여삼제餘三諦는 고제苦諦, 집제集諦, 도제道諦이다.

268 세 번째는 말하기를이라고 한 것은 이 제 세 번째 말인즉 혼람을 가리는

유학위에서는 부분적으로 얻고[269] 무학위에서는 원만하게 얻나니 모든 부처님과 보살이 다 이 오분五分이 있는[270] 까닭이다 하였다.

疏

此五別說인댄 四法爲性이니 謂定慧勝解와 及無表色이라

이 오분을 따로 설한다면 사법四法으로 자성을 삼나니,
말하자면 선정과 지혜와 수승한 지해(解)와 그리고 무표색이다.

鈔

此五別說下는 五에 出體니 以解脫知見及慧는 約所照異일새 故同是慧나 慧卽與想相應하고 解脫知見은 卽與識相應慧耳니라

이 오분을 따로 설한다고 한 아래는 다섯 번째 자체를 설출한 것이니, 해탈지견과 그리고 지혜는 비추는 바가 다름을 잡았기에 그런 까닭으로 다 지혜라고 하지만 지혜는 곧 상想으로 더불어 상응하고

뜻이 숨은 것이다. 그러나 설파스님이 말하기를 이미 모든 불보살이 다 오분五分을 갖추었다고 말하였다면 곧 이것도 또한 혼람을 가리는 것이니, 만약 지혜와 더불어 지견이 다르지 않다면 곧 다만 사분四分이 될 뿐이다 하였다. 역시 『잡화기』의 말이다.

269 원문에 분득分得이란, 유학위有學位는 오분五分을 다 갖추지 못했기에 하는 말이다.

270 원문에 유有 자는 본론本論엔 구具 자이다.

해탈의 지견은 곧 식識으로 더불어 상응하는 지혜이다.

疏

然이나 此五分法身이 不覆勝義하며 不爲相遷하며 不墮虛僞할새 故名出世니라 雜集云호대 謂能對治三界하야 無顚倒하며 無戱論하며 無分別할새 故是出世間義라하니라

그러나 이 오분법신이 승의勝義를 덮지 못하며 서로 천류하지 아니하며 허위에 떨어지지 아니하기에 그런 까닭으로 출세간이라 이름하는 것이다.
『잡집론』에 말하기를 말하자면 능히 삼계를 대치하여 전도가 없으며 희론이 없으며 분별이 없기에 그런 까닭으로 출세간의 뜻이라 한다 하였다.

鈔

然此五分法身下는 六에 會釋總名出世所以니 引雜集證은 卽第三論也라

그러나 이 오분법신이라고 한 아래는 여섯 번째 총명을 출세간이라고 한 까닭을 해석한 것이니
『잡집론』을 이끌어 증거한 것은 곧 제 삼론[271]이다.

疏

問이라 無取五蘊이 卽有爲無漏거니 何以로 言不爲相遷고 答이라 約敎異故니 前是權小所明이어니와 若實敎定說인댄 非爲無爲니 同眞性故니라 但似蘊相現일새 立以蘊名故니라 涅槃純陀云호대 善覆如來의 有爲之相인댄 應言如來가 同於無爲라하니 況二融攝이리요 若如是知인댄 名爲多聞이리라

묻겠다.

무취오온이 곧 유위무루거니 무슨 까닭으로 서로 천류하지 않는다 말하는가.

답하겠다.

교의 다름을 잡은 까닭이니 앞에서는 권교와[272] 소승교에서 밝힌 바이거니와, 만약 실교에서 결정코 말한 것이라면 유위도 무위도 아니니 진성과 같은 까닭이다. 다만 오온의 모습만이 나타난 것과 같기에 오온으로써 이름을 세운 까닭이다.

『열반경』 순타품[273]에 말하기를 여래 유위의 모습을 잘 덮는다면

271 제일第一은 제삼第三이 옳다. 『잡집론』을 기준한즉 제 삼론에 해당하는 까닭이라고 『잡화기』는 말한다.

272 앞에서는 권교 운운한 것은 위에 인유한 바를 세운 가운데 문장을 가리킨 것이니, 오온으로 이루어진 바가 이 유위라고 한 것을 번복하는 까닭이다. 역시 『잡화기』의 말이나 번복한다고 한 것은 실교에서는 유위도 무위도 아니라고 번복한다는 것이다.

273 『열반경』 순타품은 남경南經 第二 순타품純陀品이다.

응당히 여래가 무위와 같다고 말해야 할 것이다 하였으니 하물며 두 가지[274]가[275] 융합하여 섭수함이겠는가.
만약 이와 같이 안다면 이름이 다문이 된다 할 것이다.

鈔

問無取五蘊下는 七에 會通權實이라 然이나 雜集第三에 亦云호대 無取五蘊은 當言有爲닛가 當言無爲닛가 答호대 彼不應言有爲無爲니라 何以故요 諸業煩惱無故로 不應言有爲요 隨欲現前故로 不應言無爲니라 所以者何오 無取諸蘊은 隨所樂欲하야 而現其前이나 無爲不爾하야 以常住故라하니라 釋曰此乃假說雙非하야 以約體用互奪이니 亦不敢定言無爲也니라 又言無取五蘊은 則顯凡夫는 是有取五蘊이라 雜集云호대 取蘊者는 與取和合故니 取者는 蘊中諸煩惱也라하니라 純陀故實은 已見玄談하니라

묻겠다. 무취오온이라고 한 아래는 일곱 번째 권교와 실교를 회통하는 것이다.
그러나 『잡집론』 제삼권에 또한 말하기를 무취오온은 마땅히 유위라 말해야 합니까, 마땅히 무위라 말해야 합니까.

---

274 두 가지란, 유위有爲와 무위無爲이다.

275 하물며 두 가지가 운운한 것은 이 위에는 유위와 무위가 함께 아님을 잡은 것이고, 여기는 유위와 무위가 함께 융합함을 잡은 것이다. 역시 『잡화기』의 말이다. 두 가지라고 한 것은 유위와 무위이다.

답하시기를, 저것은 응당히 유위다 무위다 말할 수 없다.
무슨 까닭인가.
모든 업의 번뇌가 없는 까닭으로 응당히 유위라 말할 수 없고, 낙욕을 따라 앞에 나타나는 까닭으로 응당히 무위라 말할 수 없는 것이다.
무슨 까닭인가.
무취오온은 낙욕하는 바를 따라서 그 앞에 나타나지만 무위는 그렇지가 않아서 항상 머무는 까닭이다 하였다.
해석하여 말하면 이것은 이에 함께 아닌 것(雙非)을 가설하여 자체와 작용이 서로 빼앗는 것을 잡은 것이니,
또한 감히 결정코 무위라고 말할 수 없는 것이다.
또 무취오온이라고 말한 것은 곧 범부는 이 유취오온임을 나타내는 것이다.
『잡집론』에 말하기를 취온이라고 한 것은 취取로 더불어 합한 까닭이니, 취라고 한 것은 오온 가운데 모든 번뇌다 하였다.
순타의 옛날 행적[276]은 이미 『현담』에 나타내었다.[277]

---

276 원문에 고실故實이라고 한 것은 옛날에 있었던 사실事實, 곧 행적行迹이다. 혹자或者는 고실故實을 오히려 사실事實이라 말할 것이다 하였다. 『잡화기』도 그렇게 말하였다.

277 원문에 이현현담已見玄談이라고 한 것은 우자권宇字卷 67장 下, 5행 이하에 잘 현시하였다.

經

何等이 爲有爲法고 所謂欲界色界와 無色界衆生界니라

어떤 등이 유위법이 되는가.
말하자면 욕계와 색계와 무색계와 중생계입니다.

疏

第四에 有爲者는 瑜伽一百云호대 有生滅하야 繫屬因緣일새 是名有爲라하고 智論云호대 有所得故로 是名有爲라하니 二論이 心境爲異니라 今略擧四事하니 三界는 卽所依處요 衆生은 卽能依之者라

제 네 번째 유위라고 한 것은『유가론』백권에 말하기를 생멸이 있어서 인연에 매이기에 이 이름을 유위라 하고,『지도론』에 말하기를 얻을 바가 있는 까닭으로 이 이름을 유위라 한다 하였으니 두 가지 논論이 마음과 경계가 다름이 되는 것이다.[278]
지금에는 간략하게 사사四事[279]만 거론하였으니
삼계는 곧 의지할 바 처소요

278 원문에 이론심경위이二論心境爲異라고 한 것은『지도론智度論』은 心이고『유가론瑜伽論』은 境이다.『잡화기』는 前論은 경계를 잡은 것이고, 後論은 마음을 잡은 것이다 하였다.
279 사사四事란, 삼계인 욕계·색계·무색계와 중생계이다.

중생은 곧 능히 의지하는 사람이다.

鈔

瑜伽繫屬因緣者는 正理論第一云호대 有爲者는 衆緣聚集하야 共所生故니라 未來未起거니 何爲有爲고 是彼類故로 亦名有爲니 如所燒薪이 於未燒位라도 是彼類故로 亦名爲薪하니라 或據曾當하야 立名無失이니 如琴瑟等을 名爲有聲하며 亦如乳房과 蓮華池等이니 諸未生法이 不越彼類일새 故名有爲라하니라 其有生滅은 此語猶略하니라 雜集論云호대 若法有生滅住異를 可名有爲인댄 一切法을 皆有爲요 唯除法界와 法處一分이니 爲捨執著無常我故라하니라 釋曰此中論은 答三問이니 一은 答云何爲有爲요 二에 一切法下는 答幾是有爲요 三에 爲捨下는 答爲何義故로 觀有爲라 今略擧四事者는 理實智論大品等에 廣有多法하니 大品云호대 何等有爲法고 若法生住滅과(此釋有爲義) 欲界色界와 無色界와 五蘊과 乃至意識과 因緣所生受와 四念處와 乃至十八不共法이 爲一切智니 是有爲法라하얏거늘 智論釋云호대 有爲法을 略說三相하리라 一은 所謂生住滅이요 二는 三界繫義요 三은 四念處와 乃至十八不共法이 雖有無爲法이나 以有作故로 是有爲法이요 無爲相은 是無爲法이라하니라 釋曰今以十八不共等은 屬有記法일새 故但略出其四하니 衆生은 則攝蘊處界也니라

『유가론』에 인연에 매인다고 한 것은 『대승입정리론』 제일권에 말하기를 유위라고 한 것은 수많은 인연이 모여 함께 생기하는

바인 까닭이다.

미래는 일어나지도 않았거니 어찌 유위라 이름하는가.

이것은 저 유형[280]인 까닭으로 또한 유위라 이름하는 것이니,

마치 태울 바 나무가[281] 아직 태우지 아니한 위치에 있어도 이것은 저 유형인 까닭으로 또한 이름을 나무라 하는 것과 같다.

혹은 과거(曾)와 당래를 의거하여[282] 이름을 세울지라도 허물이 없나니,

마치 거문고와 비파 등을 소리가 있다고 이름하는 것과 같으며 또한 유방과 연못[283] 등과 같나니,

모든 생기하지 아니한 법이 저 유형을 넘지 아니하기에 그런 까닭으로 유위라 이름한다 하였다.

그 법이 생멸이 있다는 것은 이 말은 오히려 생략되었다.

---

280 원문에 피류彼類란, 미기未起의 법法이 저 이기已起의 법法의 유형이다. 此에 彼類는 소신燒薪이다.

281 마치 태울 바 나무라고 운운한 것은 불이 태울 바가 되는 것이 이 나무이고, 저 불이 아직 태우지 아니한 것도 또한 태움에 해당하는 까닭으로 나무라는 이름을 받는 것이다. 역시 『잡화기』의 말이다.

282 혹 과거(曾)와 당래를 의거하여 운운한 것은 이것은 곧 과거와 미래를 모두 잡아 유위를 세운 뜻을 밝힌 것이니, 마치 거문고 등을 오직 현재에 소리가 있다는 등의 이름을 세울 뿐만이 아니라 과거에 있어서도 이미 소리 등이 있은 까닭으로 과거를 또한 응당 소리가 있다는 등의 이름을 세우는 것이요, 미래를 바라보아서도 장차 소리가 있을 것인 까닭으로 미래를 또한 응당 소리가 있다는 등의 이름을 세우는 것이다. 역시 『잡화기』의 말이다.

283 원문에 유방乳房과 연화지蓮華池라고 한 것은 유방이라 하면 그 속에 젖이 있다는 것이고, 연못이라 하면 그 속에 연꽃이 있다는 것이다.

『잡집론』에 말하기를 만약 법이 생·멸·주·이가 있는 것을 가히 유위라고 이름한다면 일체법을 다 유위라 해야 할 것이요, 오직 법계法界[284]와 법처法處[285]의 일분만 제외할 뿐이니[286] 무상과 무아에 집착함을 버리기 위한 까닭이다 하였다.

해석하여 말하면 이 가운데 『잡집론雜集論』은 세 가지 물음[287]을 답하였으니

첫 번째는 어떤 것이 유위법이 되는가 한 것을 답한 것이요

두 번째 일체법이라고 한 아래는 얼마가 이 유위법인가 한 것을 답한 것이요

세 번째 버리기 위한 것이라고 한 아래는 어떤 뜻인 까닭으로 유위법을 관찰하는가 한 것을 답한 것이다.

지금에는 간략하게 사사四事만 거론하였다고 한 것은 그 이치는 진실로 『지도론』과 『대품반야경』 등에 수많은 법이 폭넓게 있나니, 『대품반야경』에 말하기를 어떤 등이 유위법인가.

이렇듯 법[288]의 생·주·멸과(이것[289]은 유위의 뜻을 해석한 것이다) 욕계

---

284 법계法界 다음에 혹 법음法陰 두 글자가 있기도 하다.

285 법처法處는 육경六境 가운데 하나이다.

286 오직 법계法界와 법처法處의 일분만 제외할 뿐이라고 한 것은 십팔계 가운데 법계와 십이처 가운데 법처가 다 무위를 통섭하는 까닭으로 지금에는 오직 그 무위의 일분만 제외할 뿐이고, 의식이 능히 무위를 반연하는 까닭으로 법진도 또한 무위를 섭수하는 것이다.

287 세 가지 물음이란, 영인본 화엄 7책, p.51, 6행에 그 例가 이미 나와 있다.

288 이렇듯 법이라고 한 것은 곧 아래 삼계 등의 법이 이것이니, 나누어 양단兩段으

와 색계와 무색계와 오온과 내지 의식과 인연으로 생기한 바 수受[290]와 사념처와 내지 열여덟 가지 불공법이 일체 지혜가 되나니 이것이 유위법이다 하였거늘, 『지도론』에 해석하여 말하기를 유위법을 간략하게 세 가지 모습으로 설하겠다.

첫 번째는 말하자면 생과 주와 멸이요
두 번째는 삼계에 매이는 뜻이요
세 번째는 사념처와 내지 열여덟 가지 불공법이 비록 무위법이 있지만 작위가 있는 까닭으로 이것은 유위법이요, 작위가 없는 모습은 이 무위법[291]이다 하였다.

해석하여 말하면 지금에 열여덟 가지 불공법 등은 유기법에 섭속되기에 그런 까닭으로 다만 그 사사四事만 간략하게 설출하였으니,

---

로 한 까닭은 생멸과 인연의 두 가지 모습이 있는 까닭이다. 역시 『잡화기』의 말이다.

289 이것이라고 한 것은 생·주·멸이라는 글자를 가리키는 것이니 그 뜻에 말하기를 이 가운데 본래 유위법의 숫자를 열거하여 앞의 물음에 답한 것이다. 그러나 이 생·주·멸이라는 말은 이미 그 유위의 뜻을 해석한 것이다. 그러나 바로 아래 인연으로 생기한 바라고 한 아래는 또한 마땅히 이 말이 있어야 할 것이지만 다만 생략되었을 뿐이다. 역시 『잡화기』의 말이다.

290 원문에 내지의식乃至意識과 인연소생수因緣所生受라고 한 것은 십팔계十八界 중 뒤에 삼계三界이니 의계意界와 법계法界와 의식계意識界이다. 因은 의계意界이고, 緣은 법계法界이니 근경根境이 상대相對하여 그 가운데 의식계意識界가 생기生起하는 것이다.

291 원문에 무위상無爲相은 시무위법是無爲法이라고 한 것은 사념처四念處와 내지십팔불공법乃至十八不共法 중 무위상無爲相은 아래 무위법無爲法에 속한다.

중생은 곧 오온과 십이처와 십팔계[292]에 섭속되는 것이다.

疏

然所依處가 隨心成異니 故論云호대 欲所屬界는 名欲界等이라

그러나 의지하는 바 처소가 마음을 따라 다름을 이루나니,
그런 까닭으로 『구사론』에 말하기를 욕망에 섭속된 세계는 욕계라 이름한다 한 등이다.

鈔

故論云者는 卽俱舍第八이라 等字는 等餘二界니 云色所屬界는 名爲色界요 無色所屬界는 名爲無色界라하니라 略其所屬二字하고 但名欲界等은 如言胡麻飮과 及金剛環이니 飮之與環은 俱是總名이요 胡麻金剛은 並爲別稱이니 以別依總하야 名胡麻飮과 及金剛環이라 具足컨댄 應言胡麻所屬飮等이라하야늘 略去所屬하고 但云金剛環等이라하니라 界者總名이요 欲等別稱이니 略去中言하고 云欲界等이라하니라 論云호대 此中欲言은 爲說何法고 答이라 略說하면 段食婬所引貪이라하니 注云호대 婬貪名貪이요 食貪名欲이라하니라 然語猶隱하니라 本業上卷云호대 佛子야 見著二業으로 迷法界中에 一切欲心故로 欲所起報分은 爲欲界報요 佛子야 見著二業으로 迷法界中에

292 원문에 界는 엄격하게 말하면 십팔계十八界 중 前 십오계十五界이다.

一切色心故로 色心所起報分은 爲色界報요 佛子야 見著二業으로 迷法界中에 一切定心故로 定心所起報分은 爲無色報니라 是故로 於一法界中에 有三界果報라하니라 若更令易見인댄 欲界는 有男女形하야 婬欲受身故요 色界는 無男女形하고 唯有色故요 無色界는 謂無色故니라

그런 까닭으로 『구사론』에 말하였다고 한 것은 곧 『구사론』 제팔권이다.
등이라는 글자는 나머지 두 세계를 등취한 것이니,
말하자면 색상에 섭속된 세계는 색계라 이름하고 무색에 섭속된 세계는 무색계라 이름한다 하였다.
그 소속所屬이라는 두 글자를 생략하고 다만 욕계라 이름한다 한 등이라고 한 것은 마치 깨로 만든 음식[293]과 그리고 금강으로 만든 고리라고 말하는 것과 같나니,
음식과 더불어 고리는 함께 총명이요
깨와 금강은 모두 별칭이 되는 것이니,
별칭으로써 총명을 의지하여 깨로 만든 음식과 그리고 금강으로 만든 고리라고 이름하는 것이다.
갖추어서 말한다면 응당히 깨에 섭속된 음식 등이라고 말해야 할 것이어늘, 소속은 생략하여 없애 버리고 다만 말하기를 금강으로 만든 고리 등이라고만 하였다.

---

293 원문에 호마음胡麻飮이란, 깨로 만든 미음이다.

계라고 한 것은 총명이요

욕계 등이라고 한 것은 별칭이니,

중간에 말을 생략하여 없애 버리고 다만 말하기를 욕계 등이라고만 하였다.

『구사론』에 말하기를 이 가운데 욕망(欲)이라고 말한 것은 무슨 법을 말하는 것인가.

답하겠다.

간략하게 말하면 단식段食[294]과 음욕에 이끌린 바를 탐욕이라 한다 하였으니,

주注에 말하기를 음욕을 탐하는 것은 탐이라 이름하고, 음식을 탐하는 것은 욕이라 이름한다 하였다.

그러나 말이 오히려 숨은 듯하다.

『본업경』 상권에 말하기를 불자야, 보고 집착하는 두 가지 업으로 법계 가운데 일체 욕심에 미혹한[295] 까닭으로 욕심으로 생기한 바 과보분은 욕계의 과보가 되는 것이요

불자야, 보고 집착하는 두 가지 업으로 법계 가운데 일체 색심에 미혹한 까닭으로 색심으로 생기한 바 과보분은 색계의 과보가 되는 것이요

불자야, 보고 집착하는 두 가지 업으로 법계 가운데 일체 선정의

---

294 단식段食이란, 밥, 나물 등 형체가 있는 음식을 말한다.

295 법계 가운데 일체 욕심에 미혹한 것이라고 한 것은 이 일체 욕심 등이 다 법계를 미혹함을 인하여 생기하는 까닭으로 그렇게 말한 것이다. 역시 『잡화기』의 말이다.

마음에 미혹한 까닭으로 선정의 마음으로 생기한 바 과보분은 무색계의 과보가 되는 것이다.
이런 까닭으로 하나의 법계 가운데 삼계의 과보가 있다 하였다.
만약 다시 하여금 쉽게 보게 하고자 한다면 욕계는 남녀의 형상이 있어서 음욕으로 몸을 받는 까닭이요
색계는 남녀의 형상이 없고 오직 빛깔만 있는 까닭이요
무색계는 말하자면 빛깔조차 없는 까닭이다.

前本業에 言見著者는 彼經에 說有七見六著하니 經云호대 佛子야 無明者는 名不了一切法하야 迷法界하야 而起三界業果니라 是故我言호대 從無明藏하야 起十三煩惱하나니 所謂邪見我見과 常見斷見과 戒見盜見과 疑見七見으로 見一切處求일새 故說見이니라 復起六著心하나니 貪愛瞋癡欲慢이니 於法界中에 一切時起하니라 一切煩惱는 以十三爲本하고 無明은 與十三爲本하나니 是以로 就法界中하야 別爲三界報호대 卽云見著二業等이라하니 如前所引하니라

앞에 『본업경』에서 보고 집착한다고 말한 것은 저 『본업경』에 일곱 가지 보는 것과 여섯 가지 집착하는 것이 있다고 설하였으니
경에 말하기를 불자야, 무명이라 한 것은 이름이 일체법을 알지 못하여 법계를 미혹하여 삼계에 업의 과보를 생기하는 것이다.
이런 까닭으로 내가 말하기를 무명의 창고를 좇아 열세 가지 번뇌를 생기하나니,
말하자면 사견과 아견과 상견과 단견과 계견과 도견盜見과[296] 의견인

칠견七見으로 일체 처소를 보아 구하기에 그런 까닭으로 본다고 말하는 것이다.

다시 여섯 가지 집착하는 마음을 생기하나니,

탐욕과 사랑과 성냄과 어리석음과 욕락과 아만이니 법계 가운데 일체 시에 생기[297]하는 것이다.

일체 번뇌는 열세 가지[298] 번뇌로 근본을 삼고, 무명은 열세 가지 번뇌로 더불어 근본을 삼나니

이런 까닭으로 법계 가운데 나아가서 따로 삼계의 과보를 삼되 곧 말하기를 보고 집착하는 두 가지 업 등이다 하였으니

앞[299]에서 인용한 바와 같다.

---

296 계견과 도견盜見이라고 한 등은 『본업경』에 말하기를 계도견戒盜見과 과도견果盜見이라 하였다. 이상은 『잡화기』의 말이나 제 오는 계도견이고, 제 육은 과도견이다. 계도견은 사계邪戒를 정계正戒라고 보는 소견이고, 과도견은 작은 과보를 큰 과보라고 보는 소견이다. 운허 『불교사전』, p.869를 참고하라.

297 원문 起 자 아래 『본업경本業經』에는 佛子라는 두 글자가 있다.

298 열세 가지란, 七見과 六着心이다.

299 앞이란, 바로 앞에 인용한 초문으로 영인본 화엄 7책, p.74, 2행이다.

經

何等이 爲無爲法고 所謂虛空涅槃과 數緣滅과 非數緣滅과 緣起法性住니라

어떤 등이 무위법이 되는가.
말하자면 허공과 열반과 헤아림[300]으로 인연한 적멸과 헤아림으로 인연하지 않은 적멸과 연기와 법성에 머무는 것입니다.

疏

第五는 無爲라 爲者作也니 卽前生滅이요 今虛空等은 寂寞冲虛하야 湛然常住하야 無彼造作일새 故名無爲니라 瑜伽云호대 無生滅하야 不繫屬因緣일새 是名無爲라하며 智論云호대 無所得故로 名爲無爲라하며 淨名云호대 不墮數故라하니라 然諸論總名은 大旨無別하니라

제 다섯 번째는 무위이다.
위爲라고 한 것은 곧 조작이니 곧 앞[301]에 생기하고 사라진다 한 것이요
지금에 허공이라고 한 등은 적막하고 비어 담연히 항상 머물러

300 원문에 數는 혜수慧數니 지혜로 헤아린다는 것이다.
301 앞이란, 곧 第四에 유위有爲이다.

저런 조작이 없기에 그런 까닭으로 무위라 이름하는 것이다.
『유가론瑜伽論』[302]에 말하기를 생기하고 사라지는 것이 없어서 인연에 매이지 않기에 이 이름을 무위라 한다 하였으며
『지도론』에 말하기를 얻을 바가 없는 까닭으로 이름을 무위라 한다 하였으며
『정명경』에 말하기를 모든 수數에 떨어지지 않는 까닭이다 하였다.
그러나 모든 논의 총명은 대지大旨가 다름이 없다.

鈔

瑜伽下는 引證이라 如次二論으로 對前二義니 雜集云호대 無生住滅일새 故名無爲라하니라 不墮數故는 卽淨名阿難章云호대 佛身無爲하야 不墮諸數라하니 數卽有爲니라 餘義는 但翻上有爲일새 故疏結云호대 諸論總名은 大旨無別이라하니라

『유가론』이라고 한 아래는 인용하여 증거한 것이다.
차례와 같이[303] 두 가지 논으로 앞에 두 가지 뜻[304]을 상대한 것이니,

302 『유가론瑜伽論』은 第百卷이다.

303 원문에 여차如次 다음에 二 자가 있어야 한다.

304 원문에 전이의前二義란, 영인본 화엄 7책, p.71, 2행, 유위중有爲中에 소문疏文이니 『瑜伽論』 一百卷云호대 有生滅하야 繫屬因緣일새 是名有爲라 하고 『智度論』云호대 有所得故로 是名有爲라 한 二義니 즉 『유가론』 백권에 말하기를 생멸이 있어서 인연에 매이기에 이 이름을 유위라 하고, 『지도론』에 말하기를 얻을 바가 있는 까닭으로 이 이름을 유위라 한다 한 두 가지

『잡집론』에는 말하기를 생·주·멸이 없기에 그런 까닭으로 무위라 이름한다 하였다.

모든 수에 떨어지지 않는 까닭이라고 한 것은 곧 『정명경』 아란장에 말하기를 부처님의 몸은 조작이 없어서 모든 수에 떨어지지 않는다 하였으니,
수數라고 한 것은 곧 유위이다.
나머지 뜻[305]은[306] 다만 위에 유위만을 번역한 것이기에 그런 까닭으로 소문에 맺어 말하기를 모든 논의 총명은 대지가 다름이 없다 하였다.

疏

然其名數가 開合不同하니 小乘은 多說三種하니 卽此中初와 及三四요 諸大乘中에 掌珍說四하니 謂加眞如요 法相論中엔 或說有六하니 復加不動과 及想受滅이니 謂於擇滅中에 滅惑障故로 名爲擇滅이요 滅定障故로 復加後二라 或開爲八하대 於眞如中에 開出三性하니 謂善法眞如等이니 漸欲展此眞如하야 遍諸法故니라

뜻이니 지금에 무위無爲와 상대相對하였다는 것이다.

305 원문에 여의餘義란, 소문疏文 중에 인용引用한 밖에 나머지 모든 논의 뜻이다.

306 나머지 뜻이라고 한 등은 그 뜻에 말하기를 모든 논 가운데 또 다분히 총명을 해석하였지만, 그러나 대지大旨는 다름이 없는 까닭으로 지금에는 다 인용하지 않는다. 역시 『잡화기』의 말이다.

그러나 그 명수名數가 열기도 하고 합하기도 함에 같지 않나니
소승은 다분히 세 가지를[307] 설하였으니
곧 이 경 가운데 처음과[308] 그리고 세 번째와 네 번째요
모든 대승 가운데 『장진론掌珍論』은 네 가지를 설하였으니
말하자면 진여를 더한 것이요
법상론 가운데는 혹 여섯 가지가 있다고 설하였으니
다시 부동과 그리고 상수멸을 더한 것이니, 말하자면 택멸 가운데
혹장惑障을 제멸한 까닭으로 이름을 택멸이라 하는 것이요
정장定障을 제멸한 까닭으로 다시 뒤에 두 가지를 더한 것이다.
혹 열어서 여덟 가지로 하되 진여 가운데 열어서 삼성三性을 설출하였으니,
말하자면 선법진여 등[309]이니 점점 이 진여를 전개하여 모든 법에 두루하고자 한 까닭이다.

鈔

然其下는 二에 開合이라 於中에 然小乘多說三種者는 卽俱舍等이라 論云호대 無漏는 謂道諦와 及三種無爲니 謂虛空二滅이라하니라 而言多者는 分別論에 有四하니 一은 虛空이요 二는 非擇滅이요 三은

---

307 세 가지란, 삼무위이다. 육무위 가운데 처음에 세 가지이니 허공무위와 택멸무위와 비택멸무위이다. 여기에 부동무위와 상수멸무위와 진여무위를 더하면 육무위가 되는 것이다.

308 처음 운운은, 처음은 허공이고 세 번째는 수연멸이고 네 번째는 비수연멸이다.

309 등等이란, 악법진여惡法眞如와 무기진여無記眞如를 등취하였다.

想受滅이요 四는 眞如라 大衆部는 說九無爲하니 謂三及四空과 緣起支性과 聖道支性이라 化地部도 亦九니 三外에 加不動과 三性과 道支와 緣起라 諸大乘者는 於小乘三上에 加眞如故라 或說有六은 唯識論等이니 廣如下說하니라 或開爲八者는 雜集第二云호대 無爲法이 有八種하니 謂善法眞如와 不善法眞如와 無記法眞如와 虛空과 擇滅과 非擇滅과 不動과 及想受滅이라 如是建立八無爲中에 當知所依가 有差別故로 分析眞如하야 假立三種이언정 不由自性하리라 善法眞如者는 謂無我性空性과 無相實際와 勝義法界니라 何故眞如를 說名無我고 由彼自性이 無變異故니 謂一切時에 無我實性은 無改轉故로 說無變異니라 當知此則是無我性리니 離二我故니라 何故로 復說此名空性고 一切雜染이 所不行故니라 所以者何오 由緣此故로 能令一切의 諸雜染事로 悉皆空寂케하니라 有時說染이나 但是客塵이라 諸相寂靜일새 故名無相이요 無倒所緣일새 故名實際니라 實者는 謂無顚倒요 此處究竟일새 故名爲際니라 最勝聖智가 所行處故로 說名勝義요 一切三乘의 妙法所依일새 故名法界니라 如善眞如하야 不善無記도 當知亦爾라하니 餘如彼論하니라 言漸欲下는 疏出論意니라

그러나 그 명수라고 한 아래는 두 번째 열고 합하는 것이다.
그 가운데 그러나 소승은 다분히 세 가지를 설하였다고 한 것은 곧 『구사론』 등의 말이다.
『구사론』에 말하기를 무루는 말하자면 도제와 그리고 세 가지 무위이니,
말하자면 허공무위와 이멸二滅[310]무위이다 하였다.

그러나 많다고 말한 것은『분별공덕론』에 네 가지가 있나니
첫 번째는 허공이요
두 번째는 비택멸이요
세 번째는 상수멸이요
네 번째는 진여이다.
대중부는 아홉 가지 무위를 설하였으니,
말하자면 세 가지 무위와 그리고 사공四空[311]과 십이연기지성支性과 팔성도지성이다.
화지부化地部[312]도 또한 아홉 가지 무위를 설하였으니,
세 가지 무위 밖에 부동과 삼성과 팔성도지와 십이연기를 더하였다.

모든 대승이라고 한 것은 소승의 세 가지 무위 위에 진여를 더한 까닭이다.
혹 여섯 가지가 있다고 설하였다고 한 것은『유식론』등이니
널리는 아래[313] 설한 것과 같다.
혹 열어서 여덟[314] 가지로 한다고 한 것은『잡집론』제이권에 말하기를 무위법이 여덟 가지가 있나니,

---

310 이멸二滅은 택멸擇滅과 비택멸非擇滅이다.

311 사공四空은 무색계사천無色界四天이다.

312 화지부化地部는 소승小乘 20部 가운데 하나이니 불멸후佛滅後 300년경 상좌부上座部 가운데 설일체유부說一切有部에서 갈려 나온 일파이다.

313 아래란, 영인본 화엄 7책, p.79, 6행이다.

314 入 자는 八 자의 잘못이다.

말하자면 선법진여와 불선법진여와 무기법진여와 허공과 택별과 비택멸과 부동과 그리고 상수멸이다.
이와 같이 여덟 가지 무위를 건립하는 가운데 마땅히 의지하는 바[315]가 차별이 있는[316] 까닭으로 진여를 분석하여 거짓으로 세 가지[317]를 세웠을지언정 자성自性을 인유하지 아니한[318] 줄 알아야 할 것이다.
선법진여라고 한 것은 말하자면 무아성無我性과 공성空性과 무상과 실제와 승의와 법계이다.
무슨 까닭으로 진여를 설하여 무아라고 이름하는가.
저 자성이 변하여[319] 달라짐이 없음을 인유한 까닭이니,
말하자면 일체 시에 무아의 진실한 자성은 고쳐 전함이 없는 까닭으로 변하여 달라짐이 없다고 말하는 것이다.
마땅히 이것은 무아의 자성인 줄 알아야 할 것이니 두 가지 아我를

---

315 원문에 소의所依는 진여眞如의 소의所依이다.

316 원문에 유차별有差別이라고 한 것은 삼성三性의 차별差別이 있는 까닭이다.

317 원문에 삼종三種이란, 선법진여善法眞如와 불선법진여不善法眞如와 무기법진여無記法眞如이다. 팔진여八眞如와 육진여六眞如는 십장품과 前諸會에 已說이라는 말이 영인본 화엄 8책, p.495에 나온다. 그곳에서도 1, 2, 3, 7, 10, 100 그리고 팔진여, 육진여를 설하고 있다

318 자성을 인유하지 않는다고 한 것은 진여의 자성은 곧 다만 하나뿐인 까닭이다. 본론(『구사론』)에는 자성이라고 한 아래에 고故 자가 있고 두 줄 뒤에 변성變性이라고 한 성性 자는 『구사론』에는 이異 자로 되어 있다. 역시 『잡화기』의 말이다.

319 원문에 변성變性의 性 자는 論엔 異 자이다.

떠난 까닭이다.

무슨 까닭으로 다시 이 이름을 공성이라 설하는가.

일체 잡염雜染[320]이 행하지 않는 바인 까닭이다.

무슨 까닭인가.

이 공성을 연유한 까닭으로 능히 일체 모든 잡염의 일로 하여금 다 공적하게 하는 것이다.

어떤 때에 잡염을[321] 말하기도 하였지만 다만 이것은 객진번뇌를 말한 것일 뿐이다.

모든 모습이 적정하기에 그런 까닭으로 무상이라 이름하는 것이요 전도로 반연하는 바가 없기에 그런 까닭으로 실제라 이름하는 것이다.

실實이라고 한 것은 말하자면 전도가 없다는 것이요,

이곳이 구경이기에 그런 까닭으로 이름을 제際[322]라 하는 것이다.

가장 수승한 성인의 지혜가 행하는 바 처소인 까닭으로 설하여 승의라 이름하는 것이요

일체 삼승의 묘한 법이 의지하는 바이기에 그런 까닭으로 법계라

320 잡염雜染이란, 구체적으로는 세 가지 잡염(三雜染)이 있다. 1. 번뇌잡염煩惱雜染, 2. 업잡염業雜染, 3. 생잡염生雜染이니 위에 번뇌煩惱와 업業에 의하여 생生을 받고 고통을 받는 것, 이 세 가지를 혹惑, 업業, 고苦라고도 한다. 보통 잡염雜染은 번뇌煩惱로 통칭하기도 한다.

321 원문에 유시잡염有時雜染 운운은 이 잡염雜染과 보편적으로 잡염雜染이라 한 것이 다름을 말하고 있다.

322 제際는 본론本論엔 실實 자가 있어 實際라 하였다. 그러나 앞은 實 자의 해석이고 여기는 際의 해석이니 實 자가 없는 것이 좋다 하겠다.

이름하는 것이다.
선법진여와 같아서 불선법진여와 무기법진여도 마땅히 또한 그러한 줄 알아야 할 것이다 하였으니
나머지는 저 『잡집론』과 같다.
점점 이 진여를 전개하여 모든 법에 두루하고자 한 까닭이라고 말한 아래는 소가가 『잡집론』의 뜻을 설출한 것이다.

疏

此經說六하되 於擇滅中에 開出涅槃은 二道別故요 復加緣起는 顯無一事도 不卽眞故요 略無二定은 未究竟故라

이 경은 여섯 가지를 설하되 택멸 가운데 열반을 열어 설출한 것은 무간無間과 해탈解脫의 두 가지 도[323]가 다른 까닭이요
다시 연기를 더한 것은 한 가지 일도 진여에 즉하지 아니함이 없음을 나타낸 까닭이요
두 가지 선정[324]이 생략되어 없는 것은 아직 구경이 아닌[325] 까닭이다.

---

323 원문에 二道는 무간도無間道와 해탈도解脫道이다

324 원문에 二定은, 一은 멸수상정滅受想定이니 상수멸想受滅이요, 二는 사공정四空定이니 부동무위不動無爲이다. 이 부동무위不動無爲는 색계제사선천色界第四禪天에 고락苦樂을 떠난 곳에 나타나는 진여眞如이다.

325 아직 구경이 아니라고 한 것은 소승도 오히려 능히 얻는 까닭이라고 『잡화기』는 말한다.

鈔

此經說六下는 第三釋文이라 於中二니 先은 總明有無라

이 경은 여섯 가지를 설하였다고 한 아래는 제 세 번째 경문을 해석한 것이다.
그 가운데 두 가지가 있나니
먼저는 이 여섯 가지가 있기도 하고 없기도 함을 한꺼번에 밝힌 것이다.

疏

言虛空者는 離諸障礙하야 無物所顯故니라

허공이라고 말한 것은 모든 장애를 떠나 사물로 나타낼 바가 없는[326] 까닭이다.

鈔

言虛空下는 二에 別釋이니 多用唯識이라 有六無爲일새 卽爲六段이라 初虛空은 釋語가 全是百法疏意니 卽唯識에 依法性하야 假施設有義니라 彼論에 先釋法性云호대 謂空無我의 所顯眞如는 有無俱非며

326 사물로 나타낼 바가 없다고 한 것은 이것은 사물 가운데 나타낼 바가 없음을 말하는 것이다. 역시 『잡화기』의 말이다.

心言路絶하야 與一切法으로 非一非異等이니 是法眞理일새 故名法性이요 離諸障礙일새 故名虛空이라하니라 釋曰彼論은 明法性空일새 但言離諸障礙라하고 百法은 兼取外空일새 云無物所顯故라하니 俱舍云호대 此中空無礙라하니라

허공이라고 말한 것이라 한 아래는 두 번째 따로 해석한 것이니,
다분히 『유식론』의 말을 인용하였다.
여섯 가지 무위가 있기에 곧 육단이 되는 것이다.
처음에 허공은 해석한 말이 온전히 『백법론』 소문의 뜻이니,
곧 『유식론』에 법성을 의지하여 거짓 시설로 있다 한 뜻이다.
저 『유식론』에 먼저 법성을 해석하여 말하기를 말하자면 공무아空無我의 나타낼 바 진여는 있고 없는 것이 함께 아니며,
마음과 말의 길이 끊어져 일체법으로 더불어 하나도 아니고 다르지도 않다는 등이니,
이 법이 진리이기에 그런 까닭으로 법성이라 이름하는 것이요,
모든 장애를 떠났기에 그런 까닭으로 허공이라 이름하는 것이다 하였다.
해석하여 말하면 저 『유식론』은 법성이 공함을 밝혔기에 다만 모든 장애를 떠났다고만 말하고, 『백법론』은 외공外空을 겸하여 취하였기에[327] 사물로 나타낼 바가 없는[328] 까닭이다 말하였으니,

327 외공外空을 겸하여 취하였다고 한 것은, 『유식론』은 다만 내공內空만 거론하였으니 아공진여요 『백법론』은 외공을 겸하여 거론하였으니 법공진여이다.
328 원문에 무물소현無物所顯이라고 한 것은, 허공은 사물로 나타낼 곳이 없다는

『구사론』에 말하기를 이 가운데 허공[329]이 걸림이 없다 하였다.

疏

二에 涅槃者는 古有二釋하니 一은 云性寂滅故니 此卽性淨涅槃이라 涅槃三十四에도 亦同此說하니 此與擇滅로 顯未顯殊니라 一은 云卽性淨之果니 此卽解脫道後요 擇滅은 乃在無間道中이라 然大乘에 非擇滅을 旣約性淨하고 又下說法性인댄 則後解爲正이라

두 번째 열반이라고 한 것은 고인이 두 가지로 해석한 것이 있나니
하나는 자성이 적멸한 까닭이라 말한 것이니,
이것은 곧 자성이 청정한 열반(性淨涅槃)[330]이다.
『열반경』 삼십사권에도 또한 여기에서 설한 것과 같나니,
이것은 택멸擇滅로 더불어 나타나고 나타나지 아니한[331] 것이 다를 뿐이다.
하나는 곧 자성이 청정한 결과라 말한 것이니,
이것은 곧 해탈도의 뒤에 있는 것이요

것이다.

329 원문에 차중공此中空이라고 한 것은 외허공外虛空이지 법성法性의 공空이 아니다.

330 원문에 성정열반性淨涅槃은 삼종열반三種涅槃의 하나이니 삼종열반은 1. 성정열반性淨涅槃, 2. 원정열반圓淨涅槃, 3. 방편정열반方便淨涅槃이니 천태天台의 주장이다.

331 원문에 현顯은 성정性淨이고, 미현未顯은 적멸寂滅이다.

택멸은 이에 무간도 가운데 있는 것이다.

그러나 대승大乘[332]에서 비택멸을 이미 성정性淨으로 잡았고 또한 아래에[333] 법성法性을 말하였다면 곧 뒤의 해석[334]이 바른 해석이 되는 것이다.

鈔

二에 涅槃者는 涅槃卽同擇滅이니 先明性淨하고 乃傍出異義耳니라 涅槃三十四者는 此卽刊定記釋이니 謂同此經에 所說虛空과 及涅槃也라 故涅槃經에 釋緣生四句中云호대 有非緣生이니 非十二因緣者는 謂虛空涅槃이라호미 是也니라 此則同性淨義니라 後義爲正云호대 性淨之果는 卽圓淨涅槃이라 應有問言호대 若是果者인댄 何殊擇滅이리요 由因果殊일새 故分二道니라 所以로 第一總明中에 以此義로 爲正云호대 於擇滅中에 開出涅槃은 二道別故라하니라 然大乘下는 斷上二義라 則後解爲正者는 若唯識인댄 解非擇滅云호대 不由擇力이니 本性淨故라하니라

두 번째 열반이라고 한 것이라 한 것은 열반이 곧 택멸과 같나니, 먼저 자성이 청정한 열반을 밝히고 이에 옆으로 다른 뜻[335]을 설출한

332 대승大乘이란, 유식唯識이다.

333 원문에 又下란, 今經에 法性住니 즉 법성에 머문다고 한 것이다.

334 원문에 후해後解란, 卽性淨之果也니 곧 자성이 청정한 결과라 한 것이다.

335 원문에 이의異義는 성적멸性寂滅이고, 방출傍出은 『간정기刊定記』의 해석이다.

것이다.

『열반경』 삼십사권이라고 한 것은 이것은 곧 『간정기』에서[336] 해석한 것이니,

말하자면 이 『화엄경』에서 설한 바 허공과 그리고 열반과 같다는 것이다.

그런 까닭으로 『열반경』에 연생緣生의 네 구절을 해석하는 가운데 말하기를 인연으로 생기하지 않는 것이 있나니,

십이인연이 아닌 것은 말하자면 허공과 열반이다 한 것이 이것이다.

이것은 곧 자성이 청정한 열반(性淨涅槃)의 뜻과 같다.

뒤의 뜻에 바로 해석하여 말하기를 자성이 청정한 결과라고 한 것은 곧 원만하게 청정한 열반(圓淨涅槃)이다.

응당 어떤 사람이 물어 말하기를 만약 자성이 청정한 결과라고 한다면 어찌 택멸과 다르겠는가.

원인과 결과가 다름을 인유하기에 그런 까닭으로 두 가지 도[337]를 나눈 것이다.

그런 까닭으로 제일에[338] 한꺼번에 밝히는 가운데 이 뜻으로써 바로 해석하여 말하기를 택멸 가운데 열반을 열어 설출한 것은 두 가지 도가 다른 까닭이다 하였다.

---

336 이것은 곧 『간정기』 운운은 『간정기』에 성정性淨으로 해석하고, 이에 저 『열반경』으로써 증거한 것이다. 역시 『잡화기』의 말이다.

337 원문에 이도二道는 무간도無間道와 해탈도解脫道이다.

338 제일 운운은 영인본 화엄 7책, p.79, 2행이니 그곳 초문에는 선총명先總明이라 하여 第一이 先 자로 되어 있다.

그러나 그 대승이라고 한 아래는 위에 두 가지 뜻[339]을 단제하는 것이다.
곧 뒤의 해석이 바른 해석이 된다고 한 것은 만약 『유식론』이라면 비택멸을 해석하여 말하기를 간택하는 힘을 인유하지 않나니 본성이 청정한 까닭이다 할 것이다.

疏

三에 數緣滅者는 數謂慧數니 由慧爲緣하야 揀擇諸惑하야 能顯滅理니라 故唐三藏이 譯爲擇滅이라하니 謂擇力所得滅일새 名爲擇滅이라 然此滅言이 有其二義하니 一은 理性寂滅이니 此從所顯得名이요 二는 因滅惑顯일새 名理爲滅이니 則從能顯得名이라

세 번째 헤아림으로 인연한 적멸이라고 한 것은[340] 헤아린다고(數) 한 것은 말하자면 지혜로 헤아린다고 한 것이니,
지혜의 헤아림으로 인연함을 인유하여 모든 번뇌를 간택하여 능히 적멸의 이치를 나타내는 것이다.
그런 까닭으로 당나라 삼장이 번역하여 택멸이라 하였으니, 말하자면 간택하는 힘으로 얻은 바가 적멸이기에[341] 이름을 택멸이라

339 원문에 상이의上二義란, 성적멸性寂滅과 성정과性淨果이다.

340 헤아림으로 인연한 적멸이라고 한 것은 의사석依士釋이고, 아래(영인본 화엄 7책, p.82, 5행) 초문에 능히 소멸하는 지혜라고 한 것은 지업석持業釋이니, 헤아린다(數)고 한 것은 곧 지혜이다. 역시 『잡화기』의 말이다.

341 혹은 滅 자 아래에 故 자가 있기도 하다.

하는 것이다.
그러나 이 적멸이라는 말이 그 두 가지 뜻이 있나니
첫 번째는 이성理性이 적멸한 것이니,
이것은 나타낼 바를 좇아 이름을 얻은 것이요
두 번째는 적멸을 좇아 번뇌가 나타나기에 이理를 이름하여 적멸이라 하는 것이니,
곧 능히 나타냄을 좇아 이름을 얻은 것이다.

鈔

三에 數緣滅下에 故唐三藏은 出其異名이니 擇力所得者는 是俱舍論釋이라 故彼喩云호대 如牛所駕車를 名曰牛車라하니 略去中言일새 故作是說하야 但云擇滅이라하니라 唯識釋云호대 由揀擇力하야 滅諸雜染하고 究竟證會일새 故云擇滅이라하니라 然此滅言下는 別釋滅字니 此二義로 稱滅하니라 若兼能滅之智인댄 智亦稱滅하리라

세 번째 헤아림으로 인연한 적멸이라고 한 아래에 그런 까닭으로 당나라 삼장이라고 한 것은 그 이름이 다름을 설출한 것이니
간택하는 힘으로 얻은 바라고 한 것은 이것은 『구사론』의 해석이다.
그런 까닭으로 저 『구사론』에 비유하여 말하기를 마치 소가 끄는 바 수레를 이름하여 우거牛車라 말하는 것과 같다 하였으니,
중간에 말을 생략하여 보내기에 그런 까닭으로 이 말을 지어 다만 말하기를 택멸이라 한다 하였다.

『유식론』에 해석하여 말하기를 간택하는 힘을 인유하여 모든 잡염을 소멸하고 구경에 증득하여 알기에 그런 까닭으로 말하기를 택멸이라 한다 하였다.

그러나 이 적멸이라는 말이라고 한 아래는 멸滅이라는 글자를 따로 해석한 것이니,
이 두 가지 뜻으로 적멸이라 이름하는 것이다.
만약 능히 소멸하는 지혜를 겸한다면 지혜도 또한 적멸이라 이름할 것이다.

疏

四에 非數緣滅者는 非由慧數하야 滅惑所得이니 但以性淨하며 及於緣闕之所顯故니라

네 번째 헤아림으로 인연하지 아니한 적멸이라고 한 것은 지혜의 헤아림으로 인유하여 번뇌를 소멸하여 얻은 바가 아니니,
다만 자성이 청정하며 그리고 인연이 사라짐[342]으로 나타나는 바[343]인 까닭이다.

---

342 원문에 성정性淨은 대승大乘이고, 연궐緣闕은 소승小乘이다.

343 인연이 사라짐으로 나타나는 바라고 한 것은 그 뜻에 말하기를 저 분별의 허망한 인연이 사라진 까닭으로 적멸의 자체가 스스로 나타나는 것이요 나의 지혜로 간택함을 기다린 연후에 나타나는 것이 아니다. 역시 『잡화기』의 말이다.

鈔

四에 非數緣滅者는 故唯識云호대 不由擇力하고 本性淸淨하며 及緣闕所顯이 名非擇滅이라하니라 釋曰論存二義나 初義異小일새 故上疏文에 取爲楷定하니라 言緣闕者는 俱舍論云호대 畢竟礙當生하야 別得非擇滅이라하고 下釋云호대 言當生者는 當來生法이니 緣會則生하고 緣闕不生하나니 於不生時에 得非擇滅이라 此非擇滅이 礙當生法하야 令永不起일새 名畢竟礙니라 言別得者는 謂非擇滅은 有實體性하야 緣闕位中에 起別得故로 非擇滅得이니 不因擇滅하고 但由緣闕일새 名非擇滅이라하니라 論指事明云호대 如眼與意로 專一色時에 餘色聲香味觸等謝일새 緣彼境界하는 五識身等이 住未來世하야 畢竟不生하나니 由彼不能緣過去境하야 緣不具故로 得非擇滅이라하니라 釋曰謂眼緣色時에 亦合緣聲等이로대 以專注色故로 耳等이 不緣聲等이니라 同時聲等이 刹那已謝일새 故令緣聲等識으로 更不復生하나니 以前五識은 唯緣現量하고 不緣過去未來하니라 而言觸等者는 等取法中에 有與能緣으로 同時에 爲所緣境者니 如他心智가 所緣境이 是也니라 此他心智가 唯緣現在心王하나니 亦合緣心所로대 以專注心王일새 故於心所가 得非擇滅故니라

네 번째 헤아림으로 인연하지 아니한 적멸이라고 한 것이라 한 것은 그런 까닭으로 『유식론』에 말하기를 간택하는 힘을 인유하지 않고 본래 자성이 청정하며 그리고 인연이 사라짐으로 나타나는 바가 이름이 비택멸非擇滅[344]이다 하였다.

해석하여 말하면『유식론』에 두 가지 뜻[345]이 있지만 처음에 뜻은 소승과 다르기에 그런 까닭으로 위에 소문[346]에서 취하여 바른 해석(楷定)을 삼았다.

인연이 사라진다고 말한 것은『구사론』에 말하기를 필경에 당래에 생기함을 장애하여 비택멸을 따로 얻는다 하고, 그 아래 해석한 가운데 말하기를 당래에 생기한다고 말한 것은[347]당래에 생기할 법이니, 인연이 모이면 곧 생기하고 인연이 사라지면 생기하지 않나니, 생기하지 아니할 때에 비택멸을 얻는 것이다.
이 비택멸이 당래에 생기할 법을 장애하여 하여금 영원히 일어나지 못하게 하기에 필경에 장애한다 이름한 것이다.
따로 얻는다고 말한 것은 말하자면 비택멸은 진실한 체성이 있어서

---

344 비택멸非擇滅이란, 본래 비택멸은 지혜의 간택력을 의지하지 않는다. 다만 유위법(인연)이 스스로 없어짐으로 나타나는 것이다.

345 원문에 이의二義란, 본성청정本性淸淨과 연궐소현緣闕所顯이다. 初義는 本性淸淨이니 대승유식大乘唯識의 義이다.

346 원문에 상소문上疏文이란, 영인본 화엄 7책, p.80, 6행에 즉후해위정則後解爲正이라 한 것이다.

347 당래에 생기한다고 말한 것 운운한 것은 이것은 지적指摘하여 인용한 것이고, 다섯 줄 뒤에 그 사실을 가리켜 밝혀 말하였다고 한 아래는 온전히 인용한 것이다. 당래에 생기할 법이라고 한 등은 그 뜻에 말하기를 저 당래에 생기할 잡염雜染의 모든 법이 만약 이 인연이 있으면 곧 가히 생기함을 얻을 수 있거니와, 지금에는 이 인연이 이미 사라진 까닭으로 저 법이 생기함을 얻을 수 없는 것이니, 저 법이 생기하지 아니할 때는 스스로 비택멸의 실체가 나타남이 있는 것이다. 역시『잡화기』의 말이다.

인연이 사라진 자리 가운데 따로 얻을 것을 생기하는 까닭으로 택멸로 얻는 것이 아니니, 택멸을 인하지 않고 다만 인연이 사라지는 것만 인유하기에 비택멸이라 이름한다 하였다.

논에 그 사실을 가리켜서 밝혀 말하기를 눈이 의식으로 더불어[348] 한 가지 색을 오로지 바라볼 때에 나머지 색성향미촉 등이 물러가기에 저 경계를 반연하는 오식신五識身[349] 등이 미래 세상에 머물러[350] 필경에 생기하지 않나니, 저것이 능히 과거의 경계를 반연하지 못하여 인연이 구족하지 못함을 인유한 까닭으로[351] 비택멸을 얻는다 한 것과 같다 하였다.

해석하여 말하면 눈이 색을 반연할 때에 또한 합당히 소리 등도 반연해야 할 것이지만 오로지 색에만 뜻을 두고 있는 까닭으로 귀 등이 소리 등을 반연하지 못하는 것이다.

---

348 눈이 의식으로 더불어라고 한 등은 눈(眼) 등의 식이 저 경계를 반연할 때 제육 의식은 반드시 그로 더불어 같이하는 까닭이다. 역시 『잡화기』의 말이다.

349 오식신五識身은 오식五識이니 곧 안眼, 이耳, 비鼻, 설舌, 신식身識이다.

350 미래 세상에 머문다고 한 등은 저 식과 동시에 나머지 색성향미촉진塵이 찰나에 이미 사라진 것이다. 잠시 과거의 경계를 삼은 까닭으로 이 오식 등이 저 경계에 미래 세상에 이르도록 영원히 반연함을 얻을 수 없는 것이다. 이것은 곧 다만 인연이 사라지고 생기하지 아니함을 가리켜 비례하여 밝힌 것이다. 역시 『잡화기』의 말이다.

351 원문에 연불구고緣不具故라고 한 것은 但由緣闕이니 즉 인연이 구족하지 못함을 인유한 까닭이라고 한 것은 다만 인연이 사라지는 것만 인유한다는 것이다.

동시에 소리 등이 찰나에 이미 물러가기에 그런 까닭으로 소리 등을 반연하는 식으로 하여금 다시 생기하지 않게 하나니, 앞에 오식은 오직 현량에만 반연하고 과거와 미래는 반연하지 않는 것이다.
촉 등이라고 말한 것은 법 가운데 능히 반연하는 것으로 더불어[352] 동시에 반연할 바 경계가 되는 것이 있음을 등취한 것이니, 마치 다른 사람의 마음을 아는 지혜가 반연할 바 경계와 같은 것이 이것이다.
이것은 다른 사람의 마음을[353] 아는 지혜가 오직 현재의 심왕만을

---

352 법 가운데 능히 반연하는 것으로 더불어 운운한 것은 이것은 곧 다른 사람의 마음으로써 다른 사람의 마음을 여는 지혜의 반연할 바 법진法塵이 있음을 삼는 것이지만, 그러나 또한 동시에 현량을 취한 것이고 이미 사라지고 없는 마음을 잡은 것이 아니다. 그 뜻에 말하기를 이미 한 색(一色)에 오로지 머무는 까닭으로 능히 동시에 소리 등과 동시에 다른 사람의 마음을 반연하지 않는다는 것이니 다른 사람의 마음이란 곧 법진이다. 그러나 이것은 다만 다른 사람의 마음을 아는 지혜가 있음을 상대하여 법진이라 이름함을 얻는 것일 뿐이고, 나머지 다른 사람의 마음을 아는 지혜가 없음을 모두 상대하여 다 법진이라고 이름한 것은 아니다. 그 가운데 능히 반연한다고 한 것은 곧 다른 사람의 마음을 아는 지혜이고, 반연할 바라고 한 것은 곧 다른 사람의 마음이고, 동시라고 한 것은 현량을 취한 까닭이다. 역시 『잡화기』의 말이다.

353 이것은 다른 사람의 마음이라고 한 등은 이것은 곧 법진을 반연하는 것으로써 위에 말을 상대하여 밝힌 것이니, 그 뜻에 말하기를 다른 사람의 마음을 아는 지혜가 이미 심왕에 오로지 머문 까닭으로 나머지 식이 능히 나머지 심소와 그리고 색 등을 반연하지 않는 것이니, 반연할 바 가운데 사진四塵도

반연하나니,
또한 합당히 심소를 반연해야 할 것이지만 오로지 심왕에만 뜻을 두고 있기에 그런 까닭으로 심소가 비택멸을 얻는 까닭이다.

疏

五에 緣起者는 有別有通이라 別謂十二因緣故니 分別論者에 大衆一說과 雞胤化地와 說出世部가 皆立十二緣起하야 以爲無爲하니 彼意는 以其次第로 作緣하야 恒無雜亂일새 故說爲常이요 有佛無佛거나 此法自爾일새 名曰無爲라하니라 故智論三十二云호대 聲聞法中에도 亦說法性實際故니 雜阿含中說호대 有一比丘하야 問佛호대 十二因緣이 爲是佛作이닛가 爲是餘人作이닛가 佛告比丘하사대 我不作十二因緣이며 亦非餘人作이니라 有佛無佛거나 諸法皆如하야 法相法位가 常有니 所謂是事有故로 是事有等이라하니라 涅槃亦說호대 卽是無爲라하얏거늘 遠公云호대 就人論法인댄 三世流轉일새 是其有爲요 廢人談法인댄 法相常定일새 故曰無爲라하니라 望今經意인댄 緣起無性일새 故曰無爲라하리라 大品云호대 菩薩이 觀十二因緣이 如虛空不可盡이라하며 涅槃云호대 十二因緣이 卽是佛性이라하니 文中에 雖擧十二因緣이나 卽已攝陰界諸法하니라

또한 낱낱이 비례하였다. 역시 『잡화기』의 말이다.

다섯 번째 연기라고 한 것은 별別이 있고 통通이 있다.
별別이라고 한 것은 말하자면 십이연기인 까닭이니,
『분별론』[354]에 대중부와 일설부와 계윤부와 화지부와 설출세부[355]가 다 십이연기를 세워 무위를 삼았으니 저들의 뜻은 그 법이 차례로 연기를 지어 항상 섞이어 혼란이 없기에 그런 까닭으로 영원하다 말하는 것이요, 부처가 있거나 부처가 없거나 이 법은 스스로 그러하기에 이름을 무위라 말한다 하였다.
그런 까닭으로 『지도론』 삼십이권에 말하기를 성문법 가운데도 또한 법성과 실제를 설하는 까닭이니
『잡아함경』[356] 가운데 말하기를 한 비구가 있어 부처님께 묻기를 십이인연이 부처님께서 만든 것입니까, 다른 사람이 만든 것입니까. 부처님께서 비구에게 이르시기를 내가 십이인연을 만든 것도 아니며, 또한 다른 사람이 만든 것도 아니다.
부처가 있거나 부처가 없거나 모든 법은 여여하여 법의 모습과 법의 자리가 항상 있는 것이니 말하자면 이 일이 있는 까닭으로 이 일이 있다 한 등이다 하였다.
『열반경』에 또 말하기를 곧 이것은 무위라 하였거늘

---

354 원문에 者 자를 혹은 云 자라 하기도 한다.

355 출세부라고 한 아래에 此外라는 두 글자가 있는 것이 좋다. 즉 此部 밖에 다문부와 설가부와 제다산부와 북산주부 등도 무위를 주창하여 심성이 본디 깨끗하다고 설하고 있기 때문이다.

356 『잡아함경雜阿含經』은 이 『지도론(智論)』 중에서 인용引用한 것이다고 『잡화기』는 말한다.

혜원법사가 말하기를 사람에게 나아가 법을 논한다면 삼세가 유전하기에 이것을 유위라 하는 것이요
사람을 버리고 법을 말한다면 법의 모습이 항상 고요하기에 그런 까닭으로 무위라 말한다 하였다.
지금에 이 『화엄경』의 뜻으로 바라본다면 연기는 자성이 없기에 그런 까닭으로 무위라 말한다 할 것이다.
『대품반야경』에 말하기를 보살이 십이인연이 허공과 같아서 가히 다할 수 없음을 관찰한다 하였으며
『열반경』에[357] 또 말하기를 십이인연이 곧 불성이다 하였으니[358] 경문 가운데 비록 십이인연만을 거론하였지만 곧 이미 오음과 십팔계의 모든 법을 함섭하고 있는 것이다.

鈔

智論下는 引大乘論하야 證成上義라 此中論文에 先有問云호대 聲聞法中에 何不說法性實際하고 而摩訶衍中에 處處說耶아 答호대 聲聞法中에도 亦說下는 與疏同하니 玄中已引하니라 涅槃亦說下는 三에 引大乘經하야 立無爲義니 先引涅槃이라 卽北經迦葉菩薩品이니 第三十四經이 而爲品初요 南經三十一이라 北經은 半卷向後에 列二十一諍論하니 此卽第六이라 經云호대 或說十二因緣이 是有爲法이라하며 或有說言호대 十二因緣이 是無爲法이라하고 至第三十五하야

357 槃 자 아래에 鈔에는 又 자가 있다.
358 性 자 아래에 文中이라는 두 글자가 鈔에는 있다.

方釋하니라 經中具云호대 善男子야 我經中說호대 云何名爲十二因緣고 從無明生行하고 從行生識하고 從識生名色하고 從名色生六入하고 從六入生觸하고 從觸生受하고 從受生愛하고 從愛生取하고 從取生有하고 從有生生하고 從生有老死와 憂悲苦惱라하니라 善男子야 我諸弟子가 聞是說已하고 不解我意하야 唱言如來가 說十二因緣이 定是有爲라하니라 我又一時에 告喩比丘하야 作如是言호대 十二因緣은 有佛無佛거나 性相常住라하니라 善男子야 有十二因緣이 不從緣生하며 有從緣生이 非十二因緣하며 有從緣生이 亦十二因緣하며 有非緣生이 非十二因緣하니라 有十二因緣이 非緣生者는 未來世十二支也요 有從緣生이 非十二緣者는 謂阿羅漢의 所有五陰이요 有從緣生이 亦十二緣者는 謂凡夫人의 所有五陰이요 有非緣生이 非十二緣者는 謂虛空涅槃이니라 善男子야 我諸弟子가 聞是說已하고 不解我意하야 唱言如來가 說十二因緣을 定是無爲라하니라 釋曰 若經中言인댄 爲與無爲를 俱不解意요 若遠公釋인댄 各有所以라 然有二意하니 今疏는 是第一意요 第二意云호대 直就因緣事中하야 現在之者는 名曰有爲요 在未來者는 未現起用일새 名曰無爲라하니라 釋曰後釋은 順經後四句意요 前釋은 順經初意와 及智論等意이라

『지도론』이라고 한 아래는 대승론을 인용하여 위에 뜻을 증거하여 성립한 것이다.

이 가운데 논문에 먼저 어떤 사람이 물어 말하기를 성문법 가운데는 어찌하여 법성과 실제를 설하지 않고 마하연 가운데는 곳곳에서 설하는가.

답하기를 성문법 가운데도 또한 설하였다고 한 아래는 소문으로 더불어 같나니, 『현담』 가운데 이미 인용하였다.

『열반경』에 또 말하였다고 한 아래는 세 번째 대승경을 인용하여 무위의 뜻을 세운 것이니,
먼저는 『열반경』을 인용한 것이다.
곧 북장경 가섭보살품이니 제 삼십사경이 이 품의 시작이 되고 남장경은 삼십일경이다.
북장경은 반권 이후에 이십일쟁론을 열거하였으니 이것은 곧 제 여섯 번째 쟁론[359]이다.
『열반경』에 말하기를 혹은 말하기를 십이인연이 이 유위법이라 하며, 혹 어떤 사람은 말하기를 십이인연이 이 무위법이라 하고 제삼십오권에 이르러 바야흐로 해석하였다.
『열반경』 가운데[360] 갖추어 말하기를 선남자야, 내가 경전 가운데 말하기를 어떤 것이 이름이 십이인연이 되는가.
무명을 좇아 행이 생기하고, 행을 좇아 식이 생기하고, 식을 좇아

359 제 여섯 번째 쟁론이라고 한 것은 그 첫 번째는 말하기를 여래는 필경에 열반하고 필경에 열반하지 않는다 하고, 두 번째는 말하기를 결정코 내가 있다 말하고 결정코 내가 없다 말한다 하고, 세 번째는 말하기를 중음中陰이 있고 중음이 없다 한다 하고, 네 번째는 물러남이 있고 물러남이 없다 한다 하고, 다섯 번째는 말하기를 부처님의 몸은 유위법이고 무위법이다 한다 하고, 여섯 번째는 곧 지금에 인용한 바와 같다. 역시 『잡화기』의 말이다.

360 『열반경』은 한글장경 열반부 1에 638, 上段 중간에서 下段 중간까지에 설하였다.

명색이 생기하고, 명색을 좇아 육입이 생기하고, 육입을 좇아 촉이 생기하고, 촉을 좇아 수가 생기하고, 수를 좇아 애가 생기하고, 애를 좇아 취가 생기하고, 취를 좇아 유가 생기하고, 유를 좇아 생이 생기하고, 생을 좇아 노사와 우비고뇌가 있다[361]고 하였다.
선남자야, 나의 모든 제자가 이 말을 들어 마치고 나의 뜻을 알지 못하여 여래가 십이인연을 결정코 이 유위법이라고 설하였다 말(唱言)한다.
내가 또 한때에 비구에게 일러 이와 같은 말을 하기를 십이인연은 부처가 있거나 부처가 없거나 그 자성과 모습이 항상 머문다 하였다.
선남자야, 십이인연이 인연을 좇아 생기하지 않는 것이 있으며
인연을 좇아 생기한 것이 십이인연이 아닌 것이 있으며
인연을 좇아 생기한 것이 또한 십이인연인 것이 있으며
인연으로 생기하지 아니한 것이 십이인연이 아닌 것이 있다.
십이인연이 인연을 좇아 생기하지 않는 것이 있다고 한 것은 미래 세상에 십이유지요
인연을 좇아 생기한 것이 십이인연[362]이 아닌 것이 있다고 한 것은 말하자면 아라한이 소유한 오음[363]이요
인연을 좇아 생기한 것이 또한 십이인연인 것이 있다고 한 것은 말하자면 범부의 사람이 소유한 오음이요

---

361 원문에 有는 生 자가 아닌가 의심한다.

362 인연因緣이라는 글자 다음에 者 자가 있으면 좋다.

363 원문에 아라한소유오음阿羅漢所有五陰이라고 한 것은 아라한阿羅漢은 변역신變易身인 까닭으로 십이인연十二因緣이 아니다.

인연으로 생기하지 아니한 것이 십이인연이 아닌 것이 있다고 한 것은 말하자면 허공과 열반이다.
선남자야, 나의 모든 제자가 이 말을 들어 마치고 나의 뜻을 알지 못하여 여래가 십이인연을 결정코 이 무위법이라고 설하였다 한다 하였다.
해석하여 말하면 만약 경전 가운데 말한 것이라면 유위법과 더불어 무위법을 함께 알지 못했다는 뜻이요
만약 혜원법사가[364] 해석한 뜻이라면 각각 까닭이 있다는 것이다.
그러나 두 가지 뜻이 있나니
지금 소문에 있는 것은 첫 번째 뜻이요
제 두 번째 뜻에 말하기를 바로[365] 인연사[366] 가운데 나아가서 현재에 있는 것은 이름을 유위라 말하는 것이요
미래에 있는 것은 현재에 기용하지 않기에 이름을 무위라 말한다 하였다.
해석하여 말하면 뒤에 해석은 『열반경』의 뒤에 네 구절[367]의[368] 뜻을

---

364 만약 혜원법사 운운은 혜원법사가 해석한 뜻에 말하기를 사람에 나아간다면 곧 가히 무위법이라 말할 수 없고, 법에 나아가 말한다면 곧 가히 유위법이라 말할 수 없는 까닭으로 유위법과 더불어 무위법을 함께 알지 못했다는 뜻이라 한 것이다. 역시 『잡화기』의 말이다.

365 원문에 진眞은 直 자가 좋다.

366 인연사因緣事는 십이인연사十二因緣事이다.

367 원문에 후사구後四句란, 십이연기十二緣起의 後四句이니 영인본 화엄 7책, p.86, 7행에 열거한 것이다.

368 『열반경』의 뒤에 네 구절이라고 한 등은 십이인연으로 생기한다는 구절로써

따른 것이요
앞에 해석은 『열반경』의 처음 뜻[369]과 그리고 『지도론』 등의 뜻을 따른 것이다.

望今經下는 疏家가 第四에 出今意라 次言大品云下는 引他經하야 證成上正義니 此卽中論에 青目所引이니 釋初因緣不生之義니라 涅槃又云者는 復引涅槃하야 重成上義니 卽北經三十二師子吼品이라 經云호대 善男子야 無明이 不能吸取諸行하고 行亦不能吸取於識也로대 亦得名爲無明緣行하고 行緣識이니 有佛無佛거나 法界常住니라 若言佛性이 住衆生中者인댄 善男子야 常法無住니 若有住處인댄 卽是無常이니라 善男子야 十二因緣은 無定住處니 若有住處인댄 十二因緣은 不得名常이니라 如來法身도 亦無住處하며 法界法入과 法陰虛空도 悉無住處니 佛性亦爾하야 都無住處라하니라 次下又云호대 佛性者는 名十二因緣이니 何以故요 以因緣故로 如來常住니라 一切衆生도 定有如是十二因緣일새 是故說言호대 一切衆生이 悉有佛性이니 十二因緣이 卽是佛性이요 佛性이 卽是如來라하니라 釋曰 此上經意는 正取十二因緣之性하야 以爲佛性일새 故是無爲라하니

무위를 삼고, 십이인연이 인연을 좇는다는 구절로써 유위를 삼는 까닭이다. 바로 아래 『열반경』의 처음 뜻이라고 한 것은 『열반경』의 뒤에 네 구절로써 앞의 경문을 모두 가리킨 것이니, 내가 또(영인본 화엄 7책, p.86, 9행에 아우일시 我又一時)라고 한 이상으로써 유위를 삼고, 그 이하로써 무위를 삼는 까닭이다. 이상은 다 『잡화기』의 말이다.

369 원문에 初意는 從無明生行也니 즉 무명을 좇아 행이 생기한다는 뜻이다.

라 文中雖擧十二因緣下는 第二에 通釋이라 難云호대 若緣起無性이 卽無爲者인댄 諸蘊界等이 豈有性也아할새 故爲此通이니 則意無不該니라 是故로 上引涅槃云호대 法界法入과 法陰虛空이라하야 卽說三科가 皆無住處하야 同佛性也니라

지금에 이 『화엄경』의 뜻을 바라본다고 한 아래는 소가가 제 네 번째 지금의 뜻을 설출한 것이다.

다음에 『대품반야경』에 말하였다고 말한 아래는 다른 경전을 인용하여 위에 바른 뜻을 증거하여 성립한 것이니,

이것은 곧 『중론』에서 청목스님[370]이 인용한 바이니 처음에 인연으로 생기한 것이 아니라는 뜻을 해석한 것이다.

『열반경』에 또 말하였다고 한 것은 다시 『열반경』을 인용하여 거듭 위에 뜻을 성립한 것이니, 곧 북장경은 삼십이권 사자후품이다.

『열반경』[371]에 말하기를 선남자야, 무명이 능히 모든 행을 흡취吸取[372] 하지 못하고, 행이 또한 능히 식을 흡취하지 못하지만, 또한 무명이 행을 인연하고 행이 식을 인연한다고 이름함을 얻나니 부처가 있거나 부처가 없거나 법계는 항상 머무는 것이다.

만약 불성이 중생 가운데 머문다고 말한다면 선남자야, 영원한 법은 머무는 곳이 없나니, 만약 머무는 곳이 있다고 한다면 곧

370 청목靑目은 인도 스님이다. 사전 참조.

371 『열반경』은 한글장경 열반부 1, 601 하단 끝에 있다.

372 흡취吸取란, 이 앞에서 자석이 쇠를 빨아들인다는 말이 있었기에 단순히 取라 하지 않고 吸取라 하였다.

이것은 무상한 법이다.
선남자야, 십이인연은 결정코 머무는 곳이 없나니, 만약 머무는 곳이 있다고 한다면 십이인연은 영원하다고 이름함을 얻을 수 없다. 여래의 법신도 또한 머무는 곳이 없으며 법계法界[373]와 법입法入[374]과 법음法陰[375]과 허공도 다 머무는 곳이 없나니, 불성도 또한 그러하여 다 머무는 곳이 없다 하였다.
그 다음 아래[376]에 또 말하기를 불성이라고 한 것은 이름이 십이인연이니, 무슨 까닭인가. 십이인연이 있는 까닭으로 여래가 항상 머물기 때문이다. 일체중생도 결정코 이와 같은 십이인연이 있기에 이런 까닭으로 말하기를 일체중생이 다 불성이 있다 하는 것이니, 십이인연이 곧 이 불성이요 불성이 곧 이 여래다 하였다.
해석하여 말하면 이 위에 『열반경』의 뜻은 바로 십이인연의 자성을 취하여 불성을 삼았기에 그런 까닭으로 이것은 무위법無爲法이라는 것이다.

경문 가운데 비록 십이인연만을 거론하였지만이라고 한 아래는 제 두 번째 통석한 것이다.
비난하여 말하기를 만약 연기의 자성이 없는 것이 곧 무위라고

---

373 법계法界는 십팔계十八界이다.
374 법입法入은 육입六入이다.
375 법음法陰은 오음五陰이다.
376 원문에 次下란, 한글장경으로 앞의 문장에서 약 두 장 뒤 605, 상단 끝부분이다.

한다면 모든 오온과 십팔계 등이 어찌 자성이 있겠는가 하기에 그런 까닭으로 이 통석을 한 것이니,
곧 뜻이 갖추어지지 아니함이 없다 하겠다.
이런 까닭으로 이 위에서 『열반경』을 인용하여 말하기를 법계와 법입과 법음과 허공이라 하여 곧 삼과三科가 다 머무는 곳이 없어서 불성과 같다고 설하였다.

疏

六에 法性住者는 卽眞如也니 謂非妄倒일새 故名眞如니라 又眞實如常이니 揀妄揀事니라 於一切位에 恒如其性히 而云住者는 離遷變故니 與法爲性은 是隨緣義요 復云住者는 是不變義니 卽妄卽眞일새 事皆如矣니라 若準智論인댄 法性法住가 各是一義云云하니 卽爲七法이라

여섯 번째 법성에 머문다고 한 것은 곧 진여이니,
말하자면 허망한 전도가 아니기에 그런 까닭으로 진여라 이름하는 것이다.
또 진이라고 하는 것은 진실한 것이요 여라고 하는 것은 여상한 것이니,
허망한 것을 가리고 사실(事)을 가리는 것이다.
일체 지위에 항상 그 자성과 같이[377] 머문다고 말한 것은 천변함을

377 원문에 일체위一切位란 法 자의 뜻이요, 항여기성恒如其性이란 性 자의 뜻

떠난 까닭이니,
법으로 더불어 자성이 되는 것은 이것은 인연을 따른다는 뜻이요
다시 말하기를 머문다고 말한 것은 이것은 변하지 않는다는 뜻이니,
망妄에 즉하고 진眞에 즉하기에 사실이 다 여여한 것이다.

만약『지도론』을 기준한다면 법성과 법주法住가 각각 한 가지 뜻이다 운운하였으니,
곧 칠법七法[378]이 되는 것이다.

鈔

法性住者는 卽眞如也는 顯此法性이 卽唯識等에 眞如異名耳라 謂非妄下는 別釋其名이라 初釋眞如에 自有二義하니 初合釋이니 唯揀於妄이요 二는 離釋이니 卽唯識云호대 眞謂眞實이니 顯非虛妄이요 如謂如常이니 表無變易이라하니 是故疏云호대 揀妄揀事라하니라 二는 釋法性名이니 唯識偈云호대 此諸法勝義며 亦卽是眞如니 常如其性故로 卽唯識實性이라하니 是也니라 次釋住字도 亦有二義하니 一은 連上釋之인댄 則三字一名이니 謂上之二釋은 順法相宗이요 加此住字인댄 順法性宗이니 法性爲隨緣이요 住字爲不變이니 以隨緣이나 不失自性故니라 二義旣具인댄 卽妄卽眞일새 故是法性宗義니라

이다.

378 칠법七法이란, 육무위六無爲 가운데 법성주法性住를 법성法性과 법주法住 두 가지로 나누어 칠법七法이라 한 것이다.

若準智論下는 別釋이라 取上法字와 及下住字하야 自爲一義일새 成七無爲니 則法字兩用이라

법성에 머문다고 한 것은 곧 진여라고 한 것은 이 법성이 곧 『유식론』 등에 진여의 이름과 다름을 나타낸 것이다.
말하자면 허망한 전도가 아니라고 한 아래는 그 이름을 따로 해석한 것이다.
처음에 진여를 해석함에 두 가지 뜻이 있나니
처음에는 합하여 해석한 것이니 오직 망妄만을 가린 것이요
두 번째는[379] 분리하여 해석한 것이니, 곧 『유식론』에 말하기를 진이라고 한 것은 말하자면 진실이니 허망하지 아니함을 나타낸 것이요 여라고 한 것은 말하자면 여상如常이니 변역하지 아니함을 표한 것이다 하였으니,
이런 까닭으로 소문에 말하기를 허망을 가리고 사실을 가린다 하였다.
두 번째는[380] 법성의 이름을 해석한 것이니,
『유식론』 게송에 말하기를
이것은 모든 법의 수승한 뜻이며
또한 곧 이것은 진여이니,
항상 그 자성과 같은 까닭으로

379 두 번째란, 소문에 우진실여상又眞實如常이라 한 이하이다.
380 두 번째란, 소문에 어일체위於一切位라 한 이하이다.

곧 유식의 실성이다 하였으니
이것이다.

다음에 주住라는 글자를 해석함에도 또한 두 가지 뜻이 있나니
첫 번째는 위에 법성을 이어서 해석한다면 곧 법성주라는 세 글자가
한 이름이니,
말하자면 위에 두 가지 해석[381]은 법상종을 따른 것이요
이 주라는 글자를 더하면 법성종을 따르는 것이니,
법성이라는 글자는 인연을 따르는 것이 되는 것이요
주라는 글자는 변하지 않는 것이 되나니
인연을 따르지만 자성을 잃지 않는 까닭이다.
두 가지 뜻[382]이 이미 갖추어졌다면 망에 즉하고 진에 즉하기에
그런 까닭으로 이것은 법성종의 뜻이다.

만약 『지도론』을 기준한다면이라고 한 아래는 따로 해석한 것이다.
위에 법이라는 글자와 그리고 아래 주라는 글자를 취하여 스스로
한 가지 뜻을 삼았기에 칠무위를 이루는 것이니,
곧 법이라는 글자를 두 번 사용한[383] 것이다.

---

381 원문에 이석二釋이란, 진여眞如와 법성法性이다. 『잡화기』도 진여를 해석한 것과 법성을 해석한 것이다 하였다.

382 원문에 이의二義란, 수연隨緣과 불변不變이다.

383 원문에 법자양용法字兩用이란, 곧 법성法性과 법주法住라고 두 번 사용하였다는 것이다.

疏

然이나 小乘說三호대 虛空은 則就外空이라하고 復計三이 皆實有라하얏거니와 若大乘說인댄 非唯數增이라 義亦有異하니라 唯識論中에 二義建立하니 一은 唯心變故요 二는 依法性하야 假施設有니 謂此諸義가 但一眞如로대 隨義假設이니 一은 無相義요 二는 所證義요 三은 惑盡義요 四는 性淨義요 五는 隨緣義요 六은 隨緣卽不變義니라

그러나 소승은 삼무위를 설하되 허공은 곧 외공外空에 나아간다고 하고, 다시 삼무위가 다 실유實有라고 계교하였거니와, 만약 대승에서 설한 것이라면 오직 그 무위의 수가 더 많을 뿐만 아니라 뜻도 또한 다름이 있다.

『유식론』 가운데 두 가지 뜻으로 건립하였으니
첫 번째는 오직 마음으로 변현하는 까닭이요
두 번째는 법성을 의지하여 거짓 시설로 있는 것이니,
말하자면 이 모든 뜻이 다만 한 진여일 뿐이지만 뜻을 따라 거짓으로 시설하는 것이니
첫 번째는 무상[384]의 뜻이요,
두 번째는 증득할 바[385]의 뜻이요,
세 번째는 번뇌가 다한[386] 뜻이요,

---

384 원문에 무상無相은 허공虛空이다.
385 원문에 소증所證은 열반涅槃이다.

네 번째는 자성이 청정한[387] 뜻이요,

다섯 번째는 인연을 따르는[388] 뜻이요

여섯 번째는 인연을 따르는 것이 곧 변하지 않는[389] 뜻이다.

鈔

然小乘下는 對揀權實이니 初擧小乘이요 若大乘下는 二에 擧大斥小라 非唯數增은 已如前說하니라 義亦有異는 次下正明이니 小乘之義는 略如上說하고 廣如唯識의 廣引廣破하니라 唯識論中下는 正辨大乘의 無爲之相이니 卽第二論이라 論中에 先破諸小乘宗等의 計於無爲하야 爲實有竟하고 顯正義云호대 然契經에 說有虛空等의 諸無爲法이 略有二種하니 一은 依識變하야 假施設有니 謂曾聞說虛空等名하고 隨分別有虛空等相이라하야 數習力故로 心等生時에 似虛空等無爲相現하나니 此所現相이 前後相似하야 無有變易거늘假說爲常이라하니라 釋曰此空無爲로 而無本質하고 唯心所變이 猶如極微가 假而無體하야 於佛等處에 聞其名故로 而心變之니라 次論復云호대 二는 依法性하야 假施設有니 謂空無我에 所顯眞如가 有無俱非하야 心言路絶하야 與一切法으로 非一非異等이니 是法眞理일새 故名法性이요 離諸障礙일새 故名虛空이요 由揀擇力하야 滅諸雜染하고 究

386 원문에 혹진惑盡은 택멸擇滅이다.

387 원문에 성정性淨은 비택멸非擇滅이다.

388 원문에 수연隨緣은 연기緣起이다.

389 원문에 수연즉불변隨緣卽不變은 법성法性이다.

竟證會일새 故名擇滅이요 不由擇力하고 本性清淨하며 或緣闕所顯일새 故名非擇滅이요 苦樂受滅일새 故名不動이요 想受不行일새 名想受滅이라하니라 釋曰疏取論意하야 以釋經文호대 但順經有하고 不順論有하니라 上釋非擇에 有其二義가 依此論文이라

그러나 소승이라고 한 아래는 권교와 실교를 상대하여 가린 것이니 처음에는 소승을 거론한 것이요
만약 대승에서 설한 것이라면이라고 한 아래는 두 번째 대승을 거론하여 소승을 배척한 것이다

오직 그 무위의 수가 더 많을 뿐만 아니라고 한 것은 이미 앞에서 설한[390] 것과 같다.
뜻도 또한 다름이 있다고 한 것은 그 다음 아래에서 바로 밝힌 것이니,
소승의 뜻은 간략하게 위에서 설한 것과 같고 널리는 『유식론』에서 널리 이끌어 널리 깨뜨린 것과 같다.

『유식론』 가운데라고 한 아래는 바로 대승무위의 모습을 분별한 것이니 곧 제이권론(第二論)이다.
『유식론』 가운데 먼저 모든 소승종 등에서 무위를 계교하여 진실로 있다고 함을 깨뜨려 마치고 바른 뜻을 나타내어 말하기를 그러나

390 원문에 전설前說이란, 앞에서 말한 육무위六無爲이다.

계경契經에 허공 등 모든 무위법이 있다고 설한 것이 간략하게 두 가지가 있나니
첫 번째는 식이 변함을 의지하여 거짓 시설로 있는 것이니,
말하자면 일찍이 허공 등의 이름을 설함을 듣고 허공 등의 모습이 있다고 분별함을 따라 자주 익힌 힘이 있는 까닭으로 심왕 등이 생기할 때에 허공 등 무위의 모습이 나타나는 것과 같나니,
이 나타난 바 모습이 앞뒤로 상사하여 변역함이 없거늘 거짓으로 설하여 영원하다 하였다.
해석하여 말하면 이 허공은 무위로 본질이 없고 오직 마음으로 변현하는 바가 마치 작은 티끌이 거짓으로 자체가 없는 것과 같아서 부처님 등의 처소에서 그 이름[391]을 들은 까닭으로 마음으로 변현하는 것이다.
다음 논에 다시 말하기를 두 번째는 법성을 의지하여 거짓 시설로 있는 것이니,
말하자면 공무아空無我에 나타난 바 진여가 있는 것도 없는 것도 함께 아니어서 마음과 말의 길이 끊어져 일체법으로 더불어 하나도 아니고 다른 것도 아닌 등이니,
이 법이 진리이기에 그런 까닭으로 법성이라 이름하는 것이요
모든 장애를 떠났기에 그런 까닭으로 허공이라 이름하는 것이요
간택하는 힘을 인유하여 모든 잡염을 소멸하고 구경에 증득하여 알기에 그런 까닭으로 택멸이라 이름하는 것이요

391 그 이름이란, 허공虛空 등이다.

간택하는 힘을 인유하지 않고 본성이 청정하며, 혹 인연이 사라짐으로 나타나는 바이기에 그런 까닭으로 비택멸이라 이름하는 것이요 고수와 낙수가 사라지기에 그런 까닭으로 부동이라 이름하는 것이요 상수想受가 행하지 않기에 상수멸이라 이름하는 것이다 하였다. 해석하여 말하면 소문에서 『유식론』의 뜻[392]을 취하여 경문을 해석[393]하되 다만 경문에 있는 것만 따르고 논문에 있는 것은 따르지 아니하였다.[394]

위[395]에 비택멸을 해석함에 그 두 가지 뜻[396]이 있은 것이 이 논문을 의지한 것이다.

疏

此中法性은 卽是眞如라 然이나 法性眞如도 亦假施設이니 遮撥爲無일새 故說爲有하며 遮執爲有일새 故說爲空하며 勿謂虛幻일새 故說爲實하며 理非妄倒일새 故名眞如하며 爲法之性일새 名爲法

392 원문에 논의論意란, 『유식론唯識論』 중 이의二義이다.

393 원문에 석경문釋經文이란, 一眞如에 假設六義也니 즉 한 진여에 여섯 가지 뜻을 가설하였다는 것이다.

394 원문에 순경유불순론유順經有不順論有라고 한 것은 논중論中에 차제次第는 즉 第一은 법성法性, 第二는 허공虛空, 第三은 택멸擇滅 운운이다. 소중疏中에 차제次第는 즉 第一은 무상無相, 第二는 소증所證 운운이니 此는 今經에 疏만 順하고, 論에 疏는 不順한다는 것이다.

395 위란, 영인본 화엄 7책, p.82, 6행 이하이다.

396 원문에 이의二義란, 본성청정本性淸淨과 연궐소현緣闕所顯이다.

性이언정 非離色心하야 別有實體니라 今多聞之人은 不唯知名而已라 應如是知니라

이 가운데 법성은 곧 진여이다.
그러나 법성과 진여도 또한 거짓으로 시설한 것이니,
덜어서[397] 없다고 하는 것을 막기에 그런 까닭으로 있다고 설하며
집착하여 있다고 하는 것을 막기에 그런 까닭으로 공하다고 설하며
허망하다, 환상이다 말할 수 없기에 그런 까닭으로 진실하다 설하며
이치가 허망하여 전도되지 않기에 그런 까닭으로 진여라 이름하며
법의 자성이 되기에 법성이 된다 이름할지언정 색심을 떠나서 따로 실체가 있는 것은 아니다.
지금에 많이 들은 사람[398]은 오직 이름을 알 뿐만 아니라 응당히 이와 같이 진실한 뜻도 알아야 할 것이다.[399]

鈔

此中法性下는 五出體性이니 卽彼論에 示無爲體라 論云호대 此五는 皆依眞如假立이라하니라 眞如亦假施設下로 至故名眞如히 皆是論

397 撥은 '덜 발' 자이다.

398 원문에 금다문지인今多聞之人이라고 한 것은 소주疏主인 청량淸凉과 같은 시기(同時)의 사람을 말한다.

399 원문에 응여시지應如是知라고 한 것은 응당 진실眞實(如實)한 뜻도 알아야 한다는 것이다. 疏本에는 여시지如是知 다음에 진실지의眞實之義라는 네 글자가 더 있다.

文이요 爲法之性일새 故名法性은 是疏義加니 亦卽前文에 唯識論意니라 非離色心하야 別有實體者는 取論意結이라 具足論云호대 不同餘宗의 離色心等하야 有實常法일새 名曰眞如하니 故諸無爲가 非定實有라하니라 釋曰言眞如亦假者는 不得體故니 遮空見者일새 說如爲有하며 遮小乘中에 化地部等이 執定實有일새 故說爲空이언정 非言無爲의 體卽空也니라 勿謂虛幻者는 虛揀遍計요 幻揀依他니 卽顯眞如가 是圓成實이니 以無虛妄과 顚倒法故로 名眞如也니라

이 가운데 법성이라고 한 아래는 다섯 번째 체성을 설출한 것이니, 곧 저 『유식론』에 무위의 체성을 시현한 것이다.
논에 말하기를 이 다섯 가지[400]는 다 진여를 의지하여 거짓으로 세운 것이다 하였다.
진여도 또한 거짓으로 시설한 것이라고 한 아래로 그런 까닭으로 진여라 이름한다고 함에 이르기까지는 다 이 논문이요
법의 자성이 되기에 그런 까닭으로[401] 법성이 된다 이름한다고 한 것은 이 소가가 뜻을 더한 것이니,
또한 곧 앞[402]의 문장에 『유식론』의 뜻이다.[403]

---

400 원문에 此五란, 유有, 공空, 실實, 진여眞如, 법성法性이다.

401 원문에 고명故名은 소문에는 명위名爲로 되어 있다.

402 앞이란, 영인본 화엄 7책, p.90, 1행이다.

403 앞의 문장에 『유식론』의 뜻이라고 한 것은 곧 앞에 인용한 바 이 모든 법의 수승한 뜻(영인본 화엄 7책, p.90, 9행)이라고 운운한 『유식론』 게송을 가리킨 것이다. 이것은 『잡화기』의 말이나, 혹은 영인본 화엄 7책, p.93,

색심을 떠나서 따로 실체가 있는 것은 아니라고 한 것은 논문의 뜻을 취하여 맺은 것이다.
갖추어 논에 말하기를 다른 종에서 색심 등을 떠나 진실로 영원한 법이 있기에 이름을 진여라 말한다고 한 것과는 같지 않나니,
그런 까닭으로 모든 무위가 결정코 진실로 있는 것이 아니다 하였다.
해석하여 말하면 진여도 또한[404] 거짓이라고 말한 것은 자체를 얻을 수 없는 까닭이니,
공하다고 보는 이를 막기에 진여가 있다고 설하는 것이며
소승 가운데 화지부 등이 집착하여 결정코 진실로 있다고 하는 것을 막기에 그런 까닭으로 공하다고 설하는 것일지언정 무위의 자체가 곧 공함을 말한 것은 아니다.

허망하다, 환상이다 말할 수 없다고 한 것은 허망하다는 것은 변계소집을 가리는 것이요
환상이라는 것은 의타기를 가리는 것이니,
곧 진여가 이 원성실성임을 나타낸 것이니, 허망하고 전도[405]된 법이 없는 까닭으로 진여라 이름하는 것이다.

3행에 이 법이 진리이기에 그런 까닭으로 법의 자성이라 이름한다고 한 것이다 하였다.

404 원문에 역시亦是라 한 是 자는 소문에는 없다.

405 전도는 환상에 비교한 것이다.

經

何等이 爲有記法고 謂四聖諦와 四沙門果와 四辯과 四無所畏와 四念處와 四正勤과 四神足과 五根五力과 七覺分과 八聖道分이니라

어떤 등이 유기법이 되는가.
말하자면 사성제와 사사문과[406]와 사변재와 사무소외와 사념처와[407] 사정근과 사신족과 오근과 오력과 칠각분과 팔성도분입니다.

疏

第六에 有記法者는 有釋云호대 謂能招愛非愛果일새 故名有記라하니 此乃通說이라 餘處辨記는 卽是善惡이어니와 今唯擧善하니 應云호대 順理善法을 可記錄故리라

제 여섯 번째 유기법이라고 한 것은 어떤 사람[408]이 해석하여 말하기를 말하자면 능히 좋아하는 과보와 좋아하지 않는 과보를 초래하기에 그런 까닭으로 유기법이라 이름한다 하였으니,
이것은 이에 보통의 학설이다.

---

406 사사문과四沙門果는 소승사과小乘四果이다.

407 사념처四念處 이하는 삼십칠조도품三十七助道品이다.

408 원문에 유인有人이란, 昔에 『간정기刊定記』를 말한다고 초문鈔文에서 말하고 있다.

다른 곳에서 유기법을 분별한 것은 곧 선법과 악법이었거니와 지금에는 오직 선법만을 거론하였으니, 응당히 말하기를 이치를 따르는 선법을 가히 기록할 만한 까닭이다 할 것이다.

鈔

第六有記法中에 二니 先釋總名이라 先敘昔은 卽刊定記라 大品經亦云호대 若善法若不善法이 是名記法이니 如所說相하야 不捨離故라하니라 此乃通說下는 辨非니 以下無記가 既非三性인댄 今此有記인달 安得無之리요 後今唯下는 辨正이라

제 여섯 번째 유기법 가운데 두 가지가 있나니
먼저는 총명을 해석한 것이다.
먼저 옛날 사람의 해석을 서술한 것은 곧 『간정기』이다.
『대품반야경』에 또한 말하기를 혹 선법과 혹 불선법이 이 이름이 유기법(記法)이니,
설한 바 모습과 같아서 버리거나 떠나지 않는 까닭이다 하였다.

이것은 이에 보통 학설이라고 한 아래는 그른 것을 분별한 것이니, 이 아래[409]에 무기법이 이미 삼성이 아니라면 지금에 이 유기법인들 어찌 그[410] 삼성이 아니라고 함이 없음을 얻겠는가.[411]

---

409 원문에 以下란, 영인본 화엄 7책, p.107, 2행이다.

410 원문에 之 자는 비삼성非三性을 가리킨다.

뒤에 지금에는 오직 선법만을 거론하였다고 한 아래는 바른 해석을 분별한 것이다.

疏

謂下는 出所記法體니 句有十一이나 義攝唯五니 四聖諦는 如前本品已辨이요 四沙門果는 如梵行品이요 四辨은 如第九地요 三十七品은 如第四地라

말하자면이라고[412] 한 아래는 기록할 바 법의 자체[413]를 설출한 것이니, 구절은 열 구절이 있지만 뜻은 오직 다섯 가지[414]로 함섭하나니, 사성제는 앞의 사성제 본품에서 이미 분별한 것과 같고, 사사문과四沙門果는 범행품梵行品[415]과 같고, 사변재는 제 구지와 같고, 삼십칠조도품[416]은 제 사지와 같다.

---

411 어찌 그 삼성이 아니라고 함이 없음을 얻겠는가 한 것은 어찌 삼성이 아니라고 하는 뜻이 없음을 얻겠는가 하는 것을 말한 것이다. 그러나 무기법無記法을 분별하는 가운데 저기에 두 가지 해석이 있지만 이 가운데는 오직 이 한 가지 해석뿐이다. 이상은 『잡화기』의 말이나, 무기법을 해석하는 가운데 두 가지란 영인본 화엄 7책, p.107, 2행이다.

412 원문에 下 자 위에 謂 자가 있으면 좋다.

413 원문에 소기법체所記法體란, 유기법체有記法體를 말하고 있다.

414 원문에 유오唯五란, 사무소외四無所畏를 더하면 다섯이 된다.

415 범행품梵行品은 영인본 화엄 6책, p.48, 사향사과四向四果이다.

416 원문에 삼십칠품三十七品은 삼십칠조도품으로, 사념처四念處, 사정근四正勤, 사신의족四神意足, 오근五根, 오력五力, 칠각분七覺分, 팔성도분八聖道分이다.

鈔

謂下出所記下는 辨相이라 先指所餘하야 如前後釋은 不欲繁文이라

말하자면이라고 한 아래는 기록할 바 법의 자체를 설출한 것이라고 한 아래는 유기법의 모습을 분별한 것이다.
먼저는 다른 곳을 지시하여 앞뒤에 해석한 것과 같다고 한 것은 문장을 번잡하게 하고자 아니한 것이다.

疏

四無所畏는 今當略明하리니 謂外難無怯일새 故名無畏라 瑜伽云호대 如來가 於此謗難에 都不見有如實因相하나니 由是因緣하야 能自了知인댄 坦然無畏리라하니라 無畏有四하니 一은 一切智無畏요 二는 漏盡無畏요 三者는 障道요 四는 出苦道라

사무소외라고 한 것은 지금에 마땅히 간략하게 밝히리니,
말하자면 외도가 비난함에 겁이 없기에 그런 까닭으로 무외라 이름하는 것이다.
『유가론』에 말하기를 여래가 이 외도가 비방하고 비난함에 도무지 비난하는 여실한 원인의 모습이 있음을 볼 수 없나니,
이 인연을 인유하여 능히 스스로 요달하여 안다면 탄연히 두려울

疏에는 다만 三十七品이라고만 말하였다.

것이 없을 것이다 하였다.

무외가 네 가지가 되나니
첫 번째는 일체 지혜로 두려움이 없는 것이요
두 번째는 번뇌의 누수가 다하여 두려움이 없는 것이요
세 번째는 도를 장애함[417]에 두려움이 없는 것이요
네 번째는 고통을 벗어나는 도[418]에 두려움이 없는 것이다.

鈔

四無畏義下는 唯釋此一이라 言今當略明者는 諸經中에 多以五門으로 分別하니 一은 辨名이요 二는 出體요 三은 行相이요 四는 次第요 五는 諸門이라 今疏엔 但有三門하니 略無出體次第니라 卽分爲三하리니 初는 釋名이요 二는 辨相이요 三은 諸門分別이라 初中有二하니 先總名이니 上二句는 指文이라 言都不見有如實因相者는 謂其所難이 皆就跡生疑하고 不知所觀의 眞實之理일새 故此所難이 無如實因이라 若實有可難인댄 則可怯畏어니와 所難不實거니 何所畏耶아 無畏有四下는 二에 釋別名이라 文中但列하고 而不解釋하니 釋名은 含在下行相中일새 故此略無니라 若具釋者인댄 一에 一切智無畏者는 瑜伽亦名正等覺無畏라하니 謂有正覺하야 覺諸法故로 名一切智니

417 원문에 장도障道는 영인본 화엄 7책, p.101, 4행과 末行과 p.103, 6행에도 도道를 장애한다고 번역하였다.

418 원문에 출고도出苦道는 고통苦痛을 벗어난 도道라 번역한다.

라 二에 漏盡者는 諸煩惱漏인 種現俱斷故니라 三에 障道者는 亦名障法이니 說障礙法에 染必爲障故니라 四에 出苦道者는 說出離道니 諸聖修習하야 決定出苦故니 於此四中에 得無所畏니라 皆依主釋이니 謂一切智之無畏等이라

사무소외의 뜻[419]이라고 한 아래는 오직 이 무소외라는 이름 하나만을 해석하였을 뿐이다.
지금에 마땅히 간략하게 밝히겠다고 말한 것은 모든 경전에 다분히 오문五門으로써 분별하였으니
첫 번째는 이름을 분별한 것이요
두 번째는 자체를 설출한 것이요
세 번째는 행의 모습이요
네 번째는 차례요
다섯 번째는 모든 문門이다.
지금 소문에는 다만 삼문三門만 있나니,
자체를 설출한 것과 차례는 생략하여 없다.
곧 나누어 세 가지로 하리니
처음[420]에는 이름을 해석한 것이요
두 번째[421]는 모습을 분별한 것이요
세 번째[422]는 모든 문[423]을 분별한 것이다.

---

419 원문에 사무외의四無畏義는 소문疏文에는 사무소외四無所畏라 하였다.
420 初는 소문에 사무소외四無所畏 이하이다.
421 二는 소문에 유가瑜伽 이하이다.

처음 가운데 두 가지가 있나니

먼저는 총명이니 위에 두 구절[424]은 경문을 가리키는 것이다.

도무지 비난하는 여실한 원인의 모습이 있음을 볼 수 없다고 한 것은 말하자면 그 비난하는 바가 다 자취에 나아가 의심을 내고 관찰할 바의 진실한 이치를 알지 못하기에 그런 까닭으로 이 비난하는 바가 여실한 원인이 없다는 것이다.

만약 진실로 가히 비난할 것이 있다고 한다면 곧 겁도 두려움도 있을 것이어니와, 비난하는 바가 진실한 원인이 없거니 어찌 두려워할 바가 있겠는가.

무외가 네 가지가 있다고 한 아래는 두 번째 별명別名을 해석한 것이다.

소문 가운데 다만 이름만 열거하고 해석은 하지 않았으니, 이름을 해석한 것은 아래 행의 모습 가운데 포함되어 있기에 그런 까닭으로 여기에는 생략하여 없다.

만약 갖추어 해석한다면 첫 번째 일체 지혜로 두려움이 없다고 한 것은 『유가론』에 또한 바르고 평등한 깨달음으로 두려움이 없다고 이름하였으니,

말하자면 바른 깨달음이 있어서 모든 법을 깨닫는 까닭으로 일체 지혜라 이름하는 것이다.

---

422 三은 소문에 무외위사無畏爲四 이하이다.

423 원문에 제문諸門은 사무외四無畏이다.

424 원문에 상이구上二句는 사무소외四無所畏와 금당약명今當略明이다.

두 번째 번뇌의 누수가 다하였다고 한 것은 모든 번뇌의 누수인 종자와 현행이 함께 끊어진 까닭이다.
세 번째 도를 장애한다고 한 것은 또한 이름이 법을 장애[425]하는 것이니,
장애하는 법을 설함에 염법染法이 반드시 장애함이 있는 까닭이다.
네 번째 고통을 벗어나는 도라고 한 것은 벗어나는 도를 설하는 것이니,
모든 성인이 닦아 익혀 결정코 고통을 벗어난 까닭이니
이 네 가지 가운데 두려워하는 바가 없음을 얻은 것이다.
모두 다 의주석이니, 말하자면 일체 지혜로 두려움이 없다는 등이다.

疏

此之四段에 各有難答하니 初外難云호대 若佛是一切智者인댄 有諸比丘하야 從他方來에 何故問言호대 安樂住不아하닛가 言一切智인댄 無所不知어늘 今問於他하니 一何相反하릿가 佛自唱言하사대 我是一切智人이나 但爲攝受來者하야 隨順世間의 師弟人事故라하니라

이 사단에 각각 비난하고 답한 것이 있나니
처음에는 외도가 비난하여 말하기를 만약 부처님이 일체 지혜인이라

425 원문에 장애법障礙法이라고 한 것은 염욕染欲이 저 법法을 장애障礙하는 것이다.

면 모든 비구가 있어 다른 지방으로 좇아옴에 무슨 까닭으로[426] 물어 말하기를 안락하게 머무는가 하나이까.
일체 지혜인이라고 말한다면 알지 못하는 바가 없어야 하거늘, 지금에 저 비구에게 물으시니 일향에 상반됨을 어찌하겠습니까.
부처님이 스스로 말씀하시기를 내가 일체 지혜인이지만 다만 오는 사람을 섭수하기 위하여 세간에 스승과 제자의 인사를 따를 뿐인 까닭이다 하였다.

鈔

此之四段下는 二에 辯相이라 初에 一切智無畏難에 有二하니 初는 牒擧所難이요 二에 有諸比丘下는 正難이라 於中先은 出難所因이니 謂諸部律中에 多有此言하니 時諸比丘가 至如來所하야 頭面禮足한대 佛便問言하사대 比丘여 住止安樂不아 乞求易得不아 不以飮食으로 爲苦耶等이라 今云何故問者는 卽是難也요 言一切智下는 結成難也요 佛自唱言下는 答也라 於中先은 案定所難하야 明不失一切智義니 若具인댄 皆云호대 我於此難에 正見無由하야 得安隱住하야 無怖無畏하야 自稱我是大仙尊位라하리라 但爲攝受來者下는 出是一切智之所以니 示現問耳언정 非已不知니라 言攝受者는 令發勝心이니 聞佛慰問하고 發道心故니라 隨順世間의 師弟人事者는 此有二意하니 一者는 成上示現之相이요 二者는 亦令餘人으로 審諦於事니 佛知尙問거든 況餘不知아 亦爲後人하야 作軌則故니 見來發心인댄 應爲

426 원문에 하수何須는 초문鈔文에는 하고何故라 하였기에 고친다.

引攝일새 故云隨順世間이라하니라

이 사단이라고 한 아래는 두 번째 모습을 분별한 것이다.
처음에 일체 지혜로 두려움이 없다고 한 것을 비난함에 두 가지가 있나니
처음에는 비난할 바를 첩석하여 거론한 것이요
두 번째 모든 비구가 있어라고 한 아래는 바로 비난한 것이다.
그 가운데 먼저는 비난하는 바 원인을 설출한 것이니,
말하자면 모든 율부 가운데 다분히 이 말이 있나니, 그때에 모든 비구가 여래의 처소에 이르러 머리로 부처님 발에 예배한데, 부처님이 곧 물어 말씀하시기를 비구들이여, 안락하게 머물러 사는가, 구걸함에 쉽게 얻어지는가, 음식으로 괴로움이 되지는 않는가 한 등이다.

지금에 말하기를 무슨 까닭으로 물어 말하기를이라고 한 것은 곧 이것은 비난한 것이요
일체 지혜인이라고 말한다면이라고 한 아래는 비난함을 맺어 성립한 것이요
부처님이 말씀하셨다고 한 아래는 답한 것이다.
그 가운데 먼저는 비난하는 바를 안정按定하여 일체 지혜인이라는 것을 잃지 않는 뜻을 밝힌 것이니,
만약 갖추어 말한다면 다 말하기를[427] 내가 이 비난에 이유가 없음을 바로 보아 안은하게 거주함을 얻어 두려움도 없고 두려워할 바도

없어서 스스로 내가 대선존위大仙尊位라 이름한다 해야 할 것이다.

다만 오는 사람을 섭수[428]하기 위하여라고 한 아래는 이 일체 지혜인이 하는 까닭을 설출한 것이니,
시현으로 물은 것일지언정 자기가 알지 못한 것이 아니다.
섭수한다고 말한 것은 하여금 수승한 마음을 일으키게 하는 것이니,
부처님께서 위문함을 듣고 도심道心을 일으키는 까닭이다.

세간에 스승과 제자의 인사를 따를 뿐이라고 한 것은 여기에 두 가지 뜻이 있나니
첫 번째는 위에 시현하는 모습을 성립하는 것이요[429]
두 번째는 또한 다른 사람으로 하여금 이 사실을 살펴 알게 하는 것이니,
부처님께서는 아시지만 오히려 물었거든 하물며 다른 사람으로 알지 못하게 하겠는가.
또한 뒤에 사람을 위하여 법칙을 짓는 까닭이니,

---

427 다 말하기를이라고 한 것은 안락하게 머물러 사는가, 구걸함에 쉽게 얻어지는가, 음식으로 괴로움이 되지 않는가 한 것에 다 말하기를 운운할 것이다.

428 원문에 授는 受 자의 잘못이다. 소문疏文에는 受 자이다.

429 위에 시현하는 모습을 성립하는 것이라고 한 것은 이미 섭수하기 위한 것이라고 말하였다면 곧 이것은 시현인 까닭이요, 다음 줄에 또한 뒤에 사람을 위하여 운운한 것은 위에 두 가지 뜻 밖에 또한 이 두 가지 뜻이 있는 것이다. 역시 『잡화기』의 말이다.

보고 와서 발심한다면 응당히 인도하여 섭수할 것이기에 그런 까닭으로 말하기를 세간에 스승과 제자의 인사를 따를 뿐이다 하였다.

疏

二有難云호대 若佛自言漏永盡者인댄 何以로 愛語羅睺하고 訶罵調達이닛가 佛於此難에 正見無由하야 安隱無怯하야 自唱德號하사대 我實漏盡이나 但爲隨根하야 而調伏故라하니라

두 번째는 어떤 사람이 비난하여 말하기를 만약 부처님이 스스로 번뇌의 누수가 영원히 다했다고 말한다면 무슨 까닭으로 나후라에게는 사랑으로 말하고 조달에게는 꾸짖어 말합니까.
부처님이 이 비난에 이유가 없음을 바로 보아 안은安隱하여 겁이 없어서 스스로 공덕의 이름을 말씀하시기를 내가 진실로 번뇌의 누수가 다하였지만 다만 중생의 근기를 따라 조복하기 위한 까닭이다 하였다.

鈔

二有難云下는 第二에 無畏라 先難中에 文但有二하니 先은 牒擧所難이니 謂經中說言하사대 我諸漏已盡이라하니라 後에 何以愛下는 正難이라 難之所因은 含在其中이니 謂羅睺羅가 被僧驅出하야 在於廁上거늘 佛語諸比丘言하사대 云何野干이 驅師子子고하니 卽愛語羅睺요 調達이 頻爲惡行거늘 佛時罵言하사대 癡人아하며 或云食唾小兒

等이라 佛於此難下는 亦先案定所難이니 不失漏盡之義니라 後에 但爲隨根而調伏故는 卽出愛恚所以니 謂羅睺를 譬之慧象은 隨逐人心하야 軟言卽調하고 調達을 喩之惡馬는 楚毒方調언정 非是如來가 有愛羅睺거나 有恚調達하야 漏未盡也니라

두 번째는 어떤 사람이 비난하여 말하였다고 한 아래는 제 두 번째 두려움이 없는 것이다.
먼저 비난하는 가운데 경문이 다만 두 가지만 있나니
먼저는 비난할 바를 첩석하여 거론한 것이니,
말하자면 경전 가운데 설하여 말씀하시기를 내가 모든 번뇌의 누수가 이미 다하였다 하였다.

뒤에[430] 무슨 까닭으로 나후라에게는 사랑으로 말하며라고 한 아래는 바로 비난한 것이다.
비난하는 바 원인은 그 비난하는 가운데 포함되어 있나니,
말하자면 나후라가 스님들에게 내몰림을 입어 측간 위에 있거늘[431]

---

430 何 자 위에 後 자가 있어야 한다.

431 라후라 운운은 라후라가 어느 날 밖에 갔다 오니 자기 방에 객승이 와 있었다. 사미와 동거할 수 없는 법칙이라 밖에 있는데 비가 왔다. 하는 수 없이 측간에 들어가 구린내를 참고 비를 피하고 있었다. 이때 부처님이 나후라 방을 찾아왔으나 나후라는 없고 웬 객승이 있었다. 부처님은 나후라가 방을 빼앗기므로 간혹 측간에 가서 잠을 자기도 하는 것을 알고 측간으로 가서 나후라를 데리고 왔다. 그 뒤부터 사미도 이틀까지는 비구와 한 방에 거처할 수 있게 하였다.(『사분율』)

부처님이 모든 비구에게 말씀하시기를 어떻게 여우들이 사자의 자식을 내모는가 하였으니, 곧 나후라에게 사랑으로 말한 것이요 조달이 자주 악한 행동을 하거늘 부처님이 그때마다 꾸짖어 말씀하시기를 이 어리석은 사람아 하였으며, 혹은 침이나 빨아먹는 어린 자식아 한 등이다.

부처님이 이 비난에라고 한 아래는 또한 먼저 비난한 바를 안정案定한 것이니,
번뇌의 누수가 다했다는 것을 잃지 않는 뜻이다.

뒤에[432] 다만 중생의 근기를 따라 조복하기 위한 까닭이라고 한 것은 곧 사랑하고 성내는 까닭을 설출한 것이니,
말하자면 나후라를 지혜로운 코끼리에게 비유한 것은 사람의 마음을 따라서 부드러운 말로 곧 조복하고
조달을 악한 말에 비유한 것은 매로 독하게 다스려서 바야흐로 조복하는 것일지언정, 이 여래가 나후라에게 사랑이 있다거나 조달에게 성냄이 있어서 번뇌의 누수가 다하지 아니한 것이 아니다.

疏

三有難云호대 若佛說欲能障道者인댄 何故로 預流一來가 尚有妻子之愛닛가 佛於此難에 心無怯懼하야 謂自唱德號하사대 我說

432 但 자 위에 後 자가 있어야 한다.

欲能障道는 但障不還羅漢이요 非初二果니라

세 번째는 어떤 사람이 비난하여 말하기를 만약 부처님이 욕망이 능히 도를 장애한다[433]고 설하셨다면 무슨 까닭으로 수다원(預流)과 사다함(一來)이 오히려 처자의 사랑이 있습니까.
부처님이 이 비난에 마음이 겁도 두려움도 없어서 스스로 공덕의 이름을 일러 말씀하시기를 내가 욕망이 능히 도를 장애한다고 설한 것은 다만 아나함(不還)과 아라한을 장애한다고 설하였을 뿐 처음에 이과二果를 장애한다 설한 것은 아니다.

鈔

三有難云下는 第三에 無畏라 先難亦二니 先은 牒所難이요 後에 何故下는 正難이라 佛於下는 答이라 於中亦二니 先은 案定所難이니 不失欲爲障道니라 若具인댄 亦應云호대 我於此難에 正見無由하야 安隱無怯하야 處大仙位일새 故云自唱德號라하리라 後에 我所說下는 出不障所以니 若說邪行인댄 障諸聖道요 若說畜妻인댄 障離欲道니 初二果人은 性戒久成일새 故斷邪行이나 旣未離欲일새 不斷妻子니 斯有何失이리요 故諸染法이 非不障也니라

---

433 원문에 욕능장도欲能障道는 사무외四無畏 가운데 장도障道에 기준하여 장애하는 도道라 번역하였으나 영인본 화엄 7책, p.103, 6행을 보면 제 세 번째는 출리도장出離道障이라 하였으니, 도道를 장애한다 번역해야 할 것이다. 청량도 혼돈한 듯하다.

세 번째는[434] 어떤 사람이 비난하여 말하였다고 한 아래는 제 세 번째 두려움이 없는 것이다.

먼저 비난함에 또한 두 가지가 있나니

먼저는 비난할 바를 첩석한 것이요

뒤에 무슨 까닭으로 수다원이라고 한 아래는 바로 비난한 것이다.

부처님이 이 비난에라고 한 아래는 답이다.

그 가운데 두 가지가 있나니

먼저는 비난한 바를 안정한 것이니,

욕망이 도를 장애한다고 한 것을 잃지 않는 것이다.

만약 갖추어서 말한다면 또한 응당히 말하기를 내가 이 비난에 이유가 없음을 바로 보아 안은하여 겁이 없어서 대선위大仙位에 거처하기에 그런 까닭으로 말하기를 스스로 공덕의 이름을 말한다 해야 할 것이다.

뒤에 내가 설한 바[435]라고 한 아래는 장애하지 않는[436] 까닭을 설출한 것이니,[437]

---

434 원문 삼유三有 이하로 정난正難까지는 此本엔 없기에 보증하여 번역하였다. 앞에 이유난二有難에도 뒤에 사유난四有難에도 다 있다.

435 소문疏文에는 아소설我所說을 아욕설我說欲 운운이라 하였다. 그리고 我자 위에 後 자가 있는 것이 좋다.

436 원문에 부장不障이란, 初二果인 수다원과 사다함을 장애하지 않는다는 것이다.

437 장애하지 않는 까닭을 설출한 것이라고 한 것은 앞에 말을 비례한다면 응당 말하기를 장애를 벗어나는 까닭이라 할 것이지만, 그러나 저 사람(어떤

만약 삿된 행을 설한다면 모든 팔성도를 장애하는 것이요
만약 처자를 둔 것을 설한다면 욕망을 벗어나는 도를 장애하는 것이니,
처음 이과二果의 사람은 자성계(性戒)[438]를 오래전에 성취하였기에 그런 까닭으로 삿된 행을 끊었지만 이미 욕망을 떠나지 못하였기에 처자를 끊지 못하는 것이니, 이것이 무슨 허물이 있겠는가.
그런 까닭으로 모든 염법이 장애하지 아니함이 없는[439] 것이다.

疏

四有難云호대 若佛說諸聖道가 能盡苦者인댄 何故羅漢이 受瘡潰蛇螫之苦닛가 佛於此難에 心無怯懼하야 自唱德號하사대 我說聖道가 實能盡苦邊際는 但說未來요 非現在故라하니라

사람)이 장애하지 않는 것으로써 비난한 까닭으로 여기서는 다만 처음에 이과二果만 장애하지 않는다고 말한 것이니, 곧 장애하지 않는 까닭이라 할 것이다. 제 삼과三果와 제 사과四果를 장애하지 않는다고 말한 것은 아니라고 한다면 곧 이것은 장애하는 까닭이라 할 것이니, 서로 방해됨이 없음을 잡은 것이다. 대개 처음에 이과二果는 욕계에 있어 증득한 것이니 족히 장애하지 않는 줄 아는 것이요, 제 삼과三果 이후는 정거천에 가서 있는 것이니 족히 장애하는 줄 아는 것이다. 역시 『잡화기』의 말이다.

438 원문에 성계性戒는 자성청정심지계自性淸淨心之戒이니 수불수受不受에 성상위계性常爲戒라. 즉 받고 받지 아니함에 자성이 항상 계戒가 되는 것이다. 차계遮戒는 불수명차한지계佛隨明遮限之戒라. 즉 막는 계는 부처님이 밝힌 것을 따라 후한을 막는 계戒이다.

439 원문에 비부장非不障은 初二果인 수다원과 사다함을 장애한다는 것이다.

네 번째는 어떤 사람이 비난하여 말하기를 만약 부처님이 모든 팔성도가 능히 고통을 다하는 길이라고 설하셨다면 무슨 까닭으로 아라한이 종기가 문드러지고[440] 뱀이 쏘는[441] 고통을 받습니까. 부처님이 이 비난에 마음이 겁도 두려움도 없어서 스스로 공덕의 이름을 말씀하시기를 내가 팔성도가 진실로 능히 고통의 끝을 다한다고 말한 것은 다만 미래를 말한 것일 뿐 현재를 말한 것은 아닌 까닭이다 하였다.

鈔

四有難云下는 第四에 無畏라 先難亦二니 先은 牒所疑니 謂如說我爲弟子하야 說出離道에 諸聖修習하야 決定出離하며 決定通達이라하니라 後에 何故羅漢下는 正難이라 旣瘡潰蛇螫이 豈非苦耶며 羅漢이 豈是無聖道耶아하니 豈非相違아 佛於此難下는 答이라 亦應具云인댄 我於此難에 正見無由하야 安隱無怖하야 處大仙位라하리라 我說聖道下는 通前難이라 然有二意하니 一者는 由於前世일새 故業感身하나니 於此身上에 得阿羅漢이라도 苦依身在일새 故有此苦언정 非得羅漢後有此苦니 卽今疏意니라 更有意云호대 無學은 實無苦果나 爲現惡因으로 必有苦報일새 由此聖者가 示相受苦하야 起後敎故니 亦猶世尊이 受金鏘等이라 示義非實일새 故疏略無니라

440 潰는 '문드러질 궤' 자이다.
441 螫은 '쏠 석' 자이다.

네 번째는 어떤 사람이 비난하여 말하였다고 한 아래는 제 네 번째 두려움이 없는 것이다.
먼저 비난함에 또한 두 가지가 있나니
먼저는 의심할 바를 첩석한 것이니,
말하자면 말한 것과 같이 내가 제자를 위하여 벗어나는 도를 설함에 모든 팔성도를 닦아 익혀 결정코 벗어나며 결정코 통달한다 하였다.

뒤에[442] 무슨 까닭으로 아라한이라고 한 아래는 바로 비난한 것이다.
이미 종기가 문드러지고 뱀이 쏘는 것이 어찌 고통스럽지 아니하며, 아라한이 어찌 팔성도가 없겠는가[443] 하니 어찌 서로[444] 어기지 않겠는가.

부처님이 이 비난에라고 한 아래는 답이다.
또한 응당히 갖추어 말한다면 내가 이 비난에 이유가 없음을 바로 보아 안은하여 두려움이 없어서 대선위에 거처한다 해야 할 것이다.

내가 팔성도가 진실로 능히 고통의 끝을 다한다고 말한 것이라고 한 아래는 앞에 비난을 통석한 것이다.
그러나 두 가지 뜻이 있나니

---

442 원문 何 자 위에 後 자가 있는 것이 좋다.

443 아라한이 어찌 팔성도가 없겠는가 한 것은 아라한이 팔성도가 있는데 고통을 받는 것은 맞지 않다는 것이다.

444 서로란, 팔성도가 고통을 면한다는 것과 서로라는 뜻이다.

첫 번째는 전세前世를 인유하기에 그런 까닭으로 전세의 업으로 몸을 감득하나니,[445]

이 신상에서 아라한을 얻었을지라도 고통이 몸을 의지하여 있기에 그런 까닭으로 이 고통이 있을지언정 아라한을 얻은 이후에 이 고통이 있는 것은 아니니, 곧 지금에 소가의 뜻이다.

다시 어떤 사람의 뜻에 말하기를 무학은 진실로 고통의 과보가 없어야 할 것이지만 악한 원인으로 반드시 고통의 과보가 있음을 나타내기 위하기에 이것을 인유하여 부처님께서 고통을 받는 모습을 시현하여 후세에 교훈을 일으키는 까닭이니, 또한 세존이 황금창을 받은 것과 같다 한 등이다.

시현한 뜻이 진실이 아니기에[446] 그런 까닭으로 소문에는 생략하여 없는[447] 것이다.

---

445 원문에 유어전세고업감신由於前世故業感身이라고 한 것은 아나함阿那含이 무루업을 닦는 까닭으로 후유신後有身을 받지 않기에 그런 까닭으로 전세前世에 유루고업有漏苦業을 가자하여 후유신後有身을 감득하여 아라한을 증득하는 것이다.

446 시현한 뜻이 진실이 아니라고 한 등은 이 가운데 말하기를 현재를 말한 것은 아니라고 한 것(영인본 화엄 7책, p.102, 5행 소문이다)은 진실로 고통을 받는 것으로써 답한 까닭이다. 역시 『잡화기』의 말이다.

447 원문에 약무略無란, 두 줄 앞에 갱유의更有意가 소문疏文에는 略無라는 것이다.

疏

四中初一은 離所知障이요 次는 離煩惱障이요 三은 是出離道障이요 四는 卽出離之道라 初二는 自利요 後二는 利他라 所以로 自歎此四者는 初一은 爲菩薩이요 第二는 爲聲聞이요 後二는 通爲니 智論二十八과 瑜伽五十과 對法十四에 廣辨其相하니라

네 가지[448] 가운데 처음에 한 가지[449]는 소지장을 떠난 것이요
다음에는 번뇌장을 떠난 것이요
세 번째는 벗어나는 도를 장애하는 것이요
네 번째는 곧 벗어나는 도이다.
처음에 두 가지는 자리요
뒤에 두 가지는 이타이다.
그런 까닭으로 스스로 이 네 가지를 찬탄하신 것은 처음에 한 가지는 보살을 위한 것이요
제 두 번째는 성문을 위한 것이요
뒤에 두 가지는 모두를 위한 것이니,
『지도론』 이십오권과 『유가론』 오십권과 『대법론』 십사권에 그

448 네 가지라고 한 것은 四難이자 四無畏, 즉 네 가지 비난이자 네 가지 두려움이 없는 것이다.

449 처음에 한 가지라고 한 등은 『유가론』에 말하기를 처음에는 소지장에서 해탈을 구하는 것이고, 두 번째는 번뇌장에서 해탈을 구하는 것이고, 네 번째는 능히 벗어나는 도에서 장애를 얻기에 모든 법을 응당 멀리 벗어나는 것을 말하는 것이다 하였다. 역시 『잡화기』의 말이다.

모습을 폭넓게 분별하였다.

鈔

四中初一下는 第三에 諸門分別이니 卽瑜伽論이라 文三하니 初約離障이라 三에 是出離道者는 欲爲道障거늘 今出離故라 四에 是出離之道者는 諸出離道가 能出於苦라 然其後二는 並約離煩惱障이니 三은 是所離之障이요 四는 是能離之道라 而三은 就離因爲難이요 四는 就離果爲難이라 亦可後二는 通約因位라 初二自利下는 二利料揀이라 然約答難인댄 並是利他이니 如次下明하니라 今約前二는 就佛身難이니 是約自利德歎이요 後二는 約化他爲歎이니 故云利他라하니라 所以自歎下는 三에 彰歎所以이며 亦約被根差別이니 則是皆利他義라 菩薩은 爲求種智하야 斷所知故로 初一爲之요 二乘은 求盡諸漏일새 第二爲之요 欲은 皆障於三乘이니 三乘은 皆期出苦故로 後二並爲라하니라 智論二十五下는 總示其源이라 然菩薩藏經第五와 般若五十三과 顯揚第四에도 亦廣明之하니라 此中에 卽有次第出體하니 言次第者는 德用自在에 智最勝故로 首而明之하고 由具一切智하야 能盡諸漏하고 由具智斷하야 說法化生하니라 說法之中에 先說生死因이요 後出生死故니 而此一門은 卽前二利門中에 已攝此意하니라

네 가지 가운데 처음에 한 가지라고 한 아래는 제 세 번째 모든 문門을 분별하는 것이니 곧 『유가론』이다.
소문 가운데 세 가지가 있나니

처음에는 장애를 벗어나는[450] 것을 잡은 것이다.
세 번째 벗어나는 도를 장애하는[451] 것이라고 말한 것은 욕망이 도를 장애하거늘 지금에 벗어나는 까닭이다.
네 번째 벗어나는 도라고 한 것은 모든 벗어나는 도가 능히 고통에서 벗어나게 하는 것이다.

그러나 뒤에 두 가지는 모두 번뇌장을 떠나는 것을 잡은 것이니
세 번째는 떠날 바 장애요
네 번째는 능히 벗어나는 도이다.
그러나 세 번째는 떠나는 원인에 나아가 비난한 것이요
네 번째는 떠나는 결과에 나아가 비난한 것이다.
또한 가히 뒤에 두 가지는 모두 인위因位를 잡은 것이다.[452]

처음에 두 가지는 자리라고 한 아래는 두 가지 이익으로 헤아려 가린 것이다.
그러나 비난을 답한 것을 잡는다면 모두 이것은 이타이니,
이 다음 아래[453]서 밝힌 것과 같다.

---

450 원문에 초이장初離障은 四中에 初二니 이소지장離所知障과 이번뇌장離煩惱障이다.

451 원문에 출리장도出離障道는 출리도장出離道障이라 할 것이다.

452 모두 인위因位를 잡은 것이라고 한 것은 비록 아직 결과를 증득하지 못했다 할지라도 또한 고통에서 벗어남이 있는 까닭이다. 역시 『잡화기』의 말이다.

453 원문에 차하次下란, 곧 금약전이今約前二는 취불신난就佛身難 이하이다. 소

지금에 앞에 두 가지는 부처님의 몸에 나아가 비난함을 잡은 것이니,
이것은 자리의 공덕을 잡아 찬탄한 것이요
뒤에 두 가지는 다른 사람을 교화함을 잡아 찬탄한 것이니
그런 까닭으로 말하기를 이타라 하였다.

그런 까닭으로 스스로 이 네 가지를 찬탄하는 것이라고 한 아래는 세 번째 찬탄하는 까닭을 밝힌 것이며 또한 근기가 차별함을 가피한 것을 잡은 것이니,
곧 이것은 다 이타의 뜻이다.
보살은 일체종지를 구하기 위하여[454] 소지장을 끊는 까닭으로 처음에 한 가지는 그 보살을 위한다 한 것이요
이승은 모든 번뇌의 누수가 다함을 구하기에 제 두 번째는 그 성문을 위한다 한 것이요
욕망은 다 삼승을 장애하나니,
삼승은 다 고통을 벗어날 기약이 있는 까닭으로 뒤에 두 가지는 모두를 위한다 하였다.

文疏文으로는 영인본 화엄 7책, p.103, 7행에 소이자탄차사所以自歎此四 이하이다.

454 보살은 일체종지를 구하기 위한다고 한 등은 『유가론』에 말하기를 만약 스스로 일체법에 등정각을 나타내는 까닭으로 등정각을 찬탄한 것이라고 한다면 마땅히 알아라. 바로 모든 유정에 나아가기 위한 까닭이요, 만약 다시 능히 벗어나는 도와 그리고 모든 장애하는 법을 찬탄한 것이라고 한다면 마땅히 알아라. 똑같이 모든 승乘과 모든 유정에 나아가기 위한 까닭이다 하였다. 역시 『잡화기』의 말이다.

『지도론』 이십오권이라고 한 아래는 다 그 근원을 현시한 것이다. 그러나 『보살장경』 제오권과 『반야경』 오십삼권과 『현양론』 제사권에도 또한 폭넓게 밝혔다.
이 가운데 곧 차례로 자체를 설출한 것이 있나니,
차례라고 말한 것은 공덕의 작용이 자재함에 지혜가 가장 수승한 까닭으로 처음에 그 일체 지혜[455]를 밝히고, 일체 지혜를 구족함을 인유하여 능히 모든 번뇌의 누수를 다하고, 지혜를 구족하여 번뇌 끊음[456]을 인유하여 법을 설하여 중생을 교화하는 것이다.
법을 설하는 가운데 먼저는 생사의 원인을 설하는 것이요
뒤에는 생사를 벗어나는 것을 설하는 까닭이니,
이 한 문(一門)은 곧 앞의 두 가지 이익문(門) 가운데 이미 이 뜻을 섭수하였다.

若瑜伽對法인댄 出苦爲第三하고 障道爲第四하나니 先果後因이 亦如苦集하니라 又依上次者인댄 卽倒對四諦니 謂一切智는 約眞道爲難이요 二는 約眞滅爲難이요 三은 約集因이요 四는 約苦果니 未見經論이나 義必應然이리라 若出體者인댄 總有五種하니 一은 剋性體니 卽信進念定慧爲體요 二는 引發體니 若定若慧요 三은 最勝體니 卽正體와 後得二智라 四中初一은 通二智요 二는 卽正體요 三四는 皆後得이니 以是說法心故니라 若約自住인댄 四皆正體요 約能答難인댄

---

455 원문에 之 자는 사무외四無畏 가운데 일체지무외一切智無畏를 말하는 것이다.
456 원문에 지단智斷이라 한 지智 자는 일체지一切智이고, 단斷 자는 누진漏盡이다.

此四가 並以後得爲性이라 四는 相應體니 四蘊爲性이요 五는 眷屬體니 五蘊爲性이니 亦猶十力에 道共定共과 無表戒色하야 助答難故니라 上之四體는 卽瑜伽五十七과 及雜集說이니 瑜伽云호대 以信進念定慧와 及具知根爲性이라하며 對法云호대 若定若慧와 及彼相應하는 諸心心所라하며 又云호대 若起作用인댄 後得智爲性하고 若住自性인댄 正體智爲體이라하니라 第五一體는 亦以義加니라 又無畏는 若約德인댄 初卽智德이요 二卽斷德이요 三四恩德이어니와 今就能知일새 並智爲體니라 餘義可知라

만약 『유가론』과 『대법론』이라면 고통을 벗어나는 도로써 제 세 번째를 삼고 도를 장애하는 것으로써 제 네 번째를 삼나니,
결과를 먼저 하고 원인을 뒤에 하는 것이[457] 또한 고苦와 집集과 같다.
또 위에 차례를 의지한다면 곧 거꾸로 사제를 상대한 것이니,
말하자면 일체 지혜는 진도眞道를 잡아서 비난한 것이요
두 번째 무위는 진멸眞滅을 잡아서 비난한 것이요
세 번째 무위는 집의 원인을 잡아서 비난한 것이요
네 번째 무위는 고의 결과를 잡아서 비난한 것이니,
아직 경론을 보지 못하였지만 뜻은 반드시 응당 그러할 것이다.

---

457 원문에 선과후인先果後因 운운은 고苦는 세간과世間果이고, 집集은 세간인世間因이고, 멸滅은 출세간과出世間果이고, 도道는 출세간인出世間因이다.

만약 자체를 설출한다면 모두 다섯 가지가 있나니
첫 번째는 극복하는 체성이니
곧 믿음과 정진과 생각과 선정과 지혜로 체성을 삼는 것이요
두 번째는 이끌어 내는 체성이니
혹 선정과 혹 지혜요
세 번째는 가장 수승한 체성이니
곧 정체지(正體)[458]와 후득지의 두 가지 지혜이다.
네 가지[459] 가운데 처음에 한 가지는 두 가지 지혜[460]에 통하는 것이요
두 번째는 곧 정체지요
세 번째와 네 번째는 다 후득지이니
이것이 법을 설하는 마음인 까닭이다.
만약 자성에 머무는 것을 잡는다면 네 가지가 다 정체지요
능히 비난함에 답한 것을 잡는다면 이 네 가지가 모두 후득지로써 체성을 삼는 것이다.
네 번째는 상응하는 체성이니
사온四蘊으로 체성을 삼는 것이요
다섯 번째는 권속의 체성이니
오온으로 체성을 삼는 것이니
또한 십력[461]에[462] 도공계와 정공계[463]와 무표계와 무표색계와 같아서

---

458 원문에 정체正體는 근본지根本智이다.

459 네 가지란, 사난四難이자 사무외四無畏이다.

460 원문에 이지二智는 정체지正體智(根本智)와 후득지後得智이다.

461 또한 십력이라고 한 것은 『잡화기』에 이미 진자권辰字卷, 하권 초 3장,

비난함에 답함을 도우는 까닭이다.

이상에 네 가지 체성은 곧 『유가론』 오십칠권과 그리고 『잡집론』[464]의 말이니,

『유가론』에 말하기를 믿음과 정진과 생각과 선정과 지혜와 그리고 구지근具知根[465]으로 체성을 삼는다 하였으며

『대법론』에 말하기를 혹 선정과 혹 지혜와 그리고 저 상응하는 모든 심왕과 심소다 하였으며

또 말하기를 만약 작용을 일으킨다면 후득지로 체성을 삼고, 만약 자성에 머문다면 정체지로 체성을 삼는다 하였다.

제 다섯 번째 한 가지 체성은 또한 뜻으로써 더한 것이다.

상 5행에 나타내었고, 도공계와 정공계의 해석은 회현기 15권 32장, 상 2행에 설출하였다고 하였다.

462 원문에 역유십력등亦猶十力等이라고 한 것은 여기에 오온五蘊으로 권속을 삼은 것이 또한 위의 십력十力에 도공계道共戒 등으로 권속을 삼은 것과 같다는 것이다. 위의 辰字卷, 下卷 初三丈, 上五行의 十力章에 도공계道共戒 등의 계색戒色으로 권속의 체성을 삼았다.

463 도공道共은 욕계유루欲界有漏와 색계유루고色界有漏故로 共이요, 정공定共은 색계유루色界有漏와 무루고無漏故로 共이다.

464 『잡집론』은 『아비달마잡집론』이니 무착이 지은 것은 『대법론對法論』이라 하고, 안혜가 지은 것은 『잡집론雜集論』이라 한다. 『대법론對法論』과 『잡집론雜集論』은 동명이의同名異義다. 앞에서 이미 말한 바가 있다.

465 구지근具知根은 삼무루근三無漏根의 하나이니 삼무루근은 미지당지근未知當知根과 이지근已知根과 구지근具知根이다. 구지근具知根은 진무생지盡無生智니 금자권金字卷, 하권 11장, 하 3행에 잘 현시하고 있다.

또 사무외는 만약 덕을 잡는다면 처음 무외는 곧 지덕이요
두 번째 무외는 곧 단덕이요
세 번째와 네 번째 무외는 은덕이거니와, 지금에는 능지能知에 나아가기에 모든 지혜로 체성을 삼은 것이다.
나머지 뜻[466]은[467] 가히 알 수가 있을 것이다.

---

466 원문에 여의餘義란, 신信, 진進, 염念, 정定 등이다.

467 나머지 뜻이라고 한 등은 이것은 다만 지혜로써 자체를 삼는 이유를 설한 까닭이라고 『잡화기』는 말한다.

經

何等이 爲無記法고

어떤 등이 무기법이 되는가.

疏

第七無記中에 分二리니 先은 徵名이요 後에 謂世間下는 辨相이라 今初無記가 二義니 一은 非善非惡은 不能招感愛非愛果일새 名爲無記니 可釋餘文이요 今此는 正謂虛妄推度과 非理問難은 不可記錄일새 故名無記니 非對善惡故니라 俱舍第十九云호대 諸契經에 說十四無記라하니 卽其義也라 亦名置記니 記卽答也니 不應答故니라

제 일곱 번째 무기법 가운데 두 가지로[468] 나누리니
먼저는 이름을 묻는 것이요
뒤에 말하자면 세간이라고 한 아래는 모습을 분별한 것이다.
지금은 처음으로 무기가 두 가지 뜻이 있나니

468 원문에 分二는 分三이요 바로 아래 後謂라 한 後 자는 次 자이니 一은 徵名이요 二는 辨相이요 三은 結名이라고 『유망기』는 말하였다. 즉 영인본 화엄 7책, p.121, 6행에 謂世間下는 二에 辨相이고 같은 책 p.150, 2행에 是名無記는 結名이라는 것이다. 그러나 소문에는 是名無記라는 경문을 結名이라 과목科目하지 않았다.

첫 번째는 선도 아니고 악도 아닌 것은 능히 애愛와 비애非愛의 과보를 초래하여 감득할 수 없기에 이름을 무기라 하나니,
가히 다른 문장을 해석한 것이요
지금 여기에서는 바로 허망하게 추리하여 헤아리는 것과 이치답지 않는 것을 물어 비난하는 것은 가히 기록할 수 없기에 그런 까닭으로 이름을 무기라 말하는 것이니,
선과 악을 상대하지 않는 까닭이다.

『구사론』 제십구권에 말하기를 모든 계경에 열네 가지 무기를 설하였다 하였으니 곧 그 뜻이다.
또한 이름이 버려둠으로 답한(置記)[469] 것이니,
기記는 답하는 것이니 응당 답하지 않는 까닭이다.

鈔

第七無記에 初徵名은 四니 一은 釋總名이라 刊定도 亦立二義나 而以前義爲正거니와 今依諸論하야 以後爲正하니라 俱舍第十九中에 第二明無記中에 自分爲二하니 一은 明無記報요 二는 因便明四記라 前卽對善惡之無記也니 廣如彼論하니라 第二는 別明四問記事니 頌曰호대 應一向分別과 反詰捨置記며 如死生殊勝과 我蘊一異等이라 하니라 釋曰上兩句는 指事釋之라 且問記有四하니 一은 應一向記요

469 원문에 치置는 사치기捨置記니 답하지 않고 버려두는 것이다(번역은 버려둠으로 답한 것이라 할 것이다).

二는 應分別記요 三은 應反詰記요 四는 應捨置記니 記者는 答也라 如問死者호대 一切有情이 皆當死不아하면 應一向記호대 一切有情이 皆定當死라하며 如問生者호대 一切有情이 皆當生不아하면 應分別記호대 有煩惱者는 受生하고 無煩惱者는 不生이라하며 如問殊勝하면 應反詰記니 有作是問호대 人爲勝劣가하면 應反詰言호대 爲何所方고 若言方天인댄 應言人劣이라하리며 若言方下인댄 應記人勝이라하리라 釋曰下卽惡趣니라 論如問호대 我蘊一異者아하면 應捨置記리니 謂若作是問호대 我與五蘊으로 爲一爲異아하면 應捨置記리니 此不應問이니라 若有我體인댄 可問一異어니와 本無我體일새 一異不成이라 如問호대 石女生兒에 爲白爲黑가하면 應捨置記리니 謂石女本自無兒어니 何得論其白黑가하니라 上依毘婆沙說이라

제 일곱 번째 무기법 가운데 처음[470]에는 이름을 묻는 것이라고 한 것은 네 가지[471]가 있나니

첫 번째는 총명을 해석한 것이다.

『간정기』에도 또한 두 가지 뜻을 세웠지만 그러나 앞의 뜻으로써 바른 뜻을 삼았거니와, 지금에는 모든 논을 의지하여 뒤의 뜻으로써 바른 뜻을 삼았다.

『구사론』 제십구권 가운데 제 두 번째 무기를 밝히는[472] 가운데

---

470 원문에 초初 자는 소문에는 선先 자이다.

471 네 가지란, 一은 석총명釋總名, 二는 창부답소이彰不答所以, 三은 별시십사別示十四, 四는 총회부동總會不同이다.

472 원문에 제이명무기第二明無記란, 第一은 명유기明有記임을 당연히 알 수

스스로 나누어 두 가지로 하였으니
첫 번째는 무기의 과보를 밝힌 것이요
두 번째는 편리함을 인하여[473] 네 가지 묻고 답함을 밝힌 것이다.
앞에는 곧 선과 악을 상대한 무기이니,
폭넓게 설한 것은 저 논과 같다.
제 두 번째는 네 가지 묻고 답하는[474] 사실(問記事)을 따로 설한 것이니,
게송에 말하기를
응당 한결같이 답하는 것과 분별하여 답하는 것과
반대로 힐문하여 답하는 것과 버려둠으로 답하는 것이며,
만약 사死와 생生과[475] 수승함과
아我와 오온이 하나인가 다른가 한 등이다 하였다.
해석하여 말하면[476] 위에 두 구절은 사실을 가리켜 해석한 것이다.

있을 것이다.

473 두 번째는 편리함을 인한다고 한 등은 저 『구사론』에 무기의 과보를 밝혀 마치고 이에 말하기를 모든 계경 가운데 열네 가지 무기를 설한 것도 또한 여기에 섭속하는가. 그렇지 않다면 어떻게 저 계경은 다만 응당 버려둠으로 물은 것을 잡아 무기無記라는 이름을 세우는 것인가. 말하자면 네 가지 묻고 답한 것이 모두 네 종류이니 어떤 것이 네 가지가 되는가. 게송에 말하기를 운운한 것이다. 역시 『잡화기』의 말이다.

474 원문에 문기사問記事는 북장경에는 무기사無記事라 하였고, 혹 고인古人은 問 자를 연자衍字로 보기도 하였다. 그러나 問記事가 확실하다.

475 만약 사死와 생生 운운은 묻는 것이고, 그 이전은 답한 것이다.

476 원문에 석왈釋曰이라 한 아래 아홉 글자는 청량淸凉의 해석이다.

또한 묻고 답하는 것(問記)이 네 가지가 있나니
첫 번째는 응당 한결같이 답하는 것이요
두 번째는 응당 분별하여 답하는 것이요
세 번째는 응당 반대로 힐문하여 답하는 것이요
네 번째는 응당 버려둠으로 답하는 것이니
기記는 답하는 것이다.
만약 죽은 사람에게 묻기를 일체유정이 다 마땅히 죽는가 하면 응당 한결같이 답하기를 일체유정이 다 결정코 마땅히 죽는다 할 것이며,
만약 살아 있는 사람에게 묻기를 일체유정이 다 마땅히 태어나는가 하면 응당 분별하여 답하기를 번뇌가 있는 사람은 생을 받고 번뇌가 없는 사람은 태어나지 않는다 할 것이며
만약 수승함을 묻는다면 응당 반대로 힐문하여 답할 것이니, 어떤 사람이 이런 질문을 하되 사람이 수승한가 하열한가 하면 응당 반대로 힐문하여 말하기를 어느 곳에 비유[477]하는가. 만약 천상에 비유한다고 말한다면 응당 사람이 하열하다 답할 것이며, 만약 지하에 비유한다고 말한다면 응당 사람이 수승하다 답할 것이다 하였다.
해석하여 말하면[478] 지하라고 한 것은 곧 악취이다.

477 方은 '비유할 방' 자이다.
478 원문에 석왈釋曰이라 한 아래 여섯 글자는 청량淸凉의 해석이다.

논에 만약 묻기를 나와 오온이 하나인가 다른가 한다면 응당 버려둠으로 답할 것이니,
말하자면 만약 이런 질문을 하되 내가 오온으로 더불어 하나가 되는가 다름이 되는가 하면 응당 버려둠으로 답할 것이니, 이것은 응당 물을 것이 아니다.
만약 나의 몸이 있다고 한다면 가히 하나인가 다른가 물을 것이어니와, 본래 나의 몸이 없기에 하나도 다름도 성립할 수 없는 것이다.
만약 묻기를 석녀石女가 아이를 출생함에 희겠는가 검겠는가 하면 응당 버려둠으로 답할 것이니,
말하자면 석녀는 본래 아이를 출생할 수 없거니 어찌 그 아이의 희고 검은 것을 논하겠는가 하였다.
이 위에[479] 말은 『비바사론』을 의지하여 설한 것[480]이다.

頌言等者는 等取發智本論과 及契經說이니 今當敘하리라 經云호대 云何有問에 應一向記고 謂諸行皆無常耶아하면 此問名應一向記니라 云何有問에 應分別記고 謂若有問호대 諸有故思하야 造作業已에 爲受何果고하면 此問名爲應分別記니 造善受人天하고 造惡受惡趣니라 謂若有問호대 士夫報與我로 爲一爲異가하면(此에 問假我) 應反詰言호대 汝依何我하야 作如是問고 答言호대 依麤我라하면(色蘊上我) 應記與報異라하리니(報色不同故로 言異也) 此問名爲應反詰記

479 원문에 上이란, 다 『구사론俱舍論』 장행문長行文이다.

480 원문에 의비바사설依毘婆沙說이란, 천친天親이 『비바사론毘婆沙論』을 의지하여 『구사론俱舍論』을 지은 까닭이다.

니라 云何有問에 但應捨置答고 若有問호대 世爲常가(一問) 無常가(二問) 亦常亦無常가(三問) 非常非無常가하며(四問) 世爲有邊가(五問) 無邊가(六問) 亦有邊亦無邊가(七問) 非有邊非無邊가하며(八問) 如來滅後爲有가(九問) 非有가(十問) 亦有亦非有가(十一問) 非有非非有가하며(十二問) 爲命者卽身가(十三問) 爲命者異身가하면(十四問) 此問名爲但應捨置니라 此十四問은 皆不可記일새 名十四不可記事니 以我體旣無일새 是故皆應捨置答也라하니라

게송에 등이라고 말한 것은 『발지론』[481] 본론과 그리고 계경契經[482]의 말을 등취한[483] 것이니, 지금에 마땅히 서술하겠다.
경에 말하기를 어떤 것이 물음이 있음에 응당 한결같이 답하는 것인가.
말하자면 모든 행이 다 무상한가 하면 이 물음을 응당 한결같이 답한다 이름하는 것이다.
어떤 것이 물음이 있음에 응당 분별하여 답하는 것인가.
말하자면 만약 어떤 사람이 묻기를 삼유(諸有)를 인한 까닭으로 생각하여 업을 지어[484] 마침에 무슨 과보를 받는가 하면 이 물음을

481 『발지론發知(智)論』은 『아비달마발지론』이니 만오천게송萬五千偈頌, 혹 만팔천게송萬八千偈頌, 혹 만육천게송萬六千偈頌으로 되어 있다. 가나연니자 지음, 현장법사 번역이다.

482 계경契經이란, 소승小乘 대중부大衆部 가운데 계경契經이다.

483 원문에 발지본론發智本論이란, 『발지론發智論』 본론도 이 『비바사론毘婆沙論』을 의지하여 지었다.

응당 분별하여 답한다 이름하는 것이니,
선업을 지으면 인간과 천상의 과보를 받고 악업을 지으면 악취의 과보를[485] 받는 것이다.
말하자면 만약 어떤 사람이 묻기를 사부士夫[486]의 과보가[487] 나로 더불어 하나가 되는가 다름이 되는가 하면(이것은 거짓 나[488]를 물은 것이다) 응당 반대로 힐문하여 말하기를 그대가 어떤 나를 의지하여 이와 같은 질문을 하는가.
답하여 말하기를 큰 나(麤我)를 의지한다면(색온상의 나이다) 응당 보신으로 더불어 다르다고 답할 것이니(보신의 색이 같지 않는 까닭으로 다르다 말하는 것이다), 이 물음을 응당 반대로 힐문하여 답한다 이름하는 것이다.
어떤 것이 물음이 있음에 다만 응당 버려둠으로 답하는[489] 것인가.

---

484 원문에 제유고사조작업諸有故思造作業이란, 三有를 因한 까닭으로 發思하여 造業하는 것이다. 역시 『잡화기』의 말이다.

485 원문에 수악취受惡趣 아래에 本論엔 운하유문응반힐기云何有問應反詰記라는 여덟 글자가 있다. 있어야 문세가 순조롭다.

486 사부士夫는 사람을 통칭하는 말이다.

487 사부士夫의 과보라고 한 등은 과보라고 한 것은 곧 괴로움과 즐거움을 받는 바이니 형상이 없는 것이요, 나라고 한 것은 곧 색온이니 그런 까닭으로 같지 않는 것이다. 만약 본론(『발지론』)이라면 곧 보報 자는 묻고 답하는 가운데 다 상想 자로 되어 있다. 역시 『잡화기』의 말이다.

488 거짓 나라고 한 것은 곧 아래 색온상色蘊上의 나(我)이니 이것은 세간의 거짓 나이다. 역시 『잡화기』의 말이다.

489 원문에 치답置答의 答 자는 本論에는 없다.

만약 어떤 사람이 묻기를 세간이 영원한가(첫 번째 질문), 무상한가(두 번째 질문), 또한 영원하기도 하고 무상하기도 한가(세 번째 질문), 영원하지도 않고 무상하지도 않는가 하며(네 번째 질문)
세간이 끝이 있는가(다섯 번째 질문), 끝이 없는가(여섯 번째 질문), 또한 끝이 있기도 하고 또 없기도 한가(일곱 번째 질문), 끝이 있는 것도 아니고 끝이 없는 것도 아닌가 하며(여덟 번째 질문)
여래가 멸도하신 뒤에 있는가(아홉 번째 질문), 있지 않는가(열 번째 질문), 또한 있기도 하고 또한 있지 않기도 한가(열한 번째 질문), 있는 것도 아니고 있지 않는 것도 아닌가 하며(열두 번째 질문)
목숨이 곧 몸인가(열세 번째 질문), 목숨이 몸과 다른가 하면(열네 번째 질문), 이 물음을 다만 응당 버려둠으로 답한다 이름하는 것이다.
이 열네 가지 물음은 다 가히 답할 수 없기에 열네 가지 가히 답할 수 없는 사실이라 이름하는 것이니,
나의 몸이 이미 없기에 이런 까닭으로 다 응당 버려둠으로 답한다 하는 것이다.

涅槃三十五에도 亦有四答이나 而一名小異니 謂從經一半向後에 因迦葉이 難佛性義有無아하야 如來答云하사대 善男子야 如來가 爲衆生故로 四種答하니 一者는 定答이요 二는 分別答이요 三은 隨問答이요 四者는 置答이라 如問호대 作惡得何果耶아하면 應答得苦果라하리니 是名定答이니라 二는 善男子야 如來十力과 四無所畏와 大悲와 三念處와 首楞嚴等八萬億諸三昧門과 三十二相과 八十種好와 五智印等과 三萬五千諸三昧門과 金剛定等四千二百諸三昧門과 方便三

味가 無量無邊하나니 如是等法이 是佛性者아하면 如是佛性에 則有七事하나니 一常二我三樂四淨이요 五眞六實七善이라하리니 是名分別答이며 如汝先問호대 斷善根人도 有佛性者아하면 亦有如來佛性하며 亦有後身菩薩佛性이나 是二佛性이 障未來故로 得名爲無요 必定得故로 得名爲有라하리니 是名分別答이니라 三은 經云호대 如我所說인 一切法無常을 復有問言호대 如是世尊이시여 爲何法故로 說於無常가하면 答言하사대 爲有爲法故라하리며 無我亦爾라하리며 爲何法故로 說一切燒아하면 爲煩惱故라하리니 是名隨問答이니라 四는 經云호대 若有說言호대 斷善根人은 定有佛性가 定無佛性가하면 是名置答이니라 下迦葉難云호대 不答名置인댄 如來今者에 何因緣答하사대 而名置答가하면 佛答云하사대 善男子야 我亦不說하고 置而不答이라하리니 名爲置答이니라 善男子야 置答復二니 一者는 遮止요 二者는 莫著이니 以是義故로 得名置答이라하니라 釋曰據上諸文인댄 明是不答으로 以爲無記언정 非善惡中之無記也니라 據十四難인댄 正同俱舍요 準涅槃意인댄 今文이 正當爲遮止義요 兼令莫著이라

『열반경』 삼십오권에도 또한 네 가지 답이 있지만 한 가지 이름이 조금 다르나니,[490]

490 한 가지 이름이 조금 다르다고 한 것은 곧 아래 제 세 번째 물음을 따라 답한다고 한 것이다. 가섭보살이 불성의 뜻이 있습니까 없습니까 하고 비난한 것을 인하여 운운한 것은, 『열반경』에 갖추어 말하기를 만약 선근을 끊은 사람이 불성이 있다고 한다면 곧 선근을 끊었다 이름함을 얻을 수 없는 것이요, 만약 불성이 없다면 다시 어떻게 일체중생이 진실로 불성이

말하자면 경의 한 장 반으로 좇아 향후에 가섭보살이 불성의 뜻이 있는가 없는가 하고 비난한 것을 인하여 여래가 답하여 말씀하시기를 선남자야, 여래가 중생을 위한 까닭으로 네 가지로 답하나니
첫 번째는 결정코 답하는 것이요
두 번째는 분별하여 답하는 것이요
세 번째는 물음을 따라 답하는 것이요
네 번째는 버려둠으로 답하는 것이다.

만약 묻기를 악업을 지음에 무슨 과보를 얻습니까 하면, 응당 답하기를 고통의 과보를 얻는다 할 것이니,
이것은 이름이 결정코 답하는 것이다.
두 번째는 선남자야, 여래의 십력과 사무소외와 대비와 삼념처와 수능엄삼매 등 팔만억 모든 삼매문과 삼십이상과 팔십종호와 오지인五智印 등과 삼만 오천 모든 삼매문과 금강정金剛定 등 사천이백 모든 삼매문과 방편삼매가 한량도 없고 끝도 없나니, 이와 같은 법이 이 불성입니까 하면 이와 같은[491] 불성에는 곧 일곱 가지 사실이

있다고 말씀하십니까. 만약 불성이 또한 있기도 하고 끊어져 없기도 한다면 어떻게 여래께서 다시 불성이 여섯 가지가 있나니 첫 번째는 상常이고, 두 번째는 진眞이고, 세 번째는 실實이고, 네 번째는 선善이고, 다섯 번째는 정淨이고, 여섯 번째는 가견可見이라고 말씀하십니까 하였다. 역시 『잡화기』의 말이다.

원문에 일명소이一名小異라고 한 것은 수문隨問의 名이 반힐反詰로 더불어 조금 다르다는 것이다. 즉 第三에 隨問答이 조금 다르다는 것이다.

491 원문에 여시如是 아래는 답答이다.

있나니
첫 번째는 상常이요,
두 번째는 아我요,
세 번째는 낙樂이요,
네 번째는 정淨이요,
다섯 번째는 진眞이요,
여섯 번째는 실實이요,
일곱 번째는 선善이다 할 것이니
이것은 이름이 분별하여[492] 답하는 것이며
만약 그대가 먼저 묻기를 선근을 끊은 사람도 불성이 있습니까 하면, 또한 여래의 불성도 있으며 또한 최후신 보살[493]의 불성도 있지만 이 두 가지 불성이 저 장애에서 아직 벗어 나옴을 얻지 못한 까닭으로 없다고 이름함을 얻고, 반드시 결정코 벗어 나옴을 얻는 까닭으로 있다고 이름함을 얻는다 할 것이니,
이것은 이름이 분별하여 답하는[494] 것이다.[495]

---

492 분별하여 답한다고 한 아래에 『열반경』에는 선남자善男子라는 글자가 있다. 역시 『잡화기』의 말이다.

493 최후신 보살이라고 한 것은 등각보살이니 보살의 최후 몸인 까닭이다. 바로 아래 미래를 장애한다고 한 것은 저 장애에서 아직 벗어나옴을 얻지 못한 것이다. 혹은 장애인 까닭으로 아직 벗어나오지 못한 것이다. 역시 『잡화기』의 말이다. 여기서 미래未來란 삼세 가운데 미래가 아니라 미득출래未得出來라는 뜻으로 아직 벗어 나오지 못했다는 뜻이다.

494 원문에 분별답分別答은 두 가지로 설명하였다. 그 하나는 두 줄 뒤에 있다.

495 분별하여 답한다고 한 아래에 『열반경』에는 善男子라는 글자가 있다. 역시

세 번째는 『열반경』에 말하기를 만약 내가 설한 바 일체법이 무상하다고 한 것을 다시 어떤 사람이 물어 말하기를 이와 같이 세존이시여, 무슨 법을 위한 까닭으로 무상하다고 설하십니까 하면, 답하여 말씀하시기를 유위법을 위한 까닭이다 할 것이며, 무아無我[496]에 대하여 물어도 또한 그렇게 답할 것이며
무슨 법을 위한 까닭으로 일체를 태운다고 하십니까 하면 번뇌를 위한 까닭이라 할 것이니,
이것은 이름이 물음을 따라 답하는 것이다.
네 번째는 『열반경』에 말하기를 만약 어떤 사람이 말하기를 선근을 끊은 사람은 결정코 불성이 있습니까 결정코 불성이 없습니까 하면,
이것은 이름이 버려둠으로 답하는 것이다.
이 아래에 가섭보살이 비난하여 말하기를 답하지 않는 것이 버려둠으로 답하는 것이라고 한다면 여래께서 지금에 무슨 인연으로 답하시되 버려둠으로 답한다고 하십니까 하면, 부처님이 답하여 말씀하시기를 선남자야, 나도 또한 설하지 않고 버려두고 답하지 않는다 할 것이니,
이름이 버려둠으로 답하는 것이다.
선남자야, 버려둠으로 답하는 것이 다시 두 가지가 있나니
첫 번째는 막아 그치게[497] 하는 것이요,

『잡화기』의 말이다.

496 무아無我란, 일체법무아一切法無我이다.

497 원문에 차지遮止는 後에 질문質問을 遮止하는 것이요, 무착無着은 지금에 집착이 없는 까닭으로 답하지 않는 것이니 집착이 있으면 묻는 까닭이다.

두 번째는 집착이 없게 하는 것이니,
이 뜻을 쓴 까닭으로 버려둠으로 답한다 이름함을 얻는 것이다 하였다.
해석하여 말하면 위에 모든 경론의 문장을 의거한다면 분명히 답하지 않는 것으로[498] 무기無記를 삼은 것일지언정 선악을 상대한 가운데 무기가 아니다.
열네 가지 비난을 의거한다면 바로 『구사론』과 같고
『열반경』의 뜻을 기준한다면 지금에 『화엄경』 문이 바로 막아 그치게 하는 뜻에 해당하고[499] 하여금 집착이 없게 하는[500] 뜻도 겸하였다.

疏

所以不答者는 何謂고 此乃無義語也니 知之라도 不免生死요 不知라도 不障涅槃이라 前說有記는 則反於此니라 智論第三云호대

---

498 원문에 명시부답明是不答 운운은 청량의 뜻이니, 영인본 화엄 7책, p.107, 3행에 무기無記의 二義 중 第二義에 비대선악고非對善惡故라 한 것이다.

499 바로 막아 그치게 하는 뜻에 해당한다고 한 것은 막아 그치게 한다고 한 것은 저 가섭보살의 질문(비난)이 이치답지 않는 까닭으로 그 허망한 계교를 막는 것이니, 곧 경문 가운데 앞에 세 가지의 사구四句에 해당하는 것이다. 역시 『잡화기』의 말이다.

500 하여금 집착이 없게 한다고 한 것은 저 가섭보살의 질문이 비록 올바르지만 그가 집착하여 결정할까 염려한 까닭으로 그로 하여금 집착이 없게 하는 것이니, 곧 제 네 번째 사구四句의 뜻도 겸하였다 하겠다. 역시 『잡화기』의 말이다.

所以不答十四難者는 此事無實故니 諸法有常은 無此理故며 言斷亦爾하니라 如有人問호대 搆於牛角하야 得幾升乳고하면 豈曰問耶아 復次世界無窮이 猶如車輪하며 復次無利有失하야 墮惡邪中하야 覆於四諦와 諸法實相하며 復次人不能知하며 復次稱法說故라하니라 第十七云호대 有一比丘가 思惟十四難호대 不能解하야 辭佛不爲弟子어늘 佛言하사대 我爲老病死人하야 說法濟度하나니 此是鬪諍法이라 如中毒箭하야 不應推尋이라하며 楞伽亦云호대 皆是世論이니 非我所說이라하니라

답하지 않는[501] 까닭은 무엇인가. 이 말은 이에 의미가 없는 말이니 이 말을 안다 할지라도 생사를 면할 수 없고, 알지 못한다 할지라도 열반에 장애되지 않는 것이다.
앞에서 말한 유기법(有記)은 여기 무기법과는 반대이다.[502]
『지도론』 제삼권[503]에 말하기를 열네 가지 비난을 답하지 아니한 까닭은 이 사실이 진실이 없는 까닭이니[504] 모든 법이 영원히 있다고 하는 것은 이 이치가 없는 까닭이며, 없다고 말하는 것도 또한 그러하다.

---

501 원문에 부답不答이란, 십사난十四難에 對하여 답하지 않는 것이다.

502 원문에 전설유기前說有記는 즉반어차則反於此라고 한 것은 前에 유기법有記法에는 이 말을 알면 생사生死를 면할 수 있고, 알지 못하면 열반에 장애가 된다는 것이다.

503 원문에 지론제삼智論第三은 今本으로는 第二卷이다.

504 원문 무실고無實故 아래에 본론本論엔 부답不答이라는 두 글자가 있다.

만약 어떤 사람이 묻기를 소의 뿔을 취하여[505] 몇 되의 우유를 얻는가 하면 이 어찌 물음이라 하겠는가.[506]

다시 세계가 끝이 없는 것이 마치 수레바퀴와 같으며[507], 다시[508] 이익은 없고 잃음만 있어서 사악한 가운데[509] 떨어져 사제와 모든 법의 실상을[510] 덮으며, 다시 사람들이 능히 알지 못하며[511], 다시 법에 칭합하여 설하는[512] 까닭이다 하였다.

『지도론』 제십칠권[513]에 말하기를 어떤 한 비구가 오직 열네 가지 비난만을 생각하였지만 능히 알지 못하여 부처님을 사직하고 제자가 되지 않겠다고 하거늘, 부처님께서 말씀하시기를 나는 늙고 병들고 죽는 사람을 위하여 법을 설하여 제도하나니, 이 열네 가지 비난은

---

505 搫는 취한다는 뜻이다.

506 원문에 기왈문야豈曰問耶는 本論엔 시위비문是爲非問이니 불응답不應答이라 하였다. 즉 이것은 물음이 아니니 응당 답하지 않는다 하였다.

507 원문에 여거륜如車輪 아래에 本論엔 무초무후無初無後라는 네 글자가 있다.

508 원문에 부차復次 아래에 本論엔 답차答此라는 두 글자가 있다.

509 원문에 사중邪中 아래에 本論엔 불지십사난상佛知十四難常이라는 여섯 글자가 있다.

510 원문에 실상實相 아래에 本論엔 여도외유독충수如渡外有毒虫水라는 일곱 글자가 있다.

511 원문에 인불능지人不能知는 부처가 아니면 능히 알 수 없다. 부처밖에 다른 사람은 알 수 없기에 답하지 않는다.

512 원문에 칭법설稱法說은 부처님이 有는 有라 말하고 無는 無라 말하는 것은 法에 칭합하여 말하는 것이고, 無常을 常이라고 하는 等은 法에 칭합하여 答說하는 것이 아니다.

513 제십칠권第十七卷은 今本은 第十五卷이다.

투쟁의 법이다. 마치 독화살을 맞은 것과 같아서 응당 추정하여 찾지 말아야 할 것이다 하였으며
『능가경』에 또한 말하기를 다 이것은 세간의 논리이니 내가 설할 바가 아니다 하였다.

鈔

智論第三下는 正引論釋이라 先引第三의 有五復次는 多同答十四難과 兼經中諸無記法이라 如第一無實事故는 正答十四라 第二如車輪은 卽答何等爲生死最初際라 第三無利有失은 兼答世界來去等이니 以從集因生하야 歸寂滅理어늘 妄徵來去인댄 卽覆四諦니라 第四人不能知는 兼答有幾佛幾衆生이니 以佛智로 知無盡法故니라 第五復次는 兼答佛等先後니 通意可知니라 第十七下는 二引此文이니 卽引昔例라 其文稍略하니 具云하면 有一比丘가 於十四難에 思惟觀察호대 不能通達하야 心不能忍하고 持衣鉢至佛所하야 白佛言호대 佛能爲我하야 解此十四難하야 使我了者인댄 當作弟子로대 若不能解인댄 我當更求餘道리다 佛言하사대 癡人아 汝共我要誓하라 若答十四難인댄 汝作我弟子耶아 比丘言호대 不也니다 佛言하사대 汝癡人아 今何以言호대 若不答我인댄 不作弟子아 我爲老病死人하야 說法濟度하나니 此十四難은 是鬪諍法이라 於法無益하고 但是戲論거니 何用問爲리요 若爲汝答이라도 汝心不了하고 至死不解하야 不能得脫生老病死하리라 譬如有人이 身被毒箭거든 親屬呼醫하야 欲爲出箭塗藥거늘 便言호대 未可出箭이라하고 我先當知汝의 姓字親里

와 父母年歲하며 次欲知箭이 出在何山이며 何木何羽하며 作箭鏃者는 爲是何人이며 是何等鐵하며 復欲知弓은 何山木이며 何蟲角하며 復欲知藥은 是何處生이며 是何種名이라하야 如是等事를 盡了知之한 然後에 聽汝出箭塗藥호리라하면 佛問比丘하사대 此人이 可得知此衆事한 然後에 出箭不아 比丘言호대 不可得知니라 若待盡知인댄 此則已死니다 佛言하사대 汝亦如是하야 爲邪見箭에 愛毒所塗하야 已入汝心하니 欲拔此箭인댄 作我弟子나 爲不欲拔箭하고 而欲求盡世間의 常無常邊無邊等인댄 求之未得하야 卽失慧命하고 與畜生同死하야 自投黑暗하리라 比丘慚愧하야 深識佛語하고 卽得阿羅漢道하니라 復次菩薩이 欲作一切智人인댄 推求一切法하야 知其實相하며 十四難中에 不滯不礙하야 知其是心重病하야 能出能忍하리니 是名忍法이라하니라 釋曰卽疏下文에 引論廣破와 及經結多聞之意가 是也니라 論文에 引毒箭之喩는 與涅槃大同하나니 前已引竟하니라

『지도론』 제삼권[514]이라고 한 아래는 바로 『지도론』을 인용하여 해석한 것이다.

먼저 제삼권에 오부차五復次[515]가 있음[516]을 인용한 것은 열네 가지

514 원문에 지론제삼智論第三은 今本은 第二卷이다.

515 오부차五復次는 영인본 화엄 7책, p.113, 3행에 차사무실고此事無實故가 일부차一復次이고, 나머지 사부차四復次는 p.113, 5행 下에 復次라고 표기하였다.

516 오부차五復次가 있다고 한 등은 그러나 저 『지도론』에는 육부차가 있나니, 그 여섯 번째에 말하기를 다시(復次) 이 열네 가지 비난이 이 삿된 소견이고 진실이 아닌 까닭으로 부처님이 그만두고 답하시지 않는다고 말하여 지금에

비난을 답한 것과 겸하여 경전 가운데 모든 무기법과 다분히 같다. 첫 번째 저 논에 이 사실이 진실이 없는 까닭이라고 한 것은 바로 열네 가지 비난을 답한 것이다.

제 두 번째 수레바퀴와 같다고 한 것은 곧 어떤 등이 생사의 최초 경계가 되는가[517] 한 것을 답한 것이다.

제 세 번째 이익은 없고 잃음만 있다고 한 것은 세계가 오고가는 등[518]에 대한 질문을 겸하여 답한 것이니,

집集의 원인으로 좇아 생기하여 적멸(滅)의 진리에 돌아가거늘 허망하게 오고감을 묻는다면 곧 사제를 덮는 것이다.

제 네 번째 사람이 능히 알지 못한다고 한 것은 몇 분의 부처님과 몇 사람의 중생[519]이 있는지에 대한 질문을 겸하여 답한 것이니, 부처님의 지혜로써[520] 끝이 없는 법을 아는 까닭이다.

제 세 번째 부차復次에 합合하여 말하기를 사악邪惡한 가운데 떨어진다 하였다. 그러나 저것은 『지도론』 제이권에 해당하지만 지금에는 다 삼권이라 말하였다. 열네 가지 비난을 답한 것과 겸하여 경 가운데 모든 무기법과 다분히 같다고 한 것은 제 두 번째 부차復次는 곧 열네 가지 비난을 비난(답)하지 아니한 까닭이다. 역시 『잡화기』의 말이다.

517 원문에 하등위생사何等爲生死 운운은 영인본 화엄 7책, p.146, 7행이다.

518 원문에 세계래거등世界來去等은 영인본 화엄 7책, p.144, 5행 等에 세계성괴世界成壞 등을 말한다.

519 원문에 기불기중생幾佛幾衆生은 영인본 화엄 7책, p.142, 4행이다.

520 부처님의 지혜로써라고 한 등은 『지도론』에 말하기를 부처님이 능히 알지 못하는 것이 아니라 사람들이 능히 알지 못하는 까닭으로 부처님이 답하지 않는 것이다. 역시 『잡화기』의 말이다.

제 다섯 번째 다시 법계에[521] 칭합하여 설하는 까닭이다 한 것은 어떤 부처님 등이 먼저 출현하고 뒤에[522] 출현하는지에 대한 질문을 겸하여 답한 것이니,
통상의 뜻은 알 수가 있을 것이다.

『지도론』 제십칠권[523]이라고 한 아래는 두 번째 이 논문을 인용한 것이니[524]
곧 옛날의 일을 이끌어 지금에 비례한 것[525]이다.

---

521 제 다섯 번째 다시 법계에 운운한 것은 곧 법계에 칭합하여 설한 것이니, 『지도론』에 말하기를 부처님이 있는 것을 있다고 말하고 없는 것을 없다고 말하는 것이 비유하자면 태양이 높고 낮은 것을 짓지 않고 또한 평지를 짓지 않아 동일하게 비추는 것과 같아서, 부처님도 또한 이와 같아서 있는 것으로 하여금 없게 하지 않고 없는 것으로 하여금 있게 하지 않아 항상 진실에 칭합하여 지혜의 광명으로 모든 법을 비추는 까닭이다 하였다. 역시 『잡화기』의 말이다.

522 원문에 불등선후佛等先後는 영인본 화엄 7책, p.142, 9행이니 等은 성문, 벽지불, 중생 등을 말한다.

523 제십칠권第十七卷은 今本은 第十五卷이다.

524 이 논문을 인용한 것이라고 한 것은 응당 십칠권을 인용한 것이라고 말할 것이지만, 그러나 위에서 이미 중첩으로 거론한 까닭으로 거듭 십칠권이라고 말하지 않고 다만 위에 십칠권을 가리켜 논이라고만 말한 것이다. 차문此文이라 한 차此 자는 차次 자의 잘못이 아닌가 한다. 역시 『잡화기』의 말이다.

525 원문에 인석예금引昔例今이라고 한 것은 昔의 佛時에 比丘事를 引用하여 今의 『智論』에 밝힌 바를 비례한 것이니, 今에 疏文을 말한 것은 아니다. 『잡화기』는 말하자면 이것은 저 『지도론』 가운데 옛날의 일을 이끌어 지금에 비례한 것이라 한다 하였다.

그 문장이 약간 생략되었으니, 갖추어 말한다면 어떤 한 비구가 열네 가지 비난에 사유하고 관찰하였지만 능히 통달하지 못하여 마음을 능히 참지 못하고 가사와 발우를 가지고 부처님의 처소에 이르러 부처님께 여쭈어 말하기를, 부처님께서 능히 저를 위하여 이 열네 가지 비난을 해석하여 저로 하여금 알게 한다면 마땅히 제자가 되겠지만, 만약 능히 알게 하지 못한다면 저는 마땅히 다시 다른 도를 구할 것입니다.

부처님께서 말씀하시기를 어리석은 사람아, 그대가 나와 함께 맹세하라. 만약 열네 가지 비난을 답한다면 그대가 제자가 되겠는가.

비구가 말하기를 아닙니다.

부처님께서 말씀하시기를 그대 어리석은 사람아, 지금 무슨 까닭으로 말하기를 만약 나에게 답하지 않는다면 제자가 되지 않겠다 하는가. 나는 늙고 병들고 죽는 사람을 위하여 법을 설하여 제도하나니, 이 열네 가지 비난은 투쟁의 법이다. 이 법에는 이익이 없고 다만 희론만 있거니 어찌하여 물어 비난하겠는가.

만약 그대를 위하여 답할지라도 그대 마음이 알지 못하고, 죽음에 이르도록 알지 못하여 능히 생로병사에서 해탈함을 얻을 수 없을 것이다.

비유하자면 어떤 사람이 몸에 독화살을 맞았거든 친속들이 의사를 불러 화살을 뽑고 약을 바르고자 하거늘, 문득 어떤 사람이 말하기를 화살을 뽑는 것은 옳지 않다 하고, 내가 먼저 마땅히 그대의 성과 친척과 동리와 부모와 나이를 알고자 하며

다음에 화살이 나온 곳은 어느 산에 있으며, 화살의 나무는 무엇으로

하였으며, 화살의 깃은 무엇으로 하였으며, 화살의 촉을 만든 사람은 어떤 사람이며, 무슨 쇠로 만들었는지 알고자 하며
다시 활은 어느 산 나무이며, 어떤 동물의 뿔인지 알고자 하며
다시 약은 어느 곳에서 생겼으며, 어떤 종류의 이름인지 알고자 한다 하여 이와 같은 등의 사실을 다 안 연후에 그대가 화살을 뽑고 약을 바르는 것을 허락(聽許)할 것이다 한다면, 부처님께서 비구에게 묻기를 이 사람이 가히 이 수많은 사실을 안 연후에 화살을 뽑아야 하겠는가.
비구가 말하기를 가히 알 필요가 없습니다. 만약 다 알기를 기다린다면 이 사람은 곧 이미 죽었을 것입니다.
부처님께서 말씀하시기를 그대도 또한 이와 같아서, 사견의 화살에 사랑의 독을 바르는 바가 되어 이미 그대 마음에 들어갔으니 이 사견의 화살을 뽑고자 한다면 나의 제자라 할 것이지만, 이 화살을 뽑고자 아니하고 온 세간의 영원함과 영원하지 아니함과 끝이 있음과 끝이 없는 등을 구하고자 한다면 그 구함을 얻을 수 없어서 곧 지혜의 목숨을 잃고 축생으로 더불어 같이 죽어 스스로 흑암지옥에 들어갈 것이다.
비구가 부끄럽게 여겨 부처님의 말씀을 깊이 인식하고 곧 아라한도를 얻었다.
다시 보살이 일체 지혜로운 사람이[526] 되고자 한다면 일체법을 추구하여 그 실상을 알며, 열네 가지 비난 가운데 막히지도 않고 걸리지도

---

526 원문 지인智人 아래에 本論에는 應 자가 있다.

않아서 그 마음에 무거운 병[527]을 알아 능히 벗어나고 능히 알아야 할 것이니, 이것이 이름이 법인이라 한다 하였다.
해석하여 말하면 곧 소의 하문[528]에 『지도론』을 인용하여 널리 깨뜨린 것과 그리고 경전[529]에 다문多聞의 뜻을 맺은 것이 이것이다.
『지도론』 문에 독화살의 비유를 인용한 것은 『열반경』으로 더불어 크게는 같나니, 앞에서 이미 인용하여 미쳤다.

楞伽亦云下는 卽第三經이니 佛令愼勿習近世間諸論이나 擧昔有婆羅門이 來問我云호대 瞿曇이여 一切所作耶아 我答婆羅門言호대 一切所作은 是初世論이니라 彼復問言호대 一切非所作耶아 我復報言호대 一切非作은 是第二世論이니라 復問言호대 一切常耶아 無常耶아 生耶아 不生耶아 我報言호대 是六世論이니라 復云호대 一耶異耶아 俱耶不俱耶아 一切因種種하야 受生現耶아 我報言호대 十一世論이니라 廣說云云에 我言호대 悉是世論이니 非我所說이요 是汝世論이니라 我唯說無始虛僞인 妄想習氣와 種種諸惡이 三有之因이어늘 不能覺知自心現量하고 而生妄想하야 攀緣外性하니라 彼復問云호대 癡愛業因故로 有三有耶아 爲無明因耶아 我報言호대 此二者도 亦是世論이니라 彼復問言호대 一切法이 皆入自相共相耶아 我復報言호대 此亦世論이니라 婆羅門아 乃至意流하야 妄計外塵은 皆是世

527 원문에 중병重病은 십사문난十四問難이다.
528 원문에 소하문疏下文은 영인본 화엄 7책, p.113, 2행에 『智論』 第三卷과 같은 책 p.113. 7행에 『智論』 第十七卷이다.
529 원문에 급경及經은 『능가경楞伽經』이니 영인본 화엄 7책, p.113, 9행이다.

論이니라 又問호대 頗有非世論不耶아 佛答意云호대 外道中無하고 我論中엔 有非世論이니 汝諸外道가 不能知는 以於外性不實에 妄想虛僞計著故니라 謂妄想不生하야 覺了有無가 自心現量하며 妄想不生하야 不受外塵하야 妄想永息이 是名非世論니 此是我法이요 非汝有也니라 偈中云호대 乃至心流轉은 是則爲世論이요 妄想不轉者는 是人見是心이라 來者謂事生이요 去者事不現이니 明了知去來인댄 妄想不復生이라하니라 解曰前偈는 無妄見이요 後偈는 了知妄滅이라 據今經文컨댄 正明是前文一段에 所有妄計요 其再問한 癡愛因緣等은 雖是正義나 不了自心일새 故爲世論이니라 故智論云호대 覆諸法實相이라하니 亦卽涅槃에 通遣著意니라

『능가경』에 또한 말하였다고 한 아래는 곧 『능가경』 제삼권이니, 부처님께서 하여금 세간에 모든 논리를 익혀 가까이하는 것을 삼가 못하게 하셨지만, 과거[530] 옛날에 어떤 바라문이 나에게 와서 물어 말하기를 부처님이시여, 일체가 지은 바가 있습니까.
내가 바라문에게 답하여 말하기를 일체가 지은 바가 있는 것은 이것은 첫 번째 세간의 논리이다.
저 바라문이 다시 물어 말하기를 일체가 지은 바가 없습니까.
내가 다시 답하여 말하기를 일체가 지은 바가 없는 것은 이것은 제 두 번째 세간의 논리이다.
다시 바라문이 물어 말하기를 일체가 영원합니까 영원하지 않습니

530 擧는 '과거 거' 자이다.

까.[531] 일체가 생기한 것입니까 생기한 것이 아닙니까.
내가 답하여 말하기를[532] 이것은 제 여섯 번째 세간의 논리이다.
다시 바라문이 물어 말하기를 일체가 하나입니까 다릅니까. 함께합니까 함께하지 않습니까. 일체가[533] 가지가지를 인연하여[534] 생을 받아 나타납니까.
내가 답하여 말하기를 제 열한 번째 세간의 논리이다.
널리 설하여 운운[535]함에 내가 말하기를 다 이것은 세간의 논리이니 내가 설할 바가 아니요, 이것은 너의 세간의 논리이다.
나는 오직 시작도 없는 예부터 거짓인 망상습기와[536] 가지가지 모든 악이 삼유三有의 원인이라고 설하였거늘, 능히 자기 마음의 현량現量인 줄 알지 못하고 망상을 내어 바깥 자성을 반연하는도다.
저 바라문이 다시 물어 말하기를[537] 치痴와 애愛의 업을 원인한 까닭으

531 원문에 무상야無常耶와 생야生耶라는 등의 말 위에 저 『능가경』에는 곧 또한 각각 일체一切라는 글자가 있다고 『잡화기』는 말한다.

532 원문에 아보언我報言이란, 차례와 같이 영원하다 영원하지 않다, 생기하였다 생기하지 아니하였다는 것이다.

533 원문 일야一耶 위에 本經엔 一切라는 글자가 있다.

534 일체가 가지가지를 인연한다고 한 등은 저 『능가경』에 갖추어 말하기를 일체가 다 가지가지 인연이 있어 생을 받아 납니까 하였다. 역시 『잡화기』의 말이다.

535 원문에 광설廣說 운운은 북장경北藏經에는 작은 글씨로 注로 처리하였다.

536 시작도 없는 예부터 거짓인 망상습기라고 한 등은 저 『능가경』에 말하기를 시작도 없는 희론과 모든 악한 습기를 인하여 삼유三有에 생기하거늘, 오직 이 식識의 소현所現인 줄 알지 못하고 밖의 법을 취한다 하였다. 역시 『잡화기』의 말이다.

로 삼유가 있습니까. 무명의 원인이 됩니까.[538]

내가 답하여 말하기를 이 두 가지도 역시 세간의 논리이다.

저 바라문이 다시 물어 말하기를 일체법이 다 자상과 공상에 들어갑니까.

내가 다시 답하여 말하기를 이것도 또한 세간의 논리이다.

바라문아, 내지 마음이 유전하여 바깥 경계를 허망하게 계교하는 것은 다 세간의 논리이다.

또 묻기를 자못 세간의 논리 아닌 것이 있습니까.

부처님께서 답하신 뜻에 말씀하시기를 외도 가운데는 없고 나의 논리 가운데는 세간의 논리 아닌 것이 있나니, 그대 모든 외도가 능히 알지 못하는 것은 바깥 자성의 진실하지 아니함에[539] 망상과 거짓으로 계교하여 집착하는 까닭이다.

말하자면 망상이 생기지 아니하여 있고 없는 것이 자기 마음의

---

537 원문에 의意는 초문鈔文엔 云 자이다.

538 원문에 무명인야無明因耶는 즉치애업인고卽痴愛業因故로 위무명인야爲無明因耶라 한 것이다. 즉 치와 애의 업을 원인한 까닭으로 무명의 원인이 됩니까 한 것이다. 『유망기遺忘記』에는 무명無明의 明 자는 衍이라 하였다. 그렇다면 뜻은 완전히 달라진다.

539 진실하지 아니함(不實)에라고 한 아래는 저 『능가경』에 말하기를 저 밖의 법에 허망하게 분별하여 집착을 내는 까닭이니, 만약 능히 있고 없는 등의 법을 요달한다면 일체가 다 이 자기 마음의 소현所現으로 분별을 내지 않고 밖의 경계를 취하지 아니하며 스스로 거처하여 머물 것이니, 스스로 거처하여 머문다고 한 것은 이것은 분별을 일으키지 않는다는 뜻이다 하였다. 역시 『잡화기』의 말이다.

현량인 줄 알아서 깨달으며, 망상이 생기지 아니하여 바깥 경계를 받지 아니하여 망상을 영원히 쉬는 것이 이 이름이 세간의 논리가 아니라는 것이니, 이것은 나의 법이요 너에게 있는 법이 아니다.

게송 가운데 말하기를
내지 마음이 유전하는 것은
이것은 곧 세간의 논리가 되는 것이요
망상이 유전하지 않는 사람
이 사람은 이 마음[540]을 볼 것이다.

온다고 하는 것은 말하자면 사실이 생기는 것이요,
간다고 하는 것은 사실이 나타나지 않는 것이니,
가고 오는 것을 분명하게 안다면
망상이 다시는 생기지 아니할 것이다 하였다.
해석하여 말하면 앞에 게송[541]은 허망한 소견이 없는 것이요
뒤에 게송은 망상을 알아 소멸하는 것이다.
지금에 경문을 의거한다면 앞에 문장[542]의 일단에 있는 바 허망하게 계교한 것을 바로 밝히는 것이요
그 바라문이 재삼 물은 치癡와 애愛의 업을 인연한 까닭으로 삼유가 있습니까 한 등은 비록 이것이 바른 뜻이지만, 자기 마음을 알지

---

540 원문에 시심是心의 是 자는 本經엔 自 자이다.

541 원문에 전게前偈란, 偈中에 初四句는 前偈이다.

542 원문에 전문前文이란, 영인본 화엄 7책, p.117, 1행 이하이다. 즉 今經이 저 經의 前段에 있는 허망하게 계교한 것을 바로 밝히는 것이다.

못하였기에 그런 까닭으로 세간의 이론이 되는 것이다.
그런 까닭으로 『지도론』에[543] 말하기를 모든 법의 실상을 덮는다 하였으니,
또한 곧 『열반경』에 집착함을 보낸다[544]고 한 뜻에 통하는 것이다.

疏

言十四者는 卽此中에 前四四句라 其第四四句는 但合爲二니 謂身與神一이며 身與神異니라

열네 가지[545] 비난이라고 말한 것은 곧 이 가운데 앞에 네 가지 사구四句이다.
그 제 네 번째 사구는 다만 합하여 두 가지로 하였으니,
말하자면 몸과 더불어 정신이 하나이기도 하며 몸과 더불어 정신이 다르기도 한 것이다.

---

543 원문에 고지론故智論 아래는 위에 오부차五復次 가운데 제삼부차第三復次이다.

544 원문에 견착遣着이란, 막착莫着의 뜻이다.

545 열네 가지란, 아래 영인본 화엄 7책, p.121, 6행에 經文 가운데 十六句에 一句와 二句를 除하니 十四句이다. 즉 第四四句는 단합위이但合爲二란 十四句를 이루기 위한 것이다.

鈔

言十四者下는 第三에 示十四相이니 可知라 若曆五蘊三世인댄 成六十二見이니 對前已說하니라

열네 가지 비난이라고 말한 아래는 제 세 번째 열네 가지 비난의 모습을 보인 것이니 가히 알 수가 있을 것이다.
만약 오온과 삼세를 차례로 한다면 육십이견을 이룰 것이니,[546] 앞에 상대하여 이미 설하였다.[547]

疏

然諸經論에 多說十四難이나 而相或同異일새 不繁會釋하니라 今經委論은 不出我法二執하니라

그러나 모든 경론에 다분히 열네 가지 비난을 설하였지만 서로 혹 같기도 하고 다르기도 하기에 번잡할까 회석하지 않는다.
지금 경에서 자세히 논한 것은 아집과 법집 두 가지 집착을 벗어나지 않는다.

---

546 원문에 역오온삼세성육십이견曆五蘊三世成六十二見은 『불교사전佛教辭典』, p.63 참고.(운허사전)

547 원문에 전설前說이란, 즉 『현담玄談』이다. 對 자는 如 자가 좋다.

鈔

然諸經論下는 第四에 總會異說이라 言相或同異者는 多同少異니 諸處亦說호대 名十四不可說이라하니라 俱舍十九는 已如上說이니 正與此同하니라 智論十七은 卽釋大品이니 大品二十一佛母品云호대 復次須菩提야 佛因般若波羅蜜하야 諸衆生心數의 出沒屈伸을 如實知하니라 世尊이시여 云何知之닛가 佛言하사대 一切衆生心數의 出沒屈伸이 皆依色受想行識生일새 佛於如是中에 知衆生心數의 出沒屈伸이라하니 所謂神及世間常은 是事實이요 餘妄語는 是見依色이라 神及世間無常等三句는 準知며 及世間有邊은 是事實이요 餘妄語等四句는 準知니 皆是見依色이라 末云호대 依受想行識도 亦如是라하니 神卽是身이니 是見依色이요 神異身亦然하고 依受想行識亦然이라하니라 又云호대 死後有如去는 是事實이요 餘妄語는 是見依色이라 二는 死後無如去요 三은 死後或有如去하고 或無如去라하니 二句同初하니라 結云호대 依受想行識도 亦如是라하니라 釋曰斯卽歷蘊의 諸句小異耳니라 涅槃三十九에 先尼梵志問호대 有我耶無我耶等을 廣有問難하니 亦是小異之相일새 繁不出之하니라

그러나 모든 경론이라고 한 아래는 제 네 번째 다른 학설을 모두 회석한 것이다.
서로 혹 같기도 하고 다르기도 하다고 말한 것은 많이는 같고 조금은 다르다는 것이니,
모든 곳에서 또한 말하기를 열네 가지 불가설이라 이름한다 하였다.

『구사론』 제십구권은 이미 위에서 설한[548] 것과 같나니,
바로 여기로 더불어 같다.
『지도론』 제십칠권[549]은 곧 『대품반야경』을 해석한 것이니,
『대품반야경』 이십일권[550] 불모품에 말하기를 다시 수보리야, 부처님이 반야바라밀을 인하여 모든 중생의 심수가 출몰하고 굴신屈伸하는 것[551]을 여실하게 안다.
세존이시여, 어떻게 아십니까.
부처님께서 말씀하시기를 일체중생의 심수가 출몰하고 굴신하는 것이 다 수상행식을 의지하여 생기하기에 부처님께서[552] 이와 같은 가운데 중생의 심수가 출몰하고 굴신[553]하는 것을 안다 하니

---

548 원문에 상설上說이란, 영인본 화엄 7책, p.107, 9행이다.

549 원문에 지론십칠智論十七은 今本은 十五卷이다.

550 원문에 대품이십일大品二十一은 今本은 十四卷이다.

551 원문에 출몰굴신出沒屈伸이란, 『智論』에 해석하여 말하기를 육도중생六道衆生이 항상 오욕에 집착하는 것은 沒이요, 사과성인四果聖人이 아직 실법實法을 얻지 못한 것도 沒이다. 오욕五欲을 떠난 것은 出이다. 욕계를 떠나지 못한 것은 屈이요, 욕계를 떠난 것은 伸이다 하였다.
그러나 『잡화기』는 조금 다르게 말하고 있다. 『지도론』 칠십사권에 말하기를 육도중생은 항상 오욕에 집착하고 사과四果의 성인은 아직 진실한 법을 얻지 못한 까닭으로 몰沒이라 하고, 오욕을 떠나 열반을 얻은 것은 출出이라 한다고 하였다.

552 원문의 불어佛於라고 한 위에 부차수보리復次須菩提라는 글자가 『대품반야경』에는 있다고 『잡화기』는 말한다.

553 굴신屈伸까지는 『대품반야大品般若』의 말이고, 소위所謂 다음부터는 『지론智論』의 말이다.

말하자면 정신과 그리고 세간이 영원하다고 한 것은 이것은 사실事實이요
나머지는 허망한 말이라고 한 것은 이것은 보는 것이 색을 의지하는 것이다.
정신과 그리고 세간이 무상하다고 한 등 세 구절[554]은 준하여서 알 것이며,
그리고 세간이 끝이 있다고[555] 한 것은 이것은 사실이요
나머지는 허망한 말이라고 한 등의 네 구절은 준하여서[556] 알 것이니,
다 이것은 보는 것이 색을 의지하는 것이다.
끝에 말하기를 수상행식을 의지하는 것도 또한 이와 같다[557] 하니
정신은 곧 이 몸이니 이것은 보는 것이 색을 의지하는 것이요
정신이 몸과 다른 것도[558] 또한 그러하고 수상행식을 의지하는 것도

---

554 세간무상등삼구世間無常等三句란, 유상有常과 역유역무상亦有亦無相과 비유비무상非有非無常이니 바로 아래 소문疏文에 있다.

555 세간유변世間有邊도 바로 아래 소문疏文에 있다.

556 준하여 알 것이라고 한 아래에 또 정신과 그리고 세간이 영원하다(常)는 등 네 구절이 다 수·상·행·식을 의지하는 것도 또한 다시 이와 같다는 문장이 있다. 바로 아래 그리고 세간이라고 한 아래는 다만 세간만 거론하여 끝이 있다는 등 네 구절을 지었다. 급及이라는 글자는 저 『대품반야경』에는 없지만 초가鈔家가 더한 바이다. 이상은 다 『잡화기』의 말이다.

557 如是까지는 『大品般若』의 말이다.

558 정신이 몸과 다르다고 한 것은 저 『지도론』에 말하기를 다르다고 한 것은 이것은 보는 것이 색을 의지하는 것이니 수·상·행·식을 의지하는 것도 또한 다시 이와 같다 하였다. 그러나 이 가운데는 오직 떠나고 즉하는 두 구절만 있는 까닭으로 전후前後를 합하여 열네 구절을 삼았지만, 다만

또한 그러하다[559] 하였다

또 말하기를 죽은 뒤에 여거如去가 있다고 한 것은 이것은 사실이요 나머지는 허망한 말이라고 한 것은 이것은 보는 것이 생을 의지하는 것이다.

두 번째는 죽은 뒤에 여거가 없는 것이요

세 번째는 죽은 뒤에 혹 여거가 있기도 하고[560] 혹 여거가 없기도 하다 하였으니,

두 구절은 처음 구절과 같다.

맺어서 말하기를 수상행식을 의지하는 것도 또한 이와 같다 하였다.

해석하여 말하면 이것은 곧 오온의 모든 구절이 조금 다름[561]을 차례로 하였을 뿐이다.

『열반경』 삼십구권[562]에 선니先尼라는 범지가 묻기를 내가 있는가 내가 없는가 한 등[563]을 폭넓게 물어 비난한 것이 있나니,

---

제온諸蘊(오온)의 차례가 다를 뿐이다. 역시 『잡화기』의 말이다.

559 亦然까지는 『智論』의 말이다.

560 혹 여거가 있기도 하다고 한 등은 여거가 있지 않기도 하고 여거가 없지 않기도 하다고 한 구절은 가히 비례하면 알 수 있는 까닭으로 인용하지 않고, 다만 맺어 말하기를 두 구절이라고만 하였다. 역시 『잡화기』의 말이다.

561 원문에 제구소이諸句小異는 此『智論』中엔 十四句에 각각 수상행식受想行識을 의지하여 비례하였고, 금경중今經中엔 十四句는 곧 유변有邊, 무변無邊 등이니 『智論』과 조금 다르다.

562 『열반경涅槃經』 삼십구권은 한글장경으로는 35권이니 한글대장경 53, 열반부 1, p.727, 下段에 있다.

역시 조금 다른 모습이기에 번잡할까 설출하지 않는다.

563 원문 무아야등無我耶等의 等이란, 선니 범지가 묻기를 고오타마여, 내가 있습니까, 내가 없습니까. 부처님이 말이 없자, 다시 묻기를 고오타마여, 만약 모든 衆生이 내가 있다면 모든 곳에 두루하였을 것이며, 하나일 것이며 云云한 것을 말한다.

經

謂世間有邊과 世間無邊과 世間亦有邊亦無邊과 世間非有邊非無邊과 世間有常과 世間無常과 世間亦有常亦無常과 世間非有常非無常과 如來滅後有와 如來滅後無와 如來滅後亦有亦無와 如來滅後非有非無와 我及衆生有와 我及衆生無와 我及衆生亦有亦無와 我及衆生非有非無니라

말하자면 세간이 끝이 있는 것과 세간이 끝이 없는 것과 세간이 또한 끝이 있기도 하고 또한 끝이 없기도 한 것과 세간이 끝이 있는 것도 아니고 끝이 없는 것도 아닌 것과
세간이 영원함이 있는 것과 세간이 영원함이 없는 것과 세간이 또한 영원함이 있기도 하고 또한 영원함이 없기도 한 것과 세간이 영원함이 있는 것도 아니고 영원함이 없는 것도 아닌 것과
여래가 열반한 뒤에 있는 것과 여래가 열반한 뒤에 없는 것과 여래가 열반한 뒤에 또한 있기도 하고 또한 없기도 한 것과 여래가 열반한 뒤에 있지도 않고 없지도 않는 것과
나와 그리고 중생이 있는 것과 나와 그리고 중생이 없는 것과 나와 그리고 중생이 또한 있기도 하고 또한 없기도 한 것과 나와 그리고 중생이 있지도 않고 없지도 않는 것입니다.

疏

文分五段하리니 第一에 有四四句는 就我明無記요 第二에 過去下는 就三世하야 橫論凡聖數之多少요 三에 何等下는 約凡聖하야 竪論初後요 四에 世間從何下는 徵三世間所從이요 五에 何者下는 約生死際畔하야 以辨無記라

경문을 오단으로 나누리니
첫 번째 네 가지 사구가 있는 것은 나(我)에 나아가 무기를 밝힌 것이요
제 두 번째 과거라고 한 아래[564]는 삼세에 나아가 횡橫으로 범부와 성인의 수가 많고 적음을 논한 것이요
세 번째 어떤 등의 여래가라고 한 아래는 범부와 성인을 잡아서 수竪로 처음과 뒤를 논한 것이요
네 번째 세간이 어느 곳으로 좇아 왔는가라고 한 아래[565]는 삼세간三世間[566]의 좇아온 바를 물은 것이요
다섯 번째 어떤 것이 생사의 최초 경계되는가라고 한 아래는 생사의 경계를 잡아서 무기를 분별한 것이다.

564 과거라고 한 아래는 영인본 화엄 7책, p.142, 4행이다.
565 어느 곳으로 좇아 왔는가라고 한 아래는 영인본 화엄 7책, p.144, 5행이다.
566 삼세간三世間은 영인본 화엄 7책, p.144, 7행에 중생세간衆生世間과 오온세간五蘊世間과 기세간器世間이라 하였다.

鈔

文分五段下는 二에 辨相이라 便有釋文就常等破니 皆中論意니라

경문을 오단으로 나누었다고 한 아래는 제 두 번째 무기의 모습을 분별한 것이다.
곧 경문을 해석하고 영원하다는 등에 나아가 깨뜨린 것이 있나니, 다 『중론』의 뜻이다.

疏

今初段中에 句雖十六이나 其過는 不出斷常하니라 言世間者는 準大品中인댄 通三世間이니 謂衆生世間과 五蘊世間과 及器世間이라 今此文意는 正顯衆生世間하고 兼明五蘊世間하니라 以衆生은 是總主假者어늘 外道가 計以爲我일새 故有邊等諸見하니라 初에 有邊四句는 約未來世요 常等四句는 約過去世요 如來有無는 依涅槃起라 故中論邪見品云호대 我於過去世에 爲有爲是無와 世間常等見은 皆依過去世요 我於未來世에 爲作爲無作과 有邊等諸見은 皆依未來世라하며 涅槃品云호대 如來滅後有無等은 依涅槃起라하니라 我及衆生有無四句는 約現在說이라

지금 초단初段[567] 가운데 구절은 비록 열여섯 구절이 있지만 그 허물은

567 원문 금초今初 아래에 초문에는 段中이라는 두 글자가 있다.

단견과 상견을[568] 벗어나지 않는다.

세간이라고 말한 것은 『대품반야경』 가운데를 기준한다면 삼세간에 통하나니,

말하자면 중생세간과 오온세간과 그리고 기세간이다.

지금에 이 경문의 뜻은 바로 중생세간을 나타내고 겸하여 오온세간[569]을 밝힌 것이다.

중생은 모두 거짓을 주간하는 사람이거늘[570] 외도가 계교하여 나(我)를 삼기에[571] 그런 까닭으로 끝이 있다는 등 모든 소견이 있는 것이다.

처음에 끝이 있다는 네 구절은 미래세를 잡은 것이요

영원하다는 등 네 구절은 과거세를 잡은 것이요

여래가 있고 없다고 한 것은 열반함을 의지하여 생기한 것이다.

그런 까닭으로 『중론』 사견품邪見品에[572] 말하기를

---

568 원문 단상斷常 아래에 二見이라는 두 글자가 있기도 하다.

569 중생세간衆生世間은 사람을 잡아 말한 것이고, 오온세간五蘊世間은 법法을 잡아 말한 것이다. 즉 여기서는 『大品般若』의 삼종세간三種世間과 此經의 이종세간二種世間이 같고 다름을 나타내고 있는 것이지, 두 경을 상대하여 같고 다름을 현시한 것은 아니다.

570 원문에 중생총주가자衆生總主假者는, 중생衆生은 이 오온五蘊의 총주總主요, 假라고 한 것은 오온五蘊의 분상分上에 중생衆生이라는 이름을 세운 까닭으로 假이다.

571 원문에 외도계이위아外道計以爲我는 외도外道가 오온五蘊의 총주總主인 까닭으로 계교하여 나를 삼아 모든 소견의 의지할 바를 삼는 것이다.

572 사견품邪見品이란, 사견품 가운데 第一頌과 第二頌이다. 사견품은 『중론中論』 第二十七品 마지막 품이다.

내가 과거세에
있었는가 없었는가,
세간이 영원한가 한 등의 소견은
다 과거세를 의지한 것이요,

내가 미래세에
지음이 있는가 없는가,
끝이 있는가 한 등의 모든 소견은
다 미래세를 의지한 것이다 하였으며
『중론』 열반품涅槃品[573]에 말하기를 여래가 열반한 뒤에 있다 없다 한 등은 열반을 의지하여 생기한 것이다 하였다.
나와 그리고 중생[574]이 있는 것과 없는 것이라고 한 네 구절은 현재를 잡아서 설한 것이다.

鈔

今初段中에 句雖十六下는 釋此第一의 就我明無記니 先은 辯見所依요 後는 正釋文이라 今初有三하니 一은 明不離斷常이요 言世間下

---

573 열반품涅槃品이란, 第二十五品이니 열반품涅槃品 第二十一頌에 멸후유무등滅後有無等과 유변등상등有邊等常等의 제견의열반諸見依涅槃과 미래과거세未來過去世라 한 것이다. 즉 열반하신 뒤에 있다 없다 한 등과 / 끝이 있다 한 등 영원하다 한 등의 / 모든 소견은 열반과 / 미래와 과거세를 의지한 것이라 한 것이다.

574 나와 그리고 중생이라고 한 아래는 소문이다고 『잡화기』는 말한다.

는 二에 明世間同異니 明見依我起라 準大品中者는 卽上二十一經이라 而三世間은 是智論釋이니 論云호대 世間有三種等이라 餘如疏辯하니라 初有邊四句下는 三에 釋此我不同이나 不出三世니 涅槃은 爲起見處니라 就引中論邪見品인댄 我於過去世等者의 偈首之我는 卽今世我니 意問호대 今世之我가 於過去世에 爲先已有아 爲先未有아 若先已有인댄 卽是計常이요 若先是無인댄 今此雖起나 卽是無常이라 三은 則雙立이요 四는 則雙非라 邊等諸義는 次下當釋하리라 中論涅槃品偈云호대 滅後有無等과 有邊等常等의 諸見依涅槃과 未來過去世라하니라 釋曰此卽總示所依니 依前別配하면 可知니라

지금 초단 가운데 구절은 비록 열여섯 구절이 있지만이라고 한 아래는 이것은 제일 첫 번째 나(我)에 나아가 무기를 밝힌다고 한 것을 해석한 것이니
먼저는 소견이 의지하는 바를 분별한 것이요
뒤에는 바로 경문을 해석한 것이다.

지금은 처음으로 세 가지가 있나니
첫 번째는 단견과 상견을 떠나지 아니함을 밝힌 것이요
세간이라고 말한 아래는 두 번째 세간의 같고 다름을 밝힌 것이니, 소견이 나를 의지하여 생기함을 밝힌 것이다.

『대품반야경』 가운데를 기준한다고 한 것은 곧 위에 말한 이십일경[575]이다.

그러나 삼세간은 이 『지도론』의 해석이니,
『지도론』에 말하기를 세간에 세 가지가 있다 한 등이다.
나머지는 소문에서 해석한 것과 같다.

처음에 끝이 있다는 네 구절이라고 한 아래는 세 번째 이 내가 같지 않지만[576] 삼세를 벗어나지 아니함[577]을 해석한 것이니,
열반은 소견을 일으키는 처소가 되는 것이다.
『중론』 사견품을 인용함에 나아가 말한다면 내가 과거세라고 한 등[578]의 게송의 첫머리에 나(我)는 곧 금세의 나이니,
그 뜻에 묻기를 금세의 내가 과거세에 먼저 이미 있었는가 먼저 있지 않았는가.
만약 먼저 이미 있었다고 한다면 곧 이것은 영원하다고 계교하는 것이요
만약 먼저 없었다고 한다면 지금 여기에 비록 생기하였지만 곧 이것은 영원할 수 없다고 하는 것이다.
세 번째는 곧 함께 세우는[579] 것이요
네 번째는 곧 함께 부정하는[580] 것이다.

---

575 위에 말한 이십일경二十一經이란, 영인본 화엄 7책, p.120, 2행에 大品 二十一 불모품佛母品이다.

576 원문에 차아부동此我不同은 이 我가 二世에 같지 않다는 것이다.

577 원문에 불출삼세不出三世는 我가 三世를 벗어나지 않는다는 것이다.

578 등이란, 제 두 번째 頌에 아어미래세我於未來世라 한 등을 등취等取한 것이다.

579 원문에 쌍립雙立은 역유역무亦有亦無이다.

580 원문에 쌍비雙非는 비유비무非有非無이다.

끝이 있다는 등의 모든 뜻은 이 다음 아래서 마땅히 해석하겠다.

『중론』 열반품 게송에 말하기를
열반한 뒤에 있다 없다 한 등과
끝이 있다[581] 한 등과 영원하다 한 등의
모든 소견은 열반과
미래와 과거세에 의지한 것이다 하였다.
해석하여 말하면 이것은 곧 모두 의지하는 바를 보인 것이니,
앞을 의지하여 따로 배속한다면[582] 가히 알 수가 있을 것이다.

疏

旣知起見之本인댄 次엔 隨文別釋이니 卽爲四段하리라 第一四句에 言有邊者는 卽斷見外道가 計我於後世에 更不復作하야 則與此身俱盡이요 無邊者는 謂我於後世에 更有所作이요 三에 俱句者는 身盡故有邊이며 我不異故無邊이요 四에 俱非句者는 亦以我存身盡으로 見上有過일새 故立此句니 謂身盡故非無邊이요 我存故

581 원문에 無 자는 『중론中論』에는 有 자이다. 이 게송은 열반품 第二十一頌이다.

582 앞을 의지하여 따로 배속한다고 한 것은 영인본 화엄 7책, p.122, 말행에 처음에 유변사구有邊四句는 미래세를 잡은 것이고, 상등사구常等四句는 과거세를 잡은 것이고, 여래유무如來有無는 열반함을 의지하여 생기한 것이다 한 그것이다.

非有邊이니 旣皆邪見일새 故不答之니라 若欲破者인댄 初之二句는 墮無後世過니 謂有邊則與陰同盡하고 無邊則是今身일새 故皆無後世니 無後世者인댄 修道苦行인달 爲何益耶아 第三句에 亦有邊無邊者는 若身盡我存인댄 身我가 爲一爲異아 一則不應有盡不盡이요 異則離蘊何相으로 知有我耶아 若謂捨人生天인댄 人分猶在하고 天分更增하야 則半天半人이니 故皆不可니라 第四句에 非有邊은 未免於無요 非無邊은 未免於有어니 云何於此에 強分別耶아

이미 소견을 일으키는 근본을 알았다면 다음에는 경문을 따라 따로 해석해야 할 것이니, 곧 사단으로 하겠다.
첫 번째 네 구절에 끝이 있다고 말한 것은 곧 단견외도가 계교하기를 내가 후세에 다시 반복하여 짓지 않아서 곧 이 몸으로 더불어 함께 다한다고 하는 것이요
끝이 없다고 한 것은 말하자면 내가 후세에 다시 지을 바가 있다고 하는 것이요
세 번째 함께 세우는 구절(俱句)은 몸이 다하는 까닭으로 끝이 있으며 내가 다르지 않는 까닭으로 끝이 없다고 하는 것이요
네 번째 함께 부정하는 구절(俱非句)은 또한 나는 있고 몸은 다한다는 것으로써 위의 구절에 허물이 있음을 보기에 그런 까닭으로 이 구절을 세운 것이니,
말하자면 몸이 다하는 까닭으로 끝이 없는 것도 아니고 내가 있는 까닭으로 끝이 있는 것도 아니니, 이미 다 삿된 소견이기에 그런

까닭으로 답하지 않는 것이다.

만약 깨뜨리고자 한다면 처음에 두 구절[583]은 후세가 없다는 허물에 떨어지는 것이니,

말하자면 끝이 있는 것은 곧 오음으로 더불어 같이 다하고 끝이 없는 것은 곧 지금의 몸이기에 그런 까닭으로 다 후세가 없는 것이니, 후세가 없다고 한다면 도를 닦고 고행을 한들 무슨 이익이 되겠는가.

제 세 번째 구절에 또한 끝이 있기도 하고 또한 없기도 하다고 한 것은 만약 몸이 다하고 내가 있다고 한다면 몸과 내가 하나가 되는가 다름이 되는가.

하나라고 한다면 곧 응당 다하고 다하지 아니함[584]이 있지 않을 것이요

다르다고 한다면 곧 오온을 떠나 어떤 모습으로 내가 있는 줄 알겠는가.

만약 말하기를 사람을 버리고[585] 하늘에 태어난다고 한다면 사람의 신분은 오히려 있고 하늘의 신분을 다시 더하여[586] 반은 하늘이고 반은 사람일 것이니, 그런 까닭으로 다 옳지 않는 것이다.

제 네 번째 구절에 끝이 있는 것도 아니라고 한 것은 없다는 것을

---

583 원문에 초이구初二句는 유변有邊과 무변無邊이다.

584 원문에 진盡은 신진身盡이고, 부진不盡은 아존我存이다.

585 원문에 약위사인若謂捨人 아래는 사견품邪見品의 十五, 十六, 十七頌을 의인意引한 것이다.

586 원문에 인분유재人分猶在는 위일爲一이니 무변無邊의 半이고, 천분갱증天分更增은 위이爲異니 유변有邊의 半이다.

면할 수 없고
끝이 없는 것도 아니라고 한 것은 있다는 것을 면할 수 없거니
어떻게 여기에 억지로 분별하겠는가.

鈔

第一四句者는 然論엔 先明常等하고 後說邊等할새 廣破常等하고 例破邊等거니와 今順經次하야 先明邊等하니라 文中有三하니 初는 辯四句之相이라 卽前偈中에 我於未來世에 爲作爲無作은 初以無作爲有邊이니 而是斷見外道요 亦先偈首之我는 是今世我라 四句之相은 疏文自明하니라 旣皆邪見下는 二에 明無記義니 卽出不答所以也니라 若欲破者인댄 初之二句는 皆墮無後世過者는 三에 合破二句라 論云호대 若世間有邊인댄 云何有後世며 若世間無邊인댄 云何有後世아하니라 釋曰有邊則後無續일새 故無後世요 無邊則是今身일새 故無後世니 有邊則斷이요 無邊則常이라

첫 번째 네 구절이라고 한 것은 그러나 『중론』 사견품에는 먼저 영원하다는 등의 소견을 밝히고[587] 뒤에 끝이 있다는 등의 소견을 설하였기에[588] 널리 영원하다는 등의 소견을 깨뜨리고 비례하여

587 원문에 선명상등先明常等이라고 한 것은 사견품邪見品 제일송第一頌에 아어과거세我於過去世에 위유위시무爲有爲是無와 세간상등견世間常等見은 개의과거세皆依過去世라 하여 제삼구第三句에 세간상등견世間常等見이라 한 것을 말한다.

588 원문에 후설변등後說邊等이라고 한 것은 사견품邪見品 제이송第二頌에 아어미

끝이 있다는 등의 소견을 깨뜨렸거니와, 지금에는 이 경의 차례를 따라 먼저 끝이 있다는 등의 소견을 밝혔다.

소문에 세 가지[589]가 있나니

처음에는 네 구절의 모습을 분별한 것이다.

곧 앞의 사견품[590] 게송 가운데 내가 미래세에 지음이 있는가 지음이 없는가 한 것은 처음에 지음이 없다는 것으로써 끝이 있다는 것을 삼은 것이니 이것은 단견외도요

또한 먼저 게송의 첫머리에 나라고 한 것은 이것은 금세의 나이다.

네 구절의 모습은 소문에 스스로 밝혔다.

이미 다 삿된 소견이라고 한 아래는 두 번째 무기의 뜻을 밝힌 것이니, 곧 답하지 않는 까닭을 설출한 것이다.

만약 깨뜨리고자 한다면 처음에 두 구절은 다 후세에 없다는 허물에 떨어진다고 한 것은 세 번째 두 구절[591]을 합하여 깨뜨린 것이다.

『중론』 사견품[592]에 말하기를

래세我於未來世에 위작위부작爲作爲不作과 유변등제견有邊等諸見은 개의미래세皆依未來世라 하여 제삼구第三句에 유변등제견有邊等諸見이라 한 것을 말한다.

589 세 가지란, 一은 변사구상辨四句相이고 二는 명무기지의明無記之義이고 三은 파기소견破其所見이다. 三에 파기소견을 아래서는 합파이구合破二句라 하였다.

590 앞의 사견품邪見品이란, 영인본 화엄 7책, p.123, 3행이다.

591 원문 者 자 아래에 三 자가 있어야 하고 二句는 유변有邊과 무변無邊이다.

만약 세간이 끝이 있다고 한다면[593]
어떻게 후세가 있으며,
만약 세간이 끝이 없다고 한다면
어떻게 후세가 있다고 하겠는가 하였다.
해석하여 말하면 끝이 있는 것은 곧 후세에 상속할 수 없기에 그런 까닭으로 후세가 없다는 것이요
끝이 없는 것은 곧 금세의 몸이기에 그런 까닭으로 후세가 없다는 것이니,
끝이 있다는 것은 곧 단견이요
끝이 없다는 것은 곧 상견이다.

無後世者下는 出無後世過니 亦卽斷常過也니라 論又云호대 五陰常相續이 猶如燈火焰이니 以是故世間이 不應邊無邊이라하니라 前出過破니 定有定無일새 故墮斷常이라하얏거니와 今立理破니 如焰從緣일새 不可爲無요 無定實故로 不可爲有니 故離二邊이라 又前破人我요 此破法我어니와 今經은 正破人我일새 故不引破法하니라 又論反破云호대 若先五蘊壞인댄 不因是五陰하야 更生後五陰일새 世間則有邊이며 若先陰不壞인댄 亦不因是陰하야 而生後五陰일새 世間則

592 사견품邪見品이란, 第二十一頌이다.

593 만약 세간이 끝이 있다면 운운한 것은 저 『중론』의 해석한 가운데 각각 순서대로 깨뜨려 말하기를 진실로 후세가 있기에 이런 까닭으로 세간이 끝이 없고, 진실로 후세가 없기에 이런 까닭으로 세간이 끝이 있다고 한 것이 또한 그렇지 않다고 한 것이 있다 하였다. 역시 『잡화기』의 말이다.

無邊이라하니라 釋曰此亦正破五陰世間이니 五陰和合하야 爲衆生世間일새 旣破五陰인댄 卽破衆生이니 衆生은 卽假我故니라 上云外道가 依之計我라하니 今破五陰에 亦已破我니라 又上二偈는 亦別破二句하고 亦兼明第三俱句하니라 第三句等者는 然論廣破常等하고 後例破邊等하니라 故論云호대 我於未來世에 爲作爲不作가한 如是之見者는 皆同過去世라하니라 然破邊等하고 無有身一異破나 身一異破는 卽前破常等之中하니라 今依論例破일새 故取前勢어니와 若論인댄 破第三句云호대 若世半有邊이요 世間半無邊인댄 是則亦有邊이요 亦無邊不然하니라 彼受五陰者가 云何一分破하고 一分而不破리요 是事則不然하니라 受亦復如是하야 云何一分破하고 一分而不破리요하니라 釋曰前偈는 破衆生이니 卽是遣我요 後偈는 破受陰이니 卽是破法이라 然이나 俱是相違破니 無有一法도 亦常亦無常故니라 此相難見일새 故疏取前의 破常等例하니 前破常偈云호대 若謂我卽是요 而身有異相인댄 當知離於身하야 何處別有我리요 離身無有我가 是事爲已成거니와 若謂身卽我며 若都無有我인댄 但身不有我니 身相生滅故라하니라 釋曰此則破常等호대 以一異門할새 今將例破邊等四句也니라

후세가 없다고 한 아래는 후세가 없다고 하는 허물을 설출한 것이니, 또한 곧 단견과 상견의 허물이다.
『중론』[594] 사견품에 또 말하기를

594 論이란, 『중론中論』 사견품邪見品 第二十二頌이다.

오음이 항상 상속하는 것이
비유하자면 등불의 불꽃과 같나니,
이런 까닭으로 세간이
응당 끝이 있다고도 끝이 없다고도 할 수 없다 하였다.

앞[595]에서는 허물을 설출하여 깨뜨린 것이니 결정코 있다고 하고 결정코 없다고 하기에 그런 까닭으로 단견과 상견에 떨어진다 하였거니와, 지금[596]에는 이치를 세워 깨뜨린 것이니 불꽃과 같이[597] 인연을 좇기에 가히 없다고도 할 수 없고 결정코 진실이 없는 까닭으로 가히 있다고도 할 수 없는 것이니, 그런 까닭으로 이변二邊을 떠난 것이다.

또 앞에서는 인아人我를 깨뜨리고 여기서는 법아法我를 깨뜨렸거니와, 지금에 경은 바로 인아를 깨뜨리기에 그런 까닭으로 법아를 깨뜨리는 것은 인용하지 아니하였다.[598]

---

595 원문에 前이란, 영인본 화엄 7책, p.126, 7행, 『중론中論』 사견품邪見品 第二十一頌이다.

596 원문에 今이란, 영인본 화엄 7책, p.126, 末行 下, 『중론中論』 사견품邪見品 第二十二頌이다.

597 원문에 여염如焰이라고 한 등은 저 논論에 해석하여 말하기를 수많은 인연因緣이 화합和合하여 등의 불꽃이 생기나니, 인연이 다하지 아니하면 등의 불꽃은 사라지지 않는다. 따라서 가히 없다고도 할 수 없다. 그러나 만약 인연이 다하면 곧 사라지나니, 따라서 가히 있다고도 할 수 없다 하였으니, 이와 같이 세간世間이 끝이 있다고도 할 수 없고 끝이 없다고도 할 수 없다는 것이다. 여기서 세간世間은 오음五陰의 세간이다.

598 원문에 불인파법不引破法이라고 한 것은 『중론中論』 가운데 법아法我를 깨뜨

또 『중론』[599] 사견품에 반대로 깨뜨려 말하기를[600]
만약 먼저 오음이 무너진다면
이 오음을 인하여
다시 뒤에 오음이 생기지 않기에
세간이 곧 끝이 있을 것이며[601]

만약 먼저 오음이 무너지지 않는다면
또한 이 오음을 인하여
뒤에 오음이 생기지 않기에
세간이 곧 끝이 없을 것이다[602] 하였다.

해석하여 말하면 이것도 또한 바로 오음세간을 깨뜨린 것이니, 오음이 화합하여 중생세간이 되었기에 이미 오음을 깨뜨렸다면 곧 중생을 깨뜨린 것이니, 중생은 곧 거짓 나인 까닭이다. 위[603]에서

리는 것은 인용引用하지 않았다는 것이다.

599 원문에 우론又論이란, 사견품邪見品 二十三頌과 二十四頌이다.

600 반대로 깨뜨려 말하기를 운운한 것은 『중론』에 처음 게송(제23송)을 해석하여 말하기를 만약 먼저 오음이 사라진 이후에 다시 나머지 오음이 생기지 않는다면 곧 이것은 끝(邊)이 있다 이름하고, 뒤에 게송(제24송)을 해석하여 말하기를 만약 먼저 오음이 무너지지 않고 다시 나머지 오음이 생기지 않는다면 곧 이것은 영원하다(常) 이름할 것이다 하나 그러나 진실로 그렇지 않다 하였다. 역시 『잡화기』의 말이다.

601 사견품邪見品 二十三頌이다.

602 사견품邪見品 二十四頌이다.

603 원문에 上이란, 영인본 화엄 7책, p.122, 10행에 이중생총주가자以衆生總主假

말하기를 외도가 그 중생을 의지하여 나를 계교한다 하였으니, 지금에 오음을 깨뜨림에 또한 이미 나를 깨뜨린 것이다.
또 위에 두 게송은 또한 두 구절[604]을 따로 깨뜨리고, 또한 겸하여 제 세 번째 함께 세우는 구절(俱句)도 밝혔다.

제 세 번째 구절이라고 한 등은 그러나 『중론』에 영원하다는 등을 폭넓게 깨뜨리고 뒤에 끝이 있다는 등을 비례하여 깨뜨린 것이다.
그런 까닭으로 『중론』[605] 사견품에 말하기를
내가 미래세에
지음이 있는가, 지음이 없는가 한
이와 같은 소견은
다 과거세와 같다[606] 하였다.
그러나 끝이 있다는 등만 깨뜨리고 몸이 하나다, 다르다 한 것을 깨뜨린 것이 없지만 몸이 하나다, 다르다 한 것을 깨뜨린 것은 곧 이 앞에 영원하다는 등을 깨뜨린 가운데 있다.
지금은 『중론』을 의지하여 비례하여 깨뜨리기에[607] 그런 까닭으로

者어늘 외도계이위아外道計以爲我라 한 것이다.

604 원문에 二句란, 유변有邊과 무변無邊이니 제일게第一偈는 파유변破有邊이요 제이게第二偈는 파무변破無邊이다.

605 원문에 論이란, 『중론中論』 사견품邪見品 第二十四頌이다.

606 원문에 개동과거세皆同過去世라고 한 것은 먼저 이미 과거過去의 상常·무상無常 등을 깨뜨린 까닭이다. 다 『잡화기』의 말이다.

607 원문에 금의론례파今依論例破라고 한 것은 第三句에 역유변역무변亦有邊亦無邊이라 한 것이다.

앞의 문세를 취하였거니와, 만약 『중론』[608]이라면[609] 제 삼구를 깨뜨려 말하기를

만약 세간이 반은 끝이 있고
세간이 반은 끝이 없다면
이것은 곧 또한 끝이 있기도 하고
또한 끝이 없기도 한 것이니 그렇지가 않다.

저 오음을 받는 이가
어떻게 한 부분은 깨뜨리고
한 부분은 깨뜨리지 못하겠는가.
이 사실은 곧 그렇지가 않다.

받는 것도 또한 다시 이와 같아서
어떻게 한 부분은 깨뜨리고
한 부분은 깨뜨리지 못하겠는가[610] 하였다.

---

608 원문에 論이란, 『中論』 邪見品 第二十五頌과 第二十六頌과 第二十七頌이다.

609 만약 『중론』이라면 운운한 것은 『중론』 사견품 제 이십오송과 제 이십육송과 제 이십칠송이다. 『잡화기』에 말하기를 처음 게송(여기 인용한 세 게송 가운데 처음 게송)은 한꺼번에 표한 것이고, 뒤에 두 게송은 따로 해석한 것이다. 그런 까닭으로 『중론』의 해석한 가운데 앞의 게송을 모두 첩석하여 말하기를 만약 세간이 반은 끝이 있고 세간이 반은 끝이 없다고 한다면 한 법에 두 가지 모습이 있는 것이니, 이 사실은 그렇지가 않다. 무슨 까닭인가. 저 오음을 받는 이가 운운하였다. 역시 『잡화기』의 말이다.

610 원문 불파不破 아래에 시사역불연是事亦不然, 즉 이 사실은 그렇지가 않다는

해석하여 말하면 앞에 게송[611]은 중생을 깨뜨린 것이니 곧 나를 보내는 것이요

뒤에 두 게송[612]은 수受와 오음을 깨뜨린 것이니 곧 법을 깨뜨린 것이다.

그러나 모두 이것은 서로 어기는 것을 깨뜨린 것이니, 한 법도 또한 영원하다거나 영원함이 없다는 것이 있을 수 없는 까닭이다. 이런 모습[613]은 보기 어렵기에 그런 까닭으로 소문에서 앞에 영원하다는 등을 깨뜨린 것을 취하여 비례한 것이니, 앞에 영원하다는 것을 깨뜨리는 게송[614]에 말하기를,

만약 말하기를[615] 나는 곧 영원히 이 나[616]이고

一句가 『중론中論』엔 더 있다.

611 앞에 게송이라고 한 것은 여기에 인용한 세 가지 게송 가운데 제 이십오송이다. 『잡화기』에는 해석한 가운데 앞의 게송을 가리킨 것이니, 그러나 그 가운데 이 뜻은 곧 저 『중론』에 이미 법에 나아가고 아我에 나아감에 각각 구구俱句를 세운 까닭으로 저 법과 저 아에 각각 보내는 바가 있거니와, 만약 『중론』의 영원(常)하다는 등 가운데 제 세 번째 구구俱句와 그리고 지금 소문 가운데 끝(邊)이 있고 영원(常)하다는 등 가운데 제 세 번째 구구俱句라고 한다면 곧 다 몸(身)으로써 끝이 있음을 삼고 아我로써 끝이 없음을 삼는 까닭으로 깨뜨리는 가운데 다 일이문一異門으로써 보내는 것이다 하였다.

612 원문에 後偈란, 第二十六과 第二十七偈로 여기에 인용한 後二偈이다.

613 원문에 此相이란, 무일법상무상無一法常無常이라 한 것이다.

614 원문에 전파상게前破常偈란, 『중론中論』 사견품邪見品 第四頌과 第五頌과 第六頌半이다.

615 전파상게운前破常偈云 약위若謂 운운은 論에 해석하여 말하기를 만약 先世에 我가 지금에 我가 될 수 없지만, 이와 같이 내가 天身을 받으면 하늘이라

몸은 다른 모습[617]이 있다고 한다면
마땅히[618] 몸을 떠나
어느 곳에 따로 내가 있는 줄 알겠는가.

몸을 떠나[619] 내가 없는 것이
이 사실이 이미 성립되었거니와
만약 말하기를 몸이 곧 나이며[620]

이름하고, 내가 人身을 받으면 사람으로 나와 다르지 않다 할 것이다. 그런데 몸이 다른 모습의 몸이 있다고 하는 것은 이 사실이 그렇지가 않다. 무슨 까닭인가. 만약 내가 곧 이 나라고 한다면 응당 하늘이 사람이 된다 말할 수 없는 것이다. 그렇다면 지금 하늘에 들어가면 나와 다름이 되는가, 다르지 아니함이 되는가. 만약 다르지 않다면 하늘이 곧 이 사람이니 我도 또한 영원하다는 허물이 있고, 만약 다르다면 하늘이 사람이 될 수 없는 것이니 我도 또한 영원하지 않다는 것이다. 영원하지 않다면 곧 我가 없는(無我) 까닭이다 하였다. 역시 『잡화기』의 말이다.

616 원문에 즉시卽是라고 한 是 자는 게송문으로 보면 과거세에 我가 금세에 我라는 뜻으로 상시아常是我이니 과거, 현재, 미래에 영원히 我라는 것이다. 영인본 화엄 7책, p.130, 9행을 참고하라.

617 원문에 신유이상身有異相은 무상無常의 뜻(意)이다.

618 원문에 당지當知라고 한 아래에 사구四句는 『중론』에 말하기를 만약 오음을 떠난다면 진실로 따로 내가 없나니, 이런 까닭으로 내가 다만 거짓 이름만 있고 결정코 진실로 내가 없다 하였다. 『중론』에는 지知 자가 없다. 몸을 떠나서라고 한 그 몸은 오음의 몸이다. 진실로 내가 없다 하였다까지는 『잡화기』의 말이고, 그 아래는 나의 말이다.

619 원문에 이어신離於身의 身은 오음신五陰身이다.

620 만약 말하기를 몸이 곧 나라고 한 아래는 『중론』에 말하기를 만약 몸을

만약 모두 내가 없다고 한다면

다만 몸은 내가 되지 못할 것이니
몸의 모습은 생멸하는 까닭이다 하였다.
해석하여 말하면 이것은 곧 영원하다는 등을 깨뜨리되 일이문一異門[621]으로써 하기에 지금에 장차 끝이 있다는 등 네 구절을 비례하여 깨뜨린 것이다.

若謂捨人生天下는 遮救니 卽論에 正破邊等之意라 然偈云호대 若天卽是人인댄 則墮於常邊이요 天則爲無生이니 常法不生故니라 若天異人者인댄 是卽爲無常이요 若天異人者인댄 是則無相續이라하니라 釋曰前偈破常이니 卽破無邊이요 後偈破斷니 卽破有邊이라 次偈云호대 若半天半人인댄 則墮於二邊이니 常及於無常은 是事則不然이라하니라 今疏卽影公의 取偈之意니 捨人生天인댄 人分猶在하고 天分更增等은 上卽縱立이요 則半天下는 正破라 結言略明일새 故皆不然이라하니 不然之由는 卽如偈文하니 亦常亦無常은 二相相가 違猶如水火하야 義無並立하니라 第四句下는 論에 但躡前破云호대 若有邊無邊인댄 是二亦應成이라하니라 釋曰此卽縱破며 亦相待破니 有

떠나 내가 없나니, 다만 몸이 이 나라고 말한다면 이것도 또한 그렇지가 않나니, 무슨 까닭인가. 몸(身)은 생멸하고 영원한 나(我)는 곧 그렇지 않다 하였다.

621 원문에 일이문一異門이란, 上에 당지하當知下의 이게二偈 가운데 초게初偈는 일문一門이고, 후게後偈는 이문異門이다.

第三句可待인댄 對此有第四에 非有邊無邊句리니 以有無相待故니라 今無第三之源거니 何有第四之末이리요 疏中엔 卽出過破하니 非有遮有故로 未免於無요 非無遮無어니 安得離有리요 故還成亦有亦無요 無第四에 俱非之義니 以皆執取로 非中道故니라 云何於此下는 結斥邪見이라

만약 말하기를 사람을 버리고 하늘에 태어난다고 한다면이라고 한 아래는 구원함을 막는 것이니,
곧 『중론』에 끝이 있다는 등을 바로 깨뜨리는[622] 뜻이다.
그러나 게송[623]에 말하기를,
만약 하늘이 곧 이 사람이라고 한다면[624]
곧 영원하다는 경계에 떨어질 것이요
하늘은 곧 생겨난 적이 없음이 될 것이니
영원한 법은 생기하지 않는 까닭이다.

만약 하늘이 사람과 다르다고 한다면[625]

622 원문에 정파변등正破邊等의 邊 자는 常 자가 아닌가 한다.
623 원문에 偈란, 『중론中論』 사견품邪見品 第十五頌과 第十六頌이다.
624 만약 하늘이 곧 이 사람이라고 한다면이라고 한 등의 네 구절은 『중론』에 말하기를 만약 하늘이 곧 사람이라면 이것은 곧 영원하다 할 것이어니와, 만약 하늘이 사람 가운데 생겨나지 않는다면 어떻게 사람이라 이름하겠는가. 영원한 법은 생기지 않는 까닭으로 영원하다는 것도 또한 그렇지 않다 하였다. 역시 『잡화기』의 말이다.
625 만약 하늘이 사람과 다르다고 한다면이라고 한 등의 네 구절은 『중론』에

이것은 곧 영원함이 없다는 것이 될 것이요
만약 하늘이 사람과 다르다고 한다면
이것은 곧 상속할 수 없을 것이다 하였다.
해석하여 말하면 앞에 게송[626]은 상견을 깨뜨린 것이니 곧 끝이 없다는 것을 깨뜨린 것이요
뒤에 게송은 단견을 깨뜨린 것이니 곧 끝이 있다는 것을 깨뜨린 것이다.
다음 게송[627]에 말하기를
만약 반은 하늘이고 반은 사람이라고 한다면
곧 두 가지 경계에 떨어질 것이니,
영원하다는 것과 그리고 영원하지 않다는 것은
이 사실이 곧 그렇지 않다 하였다.
지금에 소문[628]은[629] 곧 영공影公법사가 이 게송의 뜻을 취하여 말한

해석하여 말하기를 만약 하늘과 더불어 사람이 다르다고 한다면 곧 영원함이 없다는 것이 되나니, 영원함이 없다면 곧 단멸 등의 허물이 있게 되는 것이요, 만약 하늘과 더불어 사람이 다르다고 한다면 곧 상속할 수 없을 것이요, 만약 상속한다고 말한다면 다르다고 말함을 얻을 수 없을 것이다 하였다. 역시 『잡화기』의 말이다. 원문에 이인자異人者라 한 者 자는 『중론』에는 없고 약천이어인若天異於人이라 하였다.

626 원문에 전게前偈란, 인용한 이게二偈 가운데 초게初偈이다.

627 원문에 次偈란, 위에 인용한 第十六頌 다음 바로 第十七頌이다.

628 원문에 今疏란, 此下에 사인생천捨人生天 운운이다.

629 지금에 소문은 운운한 것은 대개 저 『중론』의 뜻은 곧 하늘을 버리고 사람에 태어나는 까닭으로 반은 하늘이라고 한 것은 이것은 영원한 것이고, 반은

것이니,

사람을 버리고 하늘에 태어난다고 한다면 사람의 신분은 오히려 있고 하늘의 신분을 더하는 등이라고 한 것은 이상은 곧 종縱으로 성립하는 것이요

곧 반[630]은 하늘이고 반은 사람일 것이라고 한 아래는 바로 깨뜨린 것이다.

맺는말[631]을 간략하게 밝히기에 그런 까닭으로 다 그렇지가 않다[632] 하였으니,

그렇지 않는 이유는 곧 『중론』 게송문과 같나니[633] 또한 영원하다는 것과 영원하지 않다는 것은 그 두 가지 모습이 서로 어기는 것이 비유하자면 물과 불과 같아서 그 뜻이 모두 성립될 수 없는 것이다.

제 네 번째 구절이라고 한 아래는 『중론』 사견품에 다만 앞에 깨뜨린[634] 것을 밟아 말하기를

사람이라고 한 것은 영원하지 않는 것이어니와, 지금 소문은 이미 영공법사의 뜻을 인용하여 사람을 버리고 하늘에 태어난다면이라고 말한 등은 곧 이것은 반은 사람이라고 한 것은 영원한 것이 되고, 반은 하늘이라고 한 것은 영원하지 않는 것이 되는 까닭이다. 역시 『잡화기』의 말이다.

630 원문에 즉반則半 아래는 곧 소문疏文이다.

631 원문에 결언結言이란, 소문에서 맺어 말하였다는 것이다.

632 원문에 불연不然은 소문에 不可라 하였다.

633 원문에 여게문如偈文이란, 영인본 화엄 7책, p.129, 8행에 약반천반인등若半天半人等 일송一頌이다.

634 원문에 전파前破란, 시사역불연是事亦不然이라 한 것이다. 곧 二十五頌과

만약 끝이 있기도 하고[635] 끝이 없기도[636] 한 것이 성립한다면 이 두 가지[637] 모습도 또한 응당 성립해야 할 것이다 하였다.
해석하여 말하면 이것은 곧 종縱으로 깨뜨린 것이며 또한 상대相待하여 깨뜨린 것이니,
제 세 번째 구절에 가히 상대할 것이 있었다면 이것을 상대하여 제 네 번째 구절에 끝이 있지도 않고 끝이 없지도 않다는 구절이 있어야 할 것이니, 있고 없는 것[638]으로써 상대相待한 까닭이다. 지금에는 제 세 번째 구절의 근원조차 없거니 어찌 제 네 번째 구절의 끝이 있겠는가.
소문 가운데는 곧 허물을 설출하여 깨뜨렸으니,
있지 않는 것으로 있는 것을 막는 까닭으로 없다는 것을 면할 수 없고, 없지 않는 것으로 없는 것을 막거니 어찌 있다는 것을 떠남을 얻겠는가. 그런 까닭으로 도리어 또한 있기도 하고 또한 없기도

二十六頌과 二十七頌에 是事不然이라 한 것이다.

635 만약 끝이 있기도 하다고 한 등은 『중론』에 해석하여 말하기를 만약 제 삼구가 결정코 성립한다면 곧 제 사구가 있어야 하거니와, 위에서 이미 제 삼구를 깨뜨렸거니 지금에 어찌 제 사구가 있다 말하겠는가. 상대相對가 없는 까닭이다. 역시 『잡화기』의 말이다.

636 원문에 약유변무변若有邊無邊은 第三句인 비유비무非有非無이다.

637 원문에 시이是二란, 비유비무非有非無이니 『중론中論』 사견품邪見品 第二十六頌에 약역유무변若亦有無邊의 시이득성자是二得成者인댄 비유비무변非有非無邊의 시즉역응성是則亦應成이라 한 것을 줄여서 인용한 것이다.

638 있고 없는 것이란, 제 삼구는 있는 것이 되고 제 사구는 없는 것이 된다고 『잡화기』는 말한다.

하다고 한 것을 성립할 뿐 제 네 번째 구절에 함께 아니라고 하는 뜻이 없나니, 다 집착하여 취하는 것으로서 중도의 뜻은 아닌 까닭이다.

어떻게 여기라고 한 아래는 삿된 소견을 배척하는 것을 맺는 것이다.

疏

二에 常等四句는 約過去者는 過去世我가 卽是今我인댄 名之爲常이니 若常인댄 卽有大過니 破壞因果와 涅槃等故요 若謂我今始生인댄 名爲無常이니 若爾인댄 我是作法이며 亦墮無因이니 無因인댄 則亦無涅槃等이리라 第三은 見上二過하고 便謂我常身無常이라하니 離身之外에 何處有我리요하면 又成上二過니라 第四는 謂我不異故로 非無常이요 身有異故로 非常이니 破同第三句니라 又中論云호대 一切法空故라하니 何有邊無邊과 及常等見이리요 餘義는 廣如彼論하니라

두 번째 영원하다는 네 구절은 과거를 잡은 것이라고 한 것은 과거세[639]에 내가 곧 지금에 현재 나라고 한다면 이름이 영원한 것이 되나니,
만약 영원하다고 한다면 곧 큰 허물이 있나니 인과와 열반 등을 파괴하는 까닭이요

639 과거세過去世 아래는 第一句이다.

만약 말하기를 내가 지금에 처음 생겨났다고 한다면[640] 이름이 영원하지 아니함이 되나니,
만약 그렇다면 내가 법[641]을 짓는 것이며 또한 원인이 없음에 떨어지는 것이니, 원인이 없다고 한다면 곧 또한 열반 등도 없어야 할 것이다.
제 세 번째 구절은 위에 두 가지 허물[642]을 보고 문득 말하기를 나는 영원하고 몸은 영원하지 않다 하니, 몸을 떠난[643] 밖에 어느 곳에 내가 있는가 한다면 또한 위에 두 가지 허물을 성립하는 것이다.
제 네 번째 구절은 말하자면 나는 다르지 않는 까닭으로 영원하지 않는 것이 아니요
몸은 다름이 있는 까닭으로 영원하지 않다 하니,
다 제 세 번째 구절을 깨뜨리는 것이다.
또『중론』사견품에 말하기를 일체법一切法이 공한 까닭이다[644] 하였으니 어찌 끝이 있다, 끝이 없다, 그리고 영원하다는 등의 소견이 있겠는가.

---

640 원문에 약위아금시생若謂我今始生 아래는 第二句이다.

641 법法이란, 여기서는 무상법無常法이다.

642 원문에 상이과上二過는 第一句와 第二句의 허물이다.

643 원문 이신離身 아래에 之外라는 두 글자가 있으면 좋다.

644 원문에 중론운일체법공고中論云一切法空故는 사견품邪見品 第二十九頌이니 일체법공고一切法空故로 세간상등견世間常等見을 하처어하시何處於何時에 수기시제견誰起是諸見이리요 하였다. 즉 일체법이 공한 까닭으로 / 세간에 영원하다는 등의 소견을 / 어느 곳에서 어느 때에 / 누가 이 모든 소견을 일으키겠는가 하였다.

나머지 뜻[645]은 널리 저 『중론』에서 말한 것과 같다.

鈔

二常等四句等者는 上破邊等에 先出四句하고 後方別破어니와 今則當句를 便立便破하니라 初는 常句中先立이니 然前問偈云호대 我於過去世에 爲有爲是無는 卽問今之現我가 過去先已有耶아하니라 今初句云有라하니 故過去世我가 卽是今我也니라 論初破常句云호대 過去世有我는 是事不可得이니 過去世中我가 不作今世我라하니라 若言常卽有大過等者는 出過破也니라 卽彼長行云호대 先世中我가 不作今我니 有常過故니라 若常인댄 有無量過이라 何以故요 如人修福因緣故로 作天이라가 然後作人하나니 若先世我가 卽是今我者인댄 天卽是人이며 以罪業因緣故로 作旃陀羅라가 後作婆羅門이니 若先世我가 卽是今我인댄 旃陀羅가 卽是婆羅門等이라하니라

두 번째 영원하다는 등 네 구절이라고 한 것은 위에서는 영원하다는 등에 먼저 네 구절을 설출한 것을 깨뜨리고 뒤에 바야흐로 따로 깨뜨렸거니와, 지금에는 곧 당구當句[646]를 곧 성립하고 곧 깨뜨린 것이다.
처음에는 영원하다는 구절 가운데 먼저 성립한 것이니,

---

645 원문에 여의餘義 아래는 청량淸凉스님께서 이 문단文段에서 『中論』 邪見品 第三十頌을 일부 내용이 중복되는 것을 빼고는 모두 인용하였다.
646 원문에 당當 자를 상常 자로 한 것은 잘못이다.

그러나 앞[647]에 묻는 게송에 말하기를 내가 과거세에 있었는가, 없었는가 한 것은 곧 지금 현재에 내가 과거세에 먼저 이미 있었는가 하고 물은 것이다.
지금 처음 구절에 말하기를 있었다 하니, 그런 까닭으로 과거세에 내가 곧 지금 현재에 나인 것이다.
『중론』 사견품 처음[648]에 영원하다 한 구절을 깨뜨려 말하기를
과거세에 내가 있었다는 것은
이 사실은 가히 얻을 수 없나니,
과거세 가운데 내가
금세에 내가 될 수 없다 하였다.

만약 영원하다고 말한다면[649] 곧 큰 허물이 있다고 한 등은 허물을 설출하여 깨뜨린 것이다.
곧 저 장행문에 말하기를 선세 가운데 내가 금세에 내가 될 수 없나니, 영원하다는 허물이 있는 까닭이다.
만약 영원하다고 한다면 곧 한량없는 허물이 있을 것이다.
무슨 까닭인가.
마치 어떤 사람이 복을 닦은 인연이 있는 까닭으로 하늘이 되었다가 그런 뒤에 사람이 되는 것과 같나니

---

647 원문에 前이란, 『중론中論』 사견품邪見品 第一頌이니 영인본 화엄 7책, p.123, 2행에 이미 인용하였다.

648 원문에 논초論初란, 邪見品 第三頌이다. 論初 아래에 破 자가 있어야 한다.

649 원문에 言 자와 者 자는 소문疏文엔 없다.

만약 선세에 내가 곧 금세에 나라고 한다면 하늘이 곧 이 사람일[650]
것이며
죄업의 인연이 있는 까닭으로 전타라가 되었다가 그런 뒤에 바라문
이 되나니
만약 선세에 내가 곧 금세에 나라고 한다면 전타라가 곧 바라문일
것이다 한 등이다 하였다.

若謂我今下는 卽第二句니 亦先立이요 後若爾下는 破라 有二種破하니 先은 因緣破니 緣作은 是無常法이요 立我常故라 二는 墮無因故라 故論云호대 過去我不作은 是事則不然이요 過去世中我가 異今亦不然이라 若謂有異者인댄 離彼應有今이리니 我住過去世하야 而今我自生이라 如是則斷滅하야 失於業果報리니 彼作而此受는 有如是等過니라 先無而今有라도 此中亦有過니 我則是作法이며 亦爲是無因이라하니라 釋曰此中初二句는 牒計總非요 次二句는 標有異過라 次二偈는 二世相對하야 以辯異過요 末後一偈는 獨就未來하야 以彰其過니 上二句는 標요 下二句는 顯이라 第三句는 由今始有일새 故成作法이니 卽墮無常이요 次句는 指同前非일새 云亦是也라하니라 前失業果가 卽是無因인댄 今我自生인달 豈非無因이리요 第三見上下는 謂見前二過하고 便卽雙立이요 從離身下는 破니 卽前所引偈中에 卽離門也니라 又成上二過者는 亦常은 同初句요 亦無常은 同第二故니라

---

650 원문에 시인是人이라고 한 아래에 『중론』에는 우인又人이라는 두 글자가 있다고 『잡화기』는 말한다.

第四句는 但翻用前句하야 而立破일새 則還第三이니 論偈但云호대 如過去世中에 有我無我見과 若共若不共은 是事皆不然이라하니라 又中論云下는 卽品末之偈니 總結上過하야 示以性空이요 末後又偈云호대 瞿曇大聖主가 憐愍衆生故로 悉斷一切見하시니 我今稽首禮하나이다하니 卽總結一品也니라

만약 말하기를 내가 지금에 처음 태어났다고 한다면이라고 한 아래는 곧 제 두 번째 구절이니,
또한 먼저는 성립한 것이요
뒤에 만약 그렇다면이라고 한 아래는 깨뜨린 것이다.
두 가지 깨뜨린 것이 있나니
먼저는 인연을 깨뜨린 것이니,
인연으로 만들어지는 것은 영원하지 않는 법이요
내가 건립하는 것은 영원한 까닭이다.
두 번째는 원인이 없음에 떨어지는 까닭이다.
이런 까닭으로 『중론』[651] 사견품에 말하기를,
과거세에 내가 만들어지지 않았다고 하는 것은
이 사실은 곧 그렇지가 않고[652]
과거세 가운데 내가

---

651 원문에 論이란, 『中論』 邪見品 第九頌과 第十頌과 第十一頌과 第十二頌이다.

652 곧 그렇지가 않다고 한 것은 『중론』에 해석하여 말하기를 무슨 까닭인가. 과거세에 내가 금세에 나로 더불어 다르지 않는 까닭이다 하였다. 역시 『잡화기』의 말이다.

금세에 나와 다르다고 하는 것도 또한 그렇지가[653] 않다.

만약 말하기를 다름이 있다고 한다면
저 과거세에 나를 떠나 응당 금세에 내가 있어야 할 것이니
나는 과거세에 머물러서[654]
금세에 내가 스스로 생겨난 것이다.

이와 같다면 곧 단멸하여
과거에 업인과 과보를 잃을 것이니
저 과거세에서 짓고 이 금세에서 받는다는 것은
이와 같은 등[655]의 허물이 있는 것이다.

선세에 없고 금세에 있다 할지라도
이 가운데 또한 허물이 있나니

---

653 또한 그렇지가 않다고 한 것은 『중론』에 해석하여 말하기를 만약 금세에 내가 과거세에 나로 더불어 다르다고 한다면 응당 저 과거세에 나를 떠나 금세에 내가 있어야 하는 까닭이다 하였다. 역시 『잡화기』의 말이다.

654 나는 과거세에 머물러서라고 한 등은 『중론』에 말하기를 과거세에 내가 또한 응당 저 과거세에 머물러 있어야 할 것이지만 그러나 이 몸이 금세에 스스로 생겨난 것이니, 만약 그렇다면 곧 단멸하는 허물과 모든 업보를 잃는 허물에 떨어질 것이요, 또 저 과거세에 사람이 죄를 지음에 이 금세에 사람이 죄를 받을 것이니 이와 같은 등의 허물이 있는 것이다 하였다. 역시 『잡화기』의 말이다.

655 원문에 여시등如是等이란, 무인과無因果와 무업보無業報 등이다.

나는 곧 조작된 법이며
또한 원인이 없는 것이 된다 하였다.
해석하여 말하면 이 가운데 처음에 두 구절은 함께 아니라고 하는 것을 첩석하여 계교한 것이요
다음에 두 구절은 다름이 있다는 허물을 표한 것이다.
다음에 두 게송은 이세二世[656]를 상대하여 다르다는 허물을 분별한 것이요
말후에 한 게송은 오직 미래[657]에만 나아가 그 허물을 밝힌 것이니,
위에 두 구절은 표한 것이요
아래 두 구절은 나타낸 것이다.
제 세 번째 구절[658]은 금세에 비로소 있는 것을 인유하기에 그런 까닭으로 성작成作한 법이니, 곧 영원하지 아니함에 떨어지는 것이요
다음 구절[659]은 다 앞에 아니라고 한 것을 가리킨 것이기에 역시亦是라 말한 것이다.
앞에서 업인과 과보를 잃은 것이 곧 원인이 없는 것이라고 하였다면, 지금[660]에 내가 스스로 생겨났다 한들 어찌 원인이 없는 것이 아니겠

---

656 이세二世는 과거세過去世와 금세今世이다.

657 미래未來는 응당 현재現在라 말해야 할 것이지만 과거過去를 바라보고 미래未來라 한 것이다.

658 원문에 第三句는 말후게末後偈의 第三句이다.

659 원문에 次句는 말후게末後偈의 第四句이다.

660 원문에 今이란, 말후게末後偈의 初句에 선무금유先無今有를 말한다.

는가.

제 세 번째 구절은 위에 두 가지 허물을 본다고 한 아래는 말하자면 앞에 두 가지 허물을 보고 문득 곧 함께 성립[661]하는 것이요 몸을 떠난 밖이라고 한 것으로 좇아 아래는 깨뜨리는 것이니, 곧 앞에서 인용한 바 게송[662] 가운데 즉리문卽離門이다.
또 위에 두 가지 허물을 성립하는 것이라고 한 것은 또한 영원하다고 한 것은 처음 구절과 같고, 또한 영원하지 않다고 한 것은 제 두 번째 구절과 같은 까닭이다.

제 네 번째 구절이라고 한 것은 다만 앞에 제 세 번째 구절만을 번복하여 사용하여 성립하여 깨뜨리기에 곧 제 세 번째 구절에 돌아가나니,[663]
『중론』 게송 사견품에 다만 말하기를
저 과거세 가운데
내가 있었다, 내가 없었다는 소견과
혹 함께 있었다, 혹 함께 없었다는 소견은

661 원문에 쌍립雙立은 두 가지 허물을 함께 성립함이다.

662 원문에 전소인게前所引偈란, 영인본 화엄 7책, p.128. 末行에 약위아즉시若謂我卽是요 이신유이상而身有異相인댄 당지리어신當知離於身하야 하처별유아何處別有我리요 한 것이니 卽은 아즉시我卽是의 卽이고, 離는 리어신離於身의 離이다.

663 원문 즉환則還 아래에 同 자가 있기도 하나, 없다 해도 무방하다.

이 사실이 다 그렇지가 않다 하였다.

또 『중론』에 말하였다고 한 아래는 곧 사견품 말후 게송이니, 위에 허물을 모두 맺어 자성이 공한 것을 현시한 것이요[664]
말후에 또 게송[665]에 말하기를
석가모니 대성주大聖主가
중생을 어여삐 여긴 까닭으로
일체 소견을 다 끊어주시니
내가 지금 머리 숙여 예배하나이다 하였으니,
곧 사견품의 한 품을 모두 맺는 것이다.[666]

疏

三에 如來滅後四句는 釋有二義하니 一은 明如來者가 非是佛也니 如卽相似요 來謂從前際來라 謂一有執云호대 如從前世로 來生此間하야 去向後世도 亦復如是할새 故云如來滅後有라하니 謂如前陰이 來時有故니 此由計我異陰故니라 二云호대 如從前世로

664 자성이 공한 것을 현시한다고 한 것은 『중론』에 말하기를 위에서는 성문의 법으로써 모든 소견을 깨뜨리고 지금에는 대승의 필경에 공으로써 깨뜨린다 하였다. 역시 『잡화기』의 말이다.
665 원문에 말후우게末後又偈는 邪見品 三十六頌 가운데 마지막 게송偈頌이다.
666 사견품의 한 품을 모두 맺는 것이라고 한 것은 앞서 말한 것처럼 이 문단에서 邪見品 三十頌 가운데 第七과 第八과 第十八과 第十九와 第二十頌만 제외하고 다 인용하였다.

來生此間이라가 死後斷滅할새 故云如來滅後無라하니 謂不如來時去故니 此由計陰我一故니라 三은 由計我有麁細故니 謂麁我與身俱盡일새 故云不如去라하고 細我異陰일새 不同滅故며 亦如來時而去故로 云如來滅後에 亦有亦無라하니라 四云호대 我如虛空하야 體無來去니 故晉經云호대 如來滅後如去하며 不如去等이니 此則通望三世以辨이라 若依中論에 附涅槃하야 起四句인댄 如來卽佛也니 順此經文하니라 亦是外道도 自立己師하야 而爲如來하니 有謂如來滅後에 定有不變이라하며 或謂入無餘依하야 同於太虛라하며 或謂法有應無라하며 或謂約應非有요 約法非無라하니라 以其四句는 皆成戲論이니 不見如來의 寂滅相故며 亦爲邪見이니 此則權小之徒를 未能免也니라 瑜伽八十七云호대 依二道理하야 如實隨觀인댄 俱不可記如來滅後에 若有若無니라 所以者何오 且依勝義인댄 彼不可得거늘 況其滅後에 或有或無리요 若依世俗인댄 爲於諸行에 假立如來하고 爲於涅槃하리니 若於諸行인댄 如來滅後엔 無有一行도 流轉可得이니 爾時何處에 假立如來리요 旣無如來어니 何有無等이리요 若於涅槃인댄 涅槃은 唯是無行所顯이니 絕諸戲論하야 自內所證이라 絕戲論故로 施設爲有라도 不應道理며 亦復不應施設非有니 勿當損毀施設妙有와 寂靜涅槃이어다 又此涅槃은 極難知故며 最微細故로 說名甚深이요 種種非一인 諸行煩惱를 斷所顯故로 說名廣大요 現量比量과 及正教量으로 所不量故로 說名無量이라하니라

세 번째 여래멸후의 네 구절은 해석에 두 가지 뜻이 있나니
첫 번째는 여래가 부처라는 말이 아님을 밝힌 것이니
여如는 곧 서로 같다는 것이요
래來는 전제前際로 좇아온 것을 말하는 것이다.
말하자면 첫 번째는 어떤 사람이 고집하여 말하기를 이전 세상으로 좇아 이 인간 세상에 와서 태어나는 것과 같이 뒤의 세상에 향하여 가는 것도 또한 다시 이와 같기에 그런 까닭으로 말하기를 여래가 멸도하신 뒤에 있다 한다 하였으니,
말하자면 전음前陰[667]이 오는 때와 같이 있는 까닭이니 이것은[668] 내가 전음前陰과 다르다[669]고 계교함을 인유한 까닭이다.[670]
두 번째는 말하기를 이전 세상으로 좇아[671] 이 인간 세상에 와서[672] 태어났다가 죽은 뒤에 단멸하는 것과 같기에 그런 까닭으로 말하기

667 원문 前 자 다음에 陰 자가 있어야 한다. 前陰은 이전의 오음신이다.
668 원문 此 다음에 由 자가 있는 것이 좋다.
669 원문 異 자 다음에 於 자가 있기도 하다.
670 이것은 내가 전음과 다르다고 계교함을 인유하는 까닭이라고 한 것은 오음은 사라지고 나는 사라지지 않는다고 계교하는 까닭이라고 『잡화기』는 말한다.
671 이전 세상으로 좇아 운운한 것은 계교하는 뜻에 말하기를 이전 세상으로 좇아 이 세상에 왔기에 멸도하신 뒤에 없는 것과 같나니 그런 까닭으로 말하기를 오는 때와 같이 간다 하니, 처음 구절의 해석으로 더불어 의세意勢가 다름이 있는 것이다. 그러나 진역경에 이미 말하기를 같이 가지 않는(오는 때와 같이 가지 않는 것) 까닭으로 저 뜻을 따르고자 하여 억지로 이 해석을 하였거니와, 지금 경에는 불여不如라는 불不 자가 없나니 억지로 천착을 내는 것은 옳지 않다 하겠다. 역시 『잡화기』의 말이다.
672 원문 來 자 다음에 生 자가 있어야 한다.

를 여래가 멸도하신 뒤에 없다 한다 하였으니,
말하자면 오는 때와 같이 가지 않는 까닭이니 이것은 전음과 내가 하나라고 계교함을 인유하는 까닭이다.
세 번째는 내가 큰 나(麁我)와 작은 나(細我)가 있다고 계교함을 인유한 까닭이니,
말하자면 큰 나는 몸으로 더불어 함께 다하기에 그런 까닭으로 말하기를 같이 가지 않는다 하고, 작은 나는 오음신과 다르기에 같이 사라지지 않는 까닭이며, 또한 오는 때와 같이 가는 까닭으로 말하기를 여래가 멸도하신 뒤에 또한 있기도 하고 또한 없기도 하다 하였다.
네 번째는 말하기를 나는 허공과 같아서 자체가 오고감이 없는 것이니,
그런 까닭으로 진경晉經에 말하기를 여래가 멸도하신 뒤에 같이 가며 같이 가지 않는다 한 등이니 이것은 모두 삼세를 바라보고 분별한 것이다.

만약 『중론』에 열반에 붙여 사구四句를 일으킨 것을 의지한다면[673] 여래는 곧 부처님이니, 여기 『화엄경』 문에 순응한다 하겠다.
또한 이 외도들도 스스로 자기의 스승을 세워 여래를 삼았으니, 어떤 사람은 말하기를 여래가 멸도하신 뒤에 결정코 있어서 변하지

673 원문에 약의중론若依中論 아래는 第二義니 『중론』 第二十五, 열반품涅槃品이다.

않는다 하였으며
혹은 말하기를 무여의 열반에 들어가서 큰 허공과 같다 하였으며
혹은 말하기를 법신은 있고 응신은 없다 하였으며
혹은 말하기를 응신을 잡는다면 있지 않고 법신을 잡는다면 없지 않다 하였다.
그 사구四句는 다 희론을 이루는 것이니,
여래의 적멸한 모습을 보지 못한 까닭이며
또한 삿된 소견이 되는 것이니,
이것은 곧 권교 소승의 무리를 능히 면치 못하는 것이다.

『유가론』 팔십칠권에 말하기를 두 가지 도리[674]를 의지하여 여실하게 따라 관찰한다면 다 여래가 멸도하신 뒤에 혹 있고 혹 없는 것을 가히 기억할 수 없다.
무슨 까닭인가.
또한 승의제를 의지한다면[675] 저 여래조차 가히 얻을 수 없거늘 하물며 그 여래가 멸도하신 뒤에 혹 있고 혹 없음이겠는가.
만약 세속제를 의지한다면[676] 모든 행에 거짓으로 여래를 세우고

674 원문에 의이依二라고 한 위에 『유가론』에는 여래의 모든 성스러운 제자가 승의제와 세속제의 이제二諦에 다 선교라고 한 등의 글자가 있다. 역시 『잡화기』의 말이다. 원문에 이도리二道理는 세속제世俗諦와 승의제勝義諦이다.

675 승의제를 의지한다면 운운한 것은 가히 『중론』의 뒤에 두 게송이 오직 제일의제만 의지한 것을 증거한 것이다. 역시 『잡화기』의 말이다.

열반을 세우리니, 만약 모든 행이라면 여래가 멸도하신 뒤에는 한 행도 유전함을 가히 얻을 수 없나니 어느 때에 어느 곳에 거짓으로 여래를 세우겠는가. 이미 여래조차 없거니 어찌 있고 없는 등이 있겠는가.

만약 열반이라면 열반은 오직 행으로 나타낼 바가 아니니[677] 모든 희론을 끊어 스스로 안으로 증득할 바이다.

모든 희론을 끊은 까닭으로 있다고 시설施設할지라도 응당 도리가 아니며

또한 다시 응당 있지 않다고 시설할 수도 없는 것이니,

마땅히 묘유와 적정열반을 시설하는 것을 손훼되게 하지 말 것이다.

또 이 열반은 지극히 알기 어려운 까닭이며 가장 미세한 까닭으로 말하기를 깊고도 깊다 이름하는 것이요

가지가지로 하나가 아닌 모든 행의 번뇌를 끊고 나타내는 바인 까닭으로 말하기를 광대하다 이름하는 것이요

현량과 비량과 그리고 정교량正敎量[678]으로 헤아릴 바가 아닌 까닭으

676 세속제를 의지한다면 운운한 것은 가히 『중론』의 처음 게송이 이제二諦를 의지하여 설한 것을 증거한 것이니, 비록 승의제를 상대한 까닭으로 세속제라 말하였으나 그 가운데 모든 행은 이 속제이고 열반은 도리어 진제이다. 초문에 이미 모든 행으로 세속제를 삼아 열반을 상대한 것을 가리켰으니, 열반이 도리어 이 진제인 줄 분명히 알아야 할 것이다. 역시 『잡화기』의 말이다.

677 원문에 무행소현無行所顯이란, 번뇌煩惱의 행으로 나타낼 바가 아니라는 것이다.

678 정교량正敎量은 성언량聖言量이다.

로 말하기를 한량이 없다 이름한다 하였다.

鈔

三에 如來滅後下는 前明見所依하고 從其後義云호대 依涅槃起라하니라 而其前義는 通依三世의 我陰而起니 順於晉經하니라 若依中論下는 第二意라 於中二니 先은 定見所依와 及如來不同이니 以外道自謂호대 勒沙婆等이 是世尊이며 是如來故라하니라 故百論中에 序德相形하야 言優樓佉等도 亦是世尊故라하니라 有謂如來滅後者는 別示四句니 先示可知라 後에 以其四句下는 明破無記之意니 上依中論涅槃品이라 偈云호대 如來滅度後에 不言有與無하며 亦不言有無와 非有及非無하라 涅槃與世間이 無有少分別하며 世間與涅槃도 亦無少分別하니라 涅槃之實際와 及與世間際인 如是二際者는 無毫釐差別이라하니라 釋曰初之一偈는 依二諦說이요 後之二偈는 唯依第一義니 與瑜伽同하니라 瑜伽八十七下는 證成上義니 則顯中論初偈가 俱通二諦니라 約世諦中에 唯釋二句니 等字가 等於三四하니라 約涅槃中에도 但釋初二句니라 又此涅槃下는 三義가 通顯離四句絶百非라 中論末後偈云호대 一切法皆空거니 何有邊無邊과 亦邊亦無邊과 非邊非無邊이리요 何者爲一異며 何有常無常과 亦常亦無常과 非常非無常이리요 諸法不可得하야 滅一切戲論하니 無人亦無我하며 佛亦無所說이라하니라 釋曰此偈는 可結無記一段이니 以文相續일새 故此引耳니라

세 번째 여래멸후의 네 구절이라고 한 아래는 앞[679]의 뜻에 소견의 의지할 바를 밝히고, 그 뒤에 뜻[680]을 좇아서 말하기를 열반을 의지하여 일으킨다 하였다.

그러나 그 앞의 뜻은 모두 삼세의 나와 오음을 의지하여 일으킨 것이니 진경晉經에 순응한다 하겠다.

만약 『중론』에 열반에 붙여 사구를 일으킨 것을 의지한다면이라고 한 아래는 제 두 번째 뜻이다.

그 가운데 두 가지가 있나니

먼저는 소견의 의지할 바와 그리고 여래가 같지 아니함을 결정하는 것이니,

외도들이 스스로 말하기를 륵사바 등이 이 세존이며 이 여래인 까닭이다 하였다.

그런 까닭으로 『백론』 가운데 덕상의 모습을 서술하여 말하기를 우루카[681] 등도 역시 세존인 까닭이다 하였다.

어떤 사람은 말하기를 여래가 멸도하신 뒤라고 한 것은 사구四句를 따로 보인 것이니,

먼저 보인 것은 가히 알 수가 있을 것이다.

뒤[682]에 그 사구라고 한 아래는 무기를 깨뜨리는 뜻을 밝힌 것이니,

---

679 원문에 前이란, 소문疏文 석유이의釋有二義 가운데 第一義이다.

680 원문에 後義란, 역시 二義 가운데 第二義니 약의중론若依中論 아래가 第二義이다.

681 우루카는 육파철학六派哲學의 일파一派인 승론파勝論派의 시조始祖이다.

이상은 『중론』 열반품을 의지한 것이다.

열반품[683] 게송에 말하기를,

여래가 멸도하신 뒤에[684]

있다 없다 말하지 말며

또한 있다 없다

있는 것도 아니고 그리고 없는 것도 아니다 말하지 말라.[685]

열반과 더불어 세간이[686]

조금도 다르지 아니하며

세간과 더불어 열반도

또한 조금도 다르지 않는 것이다.[687]

---

682 원문 以 자 위에 後 자가 있으면 좋다.

683 열반품涅槃品은 열반품 二十四頌 가운데 第十七頌과 第十九頌과 第二十頌이다.

684 여래가 멸도하신 뒤에 운운한 것은 『중론』에 말하기를 응당 열반이 있고 없는 등을 분별할 것이나 여래를 떠나 어느 때에 어떤 법으로 열반을 설하겠는가. 이런 까닭으로 열반의 모습을 구하여도 가히 얻을 수 없다 하였다. 역시 『잡화기』의 말이다.

685 第十七頌이다.

686 열반과 더불어 세간이 운운한 것은 『중론』에 해석하여 말하기를 오음이 상속하여 왕래하는 까닭으로 설하여 세간이라 이름하고, 오음의 자성이 필경에 공한 까닭으로 열반이라 이름하나니, 그런 까닭으로 두 가지 법(세간과 열반)이 조금도 다름이 없다 하였다. 역시 『잡화기』의 말이다.

687 第十九頌이다.

열반의 진실한[688] 경계와
그리고 세간의 경계인
이와 같은 두 경계는
털끝만큼의 차별도 없다[689] 하였다.

해석하여 말하면 처음에 한 게송은 이제二諦[690]를 의지하여 설한 것이요

뒤에 두 게송은 오직 제일의제第一義諦만을 의지하여 설한 것이니,

『유가론』으로 더불어 같다 하겠다.[691]

『유가론』 팔십칠권이라고 한 아래는 위에 뜻을 증거하여 성립하는 것이니,

곧 『중론』의 처음 게송[692]이 다 이제二諦에 통함을 나타낸 것이다.

세제 가운데를 잡음에[693] 오직 두 구절[694]만 해석하고 있을 뿐이니,

---

688 열반의 진실한 운운한 것은 끝 게송(제 이십송)이니, 『중론』에 말하기를 두 가지 법이 평등하여 가히 얻을 수 없는 까닭으로 차별이 없다 하였다. 역시 『잡화기』의 말이다.

689 第二十頌이다.

690 이제二諦는 세제世諦와 열반제涅槃諦니 즉 속제俗諦와 진제眞諦이다. 진제眞諦는 승의제勝義諦, 제일의제第一義諦, 성제聖諦라고도 한다.

691 원문에 여유가동與瑜伽同이라고 한 것은 아래 인용한 瑜伽八十七卷으로 더불어 같다는 것이다.

692 원문에 초게初偈란, 위에 인용한 열반품涅槃品 三頌 가운데 초송初頌이니 第十七頌이다.

693 원문 약세제約世諦 아래에 諸行이라는 두 글자가 빠졌다. 즉 아래 約涅槃이라

등等[695]이라는 글자가 제 삼구와 제 사구를 등취하고 있다.

열반제 가운데를 잡음에도 다만 처음에 두 구절만 해석하고 있을 뿐이다.[696]

또 이 열반이라고 한 아래는 세 가지 뜻[697]이 모두 사구를 떠나고 백비마저 끊음을 나타낸 것이다.

『중론』 말후 게송[698]에 말하기를

일체법이 다 공하거니[699]

어찌 끝이 있는 것과 끝이 없는 것과,

또한 끝이 있기도 하고 또한 끝이 없기도 한 것과,

끝이 있는 것도 아니고 끝이 없는 것도 아니라고 하는 것이 있겠는가.[700]

무엇이 하나가 되고 다른 것이 되며

는 말을 상대함에 세제世諦 가운데 제행諸行과 열반涅槃을 나눈 까닭이다. 이상은 『유망기遺忘記』를 의지하여 말한 것이다.

694 두 구절이란, 有와 無의 二句이다.

695 等 자라고 한 것은 영인본 화엄 7책, p.136, 4행에 하유무등何有無等이라 한 等 자이다.

696 원문에 단석초이구但釋初二句란, 영인본 화엄 7책, p.136, 6행에 위유爲有라도 불응도리不應道理며 역불응비유亦不應非有라 한 것이니 有와 非有이다.

697 원문에 삼의三義란, 1. 심심甚深, 2. 광대廣大, 3. 무량無量이다.

698 원문에 중론말후게中論末後偈는 즉 열반품涅槃品 二十四頌 가운데 第二十二頌과 第二十三頌과 第二十四頌이다.

699 원문에 개공皆空은 열반품에는 공고空故라 하였다.

700 第二十二頌이다.

무엇이 영원함이 있는 것과 영원함이 없는 것과
또한 영원함이 있기도 하고 또한 영원함이 없기도 한 것과
영원함이 있는 것도 아니고 영원함이 없는 것도 아니라고 하는 것이 있겠는가.[701]

모든 법을 가히 얻을 수 없어서
일체 희론이 사라지니
사람도 없고 또한 나[702]도 없으며
부처님도 또한 설할 바가 없다 하였다.[703]
해석하여 말하면 이 게송은 가히 무기법無記法의 일단一段을 맺는 것이니,[704]
이 게송문이 서로 이어지기에 그런 까닭으로 여기에 인용하였다.

疏

四에 我及衆生有無等四句는 此並雙立이니 衆生은 卽是五蘊이요 非約總主라 有卽定有니 定有著常이요 無卽定無니 定無著斷이라

701 第二十三頌이다.

702 원문에 我 자는 열반품엔 處 자이다.

703 第二十四頌이다.

704 이 게송은 가히 무기법無記法의 일단一段을 맺는 것이라고 한 것은 위의 게송(제 이십삼송)에 이미 영원한 변邊 등의 모든 뜻을 갖추어 말하였다면 곧 가히 이 단段을 치우쳐 맺을 것은 아니지만, 이 게송문(제 이십사송)이 서로 이어지는 까닭으로 인용한 것이다. 역시 『잡화기』의 말이다.

三은 遠上二過하야 雙立有無니 卽墮相違요 四는 避此相違하야 立俱非句니 又成戱論이라 然此四句가 亦有單計하니 我有所無와 所有我無니 亦不離初之二句요 又合上成第三하고 互奪成第四하니 亦不出初之二句니라

네 번째 나와 그리고[705] 중생이 있고 없는 등의 네 구절은 이것은 모두 함께 성립[706]하는 것이니,
중생은 곧 오온이요 총주總主를 잡은 것이 아니다.
있다고 한 것은 곧 결정코 있다는 것이니,
결정코 있다는 것은 상견에 집착한 것이요
없다고 한 것은 곧 결정코 없다는 것이니,
결정코 없다는 것은 단견에 집착한 것이다.
세 번째는 위에 두 가지 허물을 멀리 떠나 있고 없는 것을 함께 세운 것이니,
곧 서로 어김에 떨어지는 것이요
네 번째는 서로 어기는 것을 피하여 함께 부정하는 구절을 세운 것이니,
또한 희론을 이루는 것이다.
그러나 이 네 구절이 또한 단單으로 계교[707]한 것이 있나니,

---

705 원문에 及我는 我及이다.

706 원문에 쌍립雙立은 我와 法을 雙立한다는 것이다.

707 원문에 단계單計는 위에서 말한 오온五蘊은 이 법法인 까닭으로 아我와 법法을 함께 성립하였지만, 그러나 지금에는 아我의 소견所見인 까닭으로

나는 있고 처소는 없는 것과 처소는 있고 나는 없는 것이니, 또한 처음에 두 구절[708]을 떠나지 않는 것이요
또 위에 두 구절을 합하여 제 세 번째 구절을 이루고 서로 빼앗아 제 네 번째 구절을 이루나니,
또한 처음에 두 구절을 벗어나지 않는 것이다.

鈔

四에 我及衆生等者는 雙立我法이니 衆生卽蘊이요 蘊卽法故라 故疏에 直就緣生法理하야 以辯有無라 然此四句를 大品智論俱舍等엔 於此에 但立二句니라 大品等云호대 身與神이 一及異라하야 成二句하고 俱舍엔 卽命與身이 卽及離라하야 成二句하니라 初句云호대 俱有者는 謂有執云호대 但有身處엔 則有神我하고 有神我處엔 其必有身하나니 身之與神이 不相離故라하니라 釋曰此卽身神一句니라 故智論云호대 神卽是身者는 有人言호대 身卽是神이니 何以故요 分析此身하야 求神不可得故며 受之麤妙도 皆是身故라 故言身卽是神이라하며 身異神異者는 有人言호대 神微細하야 五情所不得이요 亦非凡夫人所見이니 攝心淸淨하야 得禪定人이라야 乃能得見이니 是故로 言身異神異라하니라 復次若身卽是神인댄 身滅神亦滅하리니 是邪見이요 身異神異인댄 身滅神常하리니 是邊見이라하니라 釋曰論文但釋二句니 今經中初句는 是論에 初釋身神一句요 第二句는 是論에

아我와 아소我所가 함께 아我이니, 그런 까닭으로 단계單計라 말한 것이다.
708 원문에 初二句는 經에 四句 가운데 初二句이다.

復次身卽是神인댄 身滅神滅하리니 是邪見이요 第三句는 正是身神異句니 雖麤妙之異나 身在俱有하고 身無俱無니 爲俱句也요 第四는 卽復是身神一句니 以身隨神에 體皆妙故니 俱離有無니라

네 번째 나와 그리고 중생이라고 한 등은 나와 법을 함께 세운 것이니,
중생은 곧 오온이요 오온은 곧 법인 까닭이다.
그런 까닭으로 소문에 바로 인연으로 생기하는 법의 이치에 나아가 있고 없음을 분별하였다.
그러나 이 네 구절을『대품반야경』과『지도론』과『구사론』등에는 여기에 다만 두 구절만을 세웠을 뿐이다.
『대품반야경』등에는 말하기를 몸과 더불어 정신이 하나이기도 하고 그리고 다르기도 하다 하여 두 구절을 성립하고,『구사론』에는 곧 목숨과 더불어 몸이 즉하기도 하고 그리고 떠나기도 한다 하여 두 구절을 성립하였다.
처음 구절에 말하기를 함께 있다고 한 것은[709] 말하자면 어떤 사람이 고집하여 말하기를 다만 몸이 있는 처소에는 곧 정신과 내가 있고 정신과 내가 있는 처소에도 반드시 몸이 있나니, 몸과 더불어 정신이 서로 떠나지 않는 까닭이다 하였다.

709 처음 구절에 말하기를 함께 있다고 한 것은 이 경의 처음 구절을 중첩으로 해석한 것이니, 다만 다른 처소 가운데 뜻을 가리켜 배대함을 반연한 까닭으로 석왈釋曰(두 줄 뒤에 있다)이라는 글자가 있을 뿐이다. 역시『잡화기』의 말이다.

해석하여 말하면 이것은 곧 몸과 정신이 하나라는 구절이다.
그런 까닭으로 『지도론』에 말하기를 정신이 곧 이 몸이라고 한 것은 어떤 사람이 말하기를 몸이 곧 정신이니 무슨 까닭인가.
이 몸을 분석하여 정신을 구하여도 가히 얻을 수 없는 까닭이며,
크고 작은 느낌을 받는 것도 다 이 몸인 까닭이다.
그런 까닭으로 말하기를 몸이 곧 정신이다 하였으며,
몸이 다르고[710] 정신이 다르다고 한 것은 어떤 사람이 말하기를 정신은 미세하여 다섯 가지 감정[711]으로 얻을 바가 아니요 또한 범부의 사람이 볼 바가 아니니, 섭수하는 마음이 청정하여 선정을 얻은 사람이라야 이에 능히 봄을 얻나니, 이런 까닭으로 말하기를 몸이 다르고 정신이 다르다 하였다.
다시 만약 몸이 곧 정신이라고 한다면 몸이 죽음에 정신도 또한 죽어야 할 것이니, 이것은 사견邪見[712]이요
몸이 다르고[713] 정신이 다르다고 한다면 몸은 죽을지라도 정신은 영원해야 할 것이니, 이것은 변견邊見[714]이다 하였다.
해석하여 말하면 『지도론』 문은 다만 두 구절만 해석하였을 뿐이니, 지금 경문 가운데 처음 구절은 이 『지도론』에 처음 몸과 정신이

---

710 원문에 身異의 異 자는 與 자가 좋다. 與 자라면 '몸이 정신으로 더불어'라고 해석할 것이다.

711 원문에 오정五情은 희喜·노怒·애哀·락樂·욕欲이다.

712 사견邪見은 오견五見의 하나이다.

713 身異의 異 자는 與 자가 좋다.

714 변견邊見은 오견五見의 하나이다.

하나라는 구절을 해석한 것이요
제 두 번째 구절은 이 『지도론』에 다시 몸이 곧 정신이라고 한다면 몸이 죽음에 정신도 죽어야 할 것이니, 이것은 사견이라 한 것이요
제 세 번째 구절은 바로 몸과 정신이 다르다는 구절이니,
비록 크고 작은 것이 다르지만 몸이 있음에 함께 있고 몸이 없음에 함께 없는 것이니, 함께 세우는 구절(俱句)[715]이 되는 것이요
제 네 번째는 곧 다시 몸과 정신이 하나라는 구절이니,
몸으로써 정신을 따름에 자체가 다 묘한 까닭이니 함께 있고 없음을 떠난 것이다.

然此四句者는 此對前經中에 二雙立故니 亦是智論에 約邊見意니라 其我有所無는 正同智論의 身滅神常이요 二에 所有我無者는 身麤可見이나 我無相故니라 言亦不離初之二句者는 我有所有를 合是初句요 我無所無를 合爲第二니라 又合上成第三者는 初句는 我亦有요 第二句는 我亦無며 初句는 所亦無요 第二句는 所亦有니 故合爲第三이라 四句는 旣合一處일새 故互相奪이니 如我有合我無인댄 則我非有요 所有合所無인댄 則所非有等이니 遮無는 卽爲第一의 俱有句요 遮有는 卽爲第二의 俱無句일새 故云亦不出初之二句라하니라 問如初我와 及衆生有는 卽是邪見이니 以計我故어니와 次句云호대 我及衆生無는 則是二空이니 有何過耶아할새 故疏中云호대 定無著斷이라하니 以執定故로 非緣生無니라 亦應破云호대 約計實我인댄 此我

715 원문에 구구俱句는 유有, 무無를 함께 인증하는 것이다.

非有요 隨世假我인댄 此我非無리니 故說俱無라도 亦非當理니라

그러나 이 네 구절이라고 한 것은 이것은 앞의 경문 가운데 두 가지를 함께 세운 것을 상대한 까닭이니,
역시 『지도론』에 변견의 뜻을 잡은 것이다.[716]

그 처음에 나[717]는 있고 처소는 없다고 한 것은 바로 『지도론』에 몸은 죽어도 정신은 영원해야 할 것이라고 한 것과 같은 것이요
두 번째 처소는 있고 나는 없다고 한 것은 몸이 큰 것은 가히 볼 수 있지만 나는 모습이 없는 까닭이다.
또한 처음에 두 구절을 떠나지 않는다고 말한 것은 내가 있다는 것과 처소가 있다는 것을 합함에 처음 구절이 되는 것이요
내가 없다는 것과 처소가 없다는 것을 합함에 제 두 번째 구절이 되는 것이다.

또 위에 두 구절을 합하여 제 세 번째 구절을 이룬다고 한 것은
처음 구절은 내가 또한 있는 것이요
제 두 번째 구절은 내가 또한 없는 것이며
처음 구절은 처소가 또한 없는 것이요

716 『지도론』에 변견의 뜻을 잡는 것이라고 한 것은 이미 말하기를 몸이 다르고 정신이 다르다 한 까닭이다. 역시 『잡화기』의 말이다.

717 我 자 앞에 其 자는 소문엔 없다. 따라서 그 처음이라 번역하였다. 그 이유는 바로 다음에 二 자가 있기 때문이다.

제 두 번째 구절은 처소가 또한 있는 것이니,
그런 까닭으로 합함에 제 세 번째 구절이 되는 것이다.
제 네 번째 구절은 이미 한 처소에 합하였기에 그런 까닭으로 서로서로 빼앗는 것이니,
만약 내가 있다는 것을 내가 없다는 것에 합한다면 곧 내가 있지 않을 것이요
처소가 있다는 것을 처소가 없다는 것에 합한다면 곧 처소가 있지 않을 것이다 한 등이니,
없다는 것을 막는 것은 곧 첫 번째 함께 있다는 구절이 되고, 있다는 것을 막는 것은 곧 제 두 번째 함께 없다는 구절이 되기에 그런 까닭으로 말하기를 또한 처음에 두 구절을 벗어나지 않는다 하였다.

묻겠다.
저기 처음 구절에 나와 그리고 중생이 있다고 한 것은 곧 이것은 사견이니 나를 계교하는 까닭이거니와, 다음 구절에 말하기를 나와 그리고 중생이 없다고 한 것은 곧 이것은 두 가지가 공한 것이니 무슨 허물이 있겠는가 하기에 그런 까닭으로 소문 가운데 말하기를 결정코 없다는 것은 단견에 집착한 것이다 하였으니,
집착하여 결정한 까닭으로 인연으로 생기한 것이 없다[718]는 것이 아니다.

718 원문에 비연생무非緣生無라고 한 것은 곧 집착하여 없다는 것이지, 인연으로 생기한 것이 없다는 것은 아니라는 것이다.

또한 응당 깨뜨려 말하기를 진실한 나라고 계교함을 잡는다면 이런 나는 있지 않을 것이요,
세상을 따르는 거짓된 나라고 한다면 이런 나는 없지 않을 것이니,
그런 까닭으로 함께 없다 말할지라도 또한 이치에 합당치 않는 것이다.

經

過去에 有幾如來가 般涅槃하시고 幾聲聞辟支佛이 般涅槃하며 未來에 有幾如來와 幾聲聞辟支佛과 幾衆生하며 現在에 有幾佛住하시고 幾聲聞辟支佛住하고 幾衆生住하며

과거에 몇 분의 여래가 열반에 드시고 몇 사람의 성문과 벽지불이 열반에 듦이 있었으며
미래에 몇 분의 여래와 몇 사람의 성문과 벽지불과 몇 사람의 중생이 있을 것이며
현재에 몇 분의 부처님이 머무시고 몇 사람의 성문과 벽지불이 머물고 몇 사람의 중생이 머물고 있으며

疏

第二門에 明三乘凡聖의 數之多少者는 以橫無邊故로 不可記也니라

제 이문에 삼승[719]과 범부와 성인의 수가 많고 적음을 밝힌다고 한 것은 횡橫으로 끝이 없는 까닭으로 가히 기록할 수 없는 것이다.[720]

---

719 삼승三乘이라 하였지만 보살菩薩은 없다.
720 원문에 불가기不可記는 즉 무기無記이다.

經

何等如來가 最先出하며 何等聲聞辟支佛이 最先出하며 何等衆生이 最先出하며 何等如來가 最後出하며 何等聲聞辟支佛이 最後出하며 何等衆生最後出하며 何法最在初하며 何法最在後하며

어떤 등의 여래가 가장 먼저 출현하시며
어떤 등의 성문과 벽지불이 가장 먼저 출현하며
어떤 등의 중생이 가장 먼저 출현하며
어떤 등의 여래가 가장 뒤에 출현하시며
어떤 등의 성문과 벽지불이 가장 뒤에 출현하며
어떤 등의 중생이 가장 뒤에 출현하며
어떤 등의 법이 가장 처음에 있으며
어떤 등의 법이 가장 뒤에 있으며

疏

第三門은 竪無際故로 不可記也니라 有人答問云호대 有初佛을 言自然悟라하고 引獺祭天하니 亦爲應機어니 寧加置記리요 若有初佛인댄 如來應知리니 則可說名하리라 言何法者는 染淨等의 一切法也니라

제 삼문은 수竪로 끝이 없는 까닭으로 가히 기록할 수 없는 것이다. 어떤 사람[721]이 묻는 것에 답하여[722] 말하기를 최초에 부처님[723]이

있는 것을 자연히 깨달은 이(自然悟)라 말하고 수달이 하늘에 제사 지내는 것[724]을 인용하였으니,
또한 근기에 응한 것이거니 어찌 두어 기억함을 더하겠는가.
만약 최초에 부처님이 있었다면 여래는 응당 알 것이니 곧 가히 이름[725]을 말해야 할 것이다.
어떤 법이라 말한 것은 염법과 정법 등 일체법이다.

鈔

第三門에 竪明中에 言有人答問者는 卽水南善知識이 答燕國公張悅이니 問云호대 法在前가 佛在前가 答云호대 法在前이니 諸佛所師가 所謂法故니라 便被難云호대 若爾인댄 最初成佛에 前無佛說이어니 何由悟法이리요 答云호대 自然而悟가 如月令中에 獺乃祭天거니 豈有人教리요하니 燕公大伏하니라 亦爲應機者는 歎其善對라 寧加置記者는 爲順經文이라 從若有初佛下는 出不及置記所以니 旣有初佛인댄 悉數難窮이나 如來는 具足一切種智일새 直擧初佛하야 則

---

721 원문에 유인有人은 수남水南이다.

722 묻는 이는 장공張公이다.

723 원문에 초불初佛은 위음왕불威音王佛이니 威는 色이고, 音은 事이니 색과 소리 이전의 부처님이라는 뜻이다.

724 원문에 달제獺祭라고 한 것은 수달이 포획한 고기를 먹으려 할 때에 먼저 좌우에 늘어놓고 하늘에 제사지낸다는 말로서, 본래는 시詩를 지음에 좌우에 참고서를 많이 늘어놓는 데 비유한 것이다.

725 원문에 名이란, 初佛의 名이다.

可示矣리라 故雖善對나 未息難源하니라 何法者는 染淨一切法者는 卽如眞妄의 前後之難也니 初會略明하고 初地當廣하리라

제 삼문에 수竪로 밝히는 가운데 어떤 사람이 묻는 것에 답한 것이라고 말한 것은 곧 수남水南[726] 선지식이 연나라 공公인 장열張悅[727]에게 답한 것이니,
물어 말하기를 법이 앞에 있는가, 부처님이 앞에 있는가.
답하여 말하기를 법이 앞에 있나니,
모든 부처님이 스승 하는 바가 말하자면 법인 까닭이다.
곧 비난함을 입어 말하기를 만약 그렇다면 최초에 성불함에 그 이전에는 부처님의 말씀이 없었을 것이어니 무엇을 인유하여 법을 깨달겠는가.
답하여 말하기를 자연히 깨닫는 것이 마치 달밤 가운데 수달이 이에 하늘에 제사지내는 것과 같거니[728] 어찌 사람의 가르침이 있겠는가 하니, 연나라 장공이 크게 굴복하였다.

---

726 수남水南은 낙양洛陽의 신수神秀가 아니면 신수神秀 계통 사람이다.『유망기遺忘記』에는 수남水南을 하택荷澤이라 하였다.

727 장열張悅은 신수神秀스님의 속가제자俗家弟子이다.

728 원문에 여월령중如月令中 운운은 수달이 고기를 잡아먹기 전에 자연스럽게 하늘에 제사지내는 것과 같다는 말이니,『예기禮記』의 월령편月令篇 가운데 일 년 열두 달에 달마다 월령月令이 있나니, 정월正月엔 달제어獺祭魚라 하니, 말하자면 수달이 저 하늘에 제사를 지내어 고기 먹기를 빈다는 것이다.『잡화기』는 다만 월령月令이란『예기禮記』편篇의 이름이라고만 하였다.

또한 근기에 응한 것이라고 한 것은 그가 잘 대답한 것을 찬탄한 것이다.
어찌 두어 기억함을 더하겠는가 한 것은 지금에 경문을 따르는 것이다.

만약 최초에 부처님이 있었다면이라고 한 것으로 좇아 아래는 두어 기억함이 미칠 수 없는 까닭을 설출한 것이니,
이미 최초에 부처님이 있었다면 다 헤아려 다하기는 어렵지만, 여래는 일체종지를 구족하였기에 바로 최초에 부처님의 이름을 들어 곧 가히 보여야 할 것이다.
그런 까닭으로 비록 잘 대답하였지만 물어 비난한 근원을 쉬게는 못하였다.

어떤 법이라고 말한 것은 염법과 정법 등 일체법이라고 한 것은 곧 진이 앞인가 망이 뒤인가 한 비난과 같나니,
초회에서 간략하게 밝혔고 초지에서 마땅히 폭넓게 설하겠다.

經

世間이 從何處來며 去至何所며 有幾世界成이며 有幾世界壞며 世界가 從何處來며 去至何所며

세간이 어느 곳으로 좇아왔으며
가서는 어느 곳에 이르며
몇 세계가 이루어진 것이 있으며
몇 세계가 무너진 것이 있으며
세계가 어느 곳으로 좇아왔으며
가서는 어느 곳에 이르며

疏

第四門은 徵世間所從이니 有六句라 初二句는 問衆生及蘊世間이요 次四句는 約器世間이니 以外道計호대 衆生이 有最初生故라하며 或謂호대 從冥諦中來하야 還至冥故라하며 或謂호대 世界가 皆微塵成이니 謂至妙之色은 常恒不變하야 聚則爲身器하고 散則成微塵故라하니 此皆邪見之源일새 故不應答하니라

제 사문은 세간이 좇아온 바를 물은 것이니 여섯 구절이 있다
처음에 두 구절은 중생세간과 그리고 오온세간을 물은 것이요
다음에 네 구절은 기세간을 잡아 물은 것이니
외도가 계교하기를 중생이 최초의 중생이 있는 까닭이다 하며

혹은 말하기를 명제冥諦 가운데로 좇아와서 도리어 명제에 이르는 까닭이다 하며
혹은 말하기를 세계가 다 미진으로 이루어지는 것이니, 말하자면 지극히 묘한 색은 항상 변하지 아니하여 모이면 근신과 기계가 되고 흩어지면 작은 티끌을 이루는 까닭이다 하니,
이것은 다 사견의 근원이기에 그런 까닭으로 응답하지 않는 것이다.

鈔

第四門에 徵世間所從中에 其諸邪見은 初卷已廣하니라

제 사문에 세간이 좇아온 바를 물은 가운데 그 모든 사견은 초권初卷에 이미 폭넓게[729] 설하였다.

疏

有情世間에 不言成壞者는 瑜伽云호대 有情望器인댄 有五不同하니 一은 謂器界生死는 共因所生하고 有情生死는 但由不共故니 是因不同이라 二는 謂器有除斷하고 有情은 流轉不斷故니 是時不同이라 三은 謂三災가 壞不壞故니 名法不同이라 四는 謂器界는 因無永斷하고 有情不爾니 名斷不同이라 五는 謂器則斷而復續하고 有情은 斷已無續이니 名續不同이라 以斯義故로 略無成壞也

729 원문에 초권이광初卷已廣이란, 疏의 初卷이니, 곧 洪字卷이다.

니라

유정세간에 이루어지고 무너지는 것을 말하지 아니한 것은 『유가론』에 말하기를 유정세간으로 기세간을 바라본다면 다섯 가지 같지 않는 것이 있나니,
첫 번째는 말하자면 기세계의 생사는 공업인으로 생기하는 바이고 유정세계의 생사는 다만 불공인不共因만 인유하는 까닭이니, 이것은 원인이 같지 않는 것이다.
두 번째는[730] 말하자면 기세계는 끊어짐이 있고 유정세계는 유전하여 끊어지지 않는 까닭이니, 이것은 시간이 같지 않는 것이다.
세 번째는 말하자면 삼재가 무너지고 무너지지 않는 까닭이니, 법이 같지 않다[731] 이름하는 것이다.
네 번째는 말하자면 기세계는 원인이 없어 영원히 끊어지고 유정세계는 그렇지 않나니, 끊어지는 것이 같지 않다 이름하는 것이다.
다섯 번째는 말하자면 기세계는 곧 끊어졌다가 다시 이어지고 유정세계는 끊어진 이후에는 이어지지 않나니, 이어지는 것이 같지 않다 이름하는 것이다.
이런 뜻인 까닭으로 이루어지고 무너지는 것이 생략되어 없는 것이다.

---

730 원문 二 자와 四 자와 五 자 아래 위謂 자가 있는 것이 문장상 통일성이 있기에 보증하여 번역하였다. 북장경에는 다 있다.

731 원문에 법부동法不同이란, 疏本에는 지부동持不同이라 하니 思知하라.

鈔

器界生死共因者는 出現品說이라 三謂三災는 但壞器界하고 不壞有情이니 先令有情으로 生上界竟하고 方壞器界故니라 四謂器界因無永斷者는 如染刹之因이 已亡하면 不復更修染因하야 招染刹也요 有情은 染因雖滅이나 陰識不滅이라 五謂器界斷而復續者는 約招成壞之刹인댄 壞後更成이요 有情은 若捨異生之性인댄 終不更爲凡夫矣니라 然此與四가 似當相違하나니 而四則器界는 約因斷果不生이요 有情은 約因斷果不失이라 五는 器界는 約果斷果更續이요 有情은 約妄因已斷하면 妄果不續이라

기세계의 생사는 공업인이라고 한 것은 출현품의 말[732]이다.

세 번째는 말하자면 삼재라고 한 것은 다만 기세계만 무너뜨리고 유정세계는 무너뜨리지 못하나니, 먼저 유정으로 하여금 천상세계에 태어나게 하여 마치고 바야흐로 기세계를 무너뜨리는 까닭이다.

네 번째는[733] 말하자면 기세계는 원인이 없어 영원히 끊어진다고 한 것은 마치 더러운 세계의 원인이 이미 없어졌다면 다시는 더러운

732 원문에 출현설出現說이라고 한 것은 개자권芥字卷 13장 말행末行에 말하기를 비여삼천세계比如三千世界하야 내지여시개유중생乃至如是皆由衆生의 공업소기共業所起 운운이라 하고, 소문疏文에 그 공업共業과 불공업不共業의 四句를 밝혔으니 바로 이것을 가리키는 것이다. 출현出現上에 혹자는 如 자가 있어야 한다고 하나 없어도 무방하다.

733 四 자 아래에 謂 자가 있어야 한다.

원인을 닦아 더러운 세계를 초래하지 않는 것과 같은 것이요
유정세계는 더러운 원인이 비록 사라졌지만 오음식은 사라지지 않는 것이다.

다섯 번째는[734] 말하자면 기세계는 곧 끊어졌다가 다시 이어진다고 한 것은 이루어지고 무너지는 세계를 초래하는 것을 잡는다면 무너진 뒤에 다시 이루어지는 것이요
유정세계는 만약 범부[735]의 자성을 버린다면 마침내 다시는 범부가 되지 않는 것이다.
그러나 이 제 다섯 번째와 더불어 제 네 번째가 마땅히 서로 어기는 것 같나니,
제 네 번째는 곧 기세계는 원인이 끊어지면 결과가 생기지 아니함을 잡은 것이요
유정[736]세계는 원인이 끊어지면 결과가 없어지지 아니함을 잡은 것이다.
제 다섯 번째는 기세계는 결과가 끊어지면 결과가 다시 이어짐을 잡은 것이요
유정세계는 허망한 원인이 이미 끊어지면 허망한 결과가 이어지지 아니함을 잡은 것이다.

---

734 五 자 아래에 謂 자가 있어야 한다.

735 원문에 이생異生은 범부凡夫의 다른 이름이니 성자聖者와 다른 생류生類라는 뜻이다.

736 원문 有情 아래에 약約 자가 있는 것이 좋다. 아래 第五에는 있다.

經

何者가 爲生死最初際며 何者가 爲生死最後際고

어떤 것이 생사의 최초 경계가 되며
어떤 것이 생사의 최후 경계가 되는가.

疏

第五는 約生死初後際니 唯有二句라 問이라 初際無始는 聖教所明이어니와 生死有終은 豈非正理리요 答이라 略有三義하니 一은 約一人인댄 則可云終이어니와 通望一切인댄 則無終極이라 二는 以彼定執하야 長邪見故로 亦不應答이니 謂若許有終인댄 必有始故니 常法無始며 亦無終故니라 三은 約法性인댄 皆不可說이니 故中論云호대 大聖之所說인 本際不可得이니 生死無有始하고 亦復無有終하니라 若無有始終인댄 中當云何有리요 是故於此中에 先後共亦無라하니라 旣言本際不可得인댄 亦不應定謂無始無終거든 況有始終之見耶아 又有偈云호대 眞法及說者와 聽者難得故니 是故則生死가 非有邊無邊이라하니라

제 오문은 생사의 최초와 최후의 경계를 잡아 물은 것이니
오직 두 구절만 있을 뿐이다.
묻겠다.

최초의 경계가 시작이 없다고 한 것은 성교聖敎에서 밝힌 바이거니와, 생사가 끝이 있다는 것은 어찌 바른 논리가 아니겠는가.

답하겠다.

간략하게 세 가지 뜻이 있나니

첫 번째는 한 사람을 잡는다면 곧 가히 종극이 있다 말할 것이어니와, 일체를 모두 바라본다면 곧 종극이 없다 할 것이다.

두 번째는 저가 결정코 집착하여 사견을 생장하는 까닭으로 또한 응답하지 않는 것이니,

말하자면 만약 종극이 있다고 허락한다면 반드시 시작이 있는 까닭이니 영원한 법은 시작도 없으며 또한 종극도 없는 까닭이다.

세 번째는 법의 자성을 잡는다면 다 가히 말할 수 없나니,

그런 까닭으로 『중론』[737]에 말하기를

대성인께서 설하신 바

본래 경계는 가히 얻을 수 없나니

그 가운데는 생사의 시작도 없고

또한 다시 종극도 없다.

만약 시작과 종극이 없다고 한다면

중간인들 마땅히 어떻게 있겠는가.

이런 까닭으로 이 본래 경계 가운데는

737 『중론中論』은 본제품本際品 初二頌이다. 본제本際는 진여, 열반의 다른 이름이다.

먼저도 뒤도 함께도 또한 없다 하였다.
이미 본래 경계를 가히 얻을 수 없다고 말하였다면 또한 응당히 시작도 없고 종극도 없다는 것도 결정코 말할 수 없거든 하물며 시작과 종극이라는 소견이 있겠는가.
또 게송을 두어 말하기를
진실한 법과 그리고 설하는 사람과
듣는 사람을 얻기 어려운 까닭이니
이런 까닭으로 곧 생사가
끝이 있다는 것도 끝이 없다는 것도 아니다 하였다.

鈔

謂若許有終인댄 必有始故는 亦如初地하니라 中論云호대 大聖之所說等은 卽本際品偈라 此中初偈는 引教立理하야 顯無始終이요 次二句는 仍上遣中이니 以無始終의 可待對故요 後兩句는 遣其先後共이라 略有三義하니 謂應有問言호대 生死二法이 爲先生後死아 爲先死後生아 爲生死一時아하니 一時名共이니 今且總非니라 下有偈하야 出非所以云호대 若使先有生하고 後有老死者인댄 不老死有生하리며 生不有老死하리라 若先有老死하고 而後有生者인댄 是則爲無因이니 不生有老死하리라하니라 釋曰前偈는 破先生後死니 生必因死어늘 今先有生인댄 則不因老死而有일새 故云不老死有生하리라하니라 則亦令生으로 無有老死케하니 先獨生故니라 後偈는 破先死後生이니 生是死因이어늘 今死在前인댄 則爲無因矣니라 次破一時偈云호

대 生及於老死가 不得一時共이니 生時卽有死인댄 是二俱無因이라 하니라 釋曰以生不因死하고 死不因生故니라 後結法空云호대 若使初後共인댄 是皆不然者니 何故而戲論하야 謂有生老死고하니라 旣言本際下는 疏釋論이니 正爲證有始終之邪見故니라 又有偈云은 此卽邪見品에 破有邊等偈後니 前已引竟하니라

말하자면 만약 종극이 있다고 허락한다면 반드시 시작이 있는 까닭이라고 한 것은 또한 초지에서 말한 것과 같다.

『중론』에 말하기를 대성인께서 설하신 바라고 한 등은 곧 본제품 게송이다.
이 가운데 처음 게송은 성인의 가르침을 이끌어 이치를 세워 시작도 종극도 없음을 나타낸 것이요
다음에 두 구절은 위에 시작도 종극도 없다는 것을 인하여 중간까지 보내는 것이니, 시작과 종극이 가히 기다려 상대할 수 없는 까닭이요
뒤에 두 구절은 그 가운데 먼저도 뒤도[738] 함께도 또한 다 보내는 것이다.
간략하게 세 가지 뜻이 있나니
말하자면 응당 어떤 사람이 물어 말하기를 나고 죽음의 두 가지 법이 먼저 태어남이 있고 뒤에 죽음이 있게 됩니까, 먼저 죽음이 있고 뒤에 태어남이 있게 됩니까, 태어나고 죽는 것이 일시一時에

738 원문 先後 다음에 共 자가 있어야 한다. 『중론中論』엔 있다.

있게 됩니까 하니, 일시一時는 이름이 공共이니 지금에 또한 모두 아니라는 것이다.

이 아래에 게송을 두어[739] 아니라는 까닭을 설출하여 말하기를

만약 하여금 먼저 태어남이 있고
뒤에 늙고 죽음이 있다고 한다면
늙고 죽지 않고도 태어남이 있어야 할 것이며
태어났다면 늙고 죽음이 있지 않아야 할 것이다.[740]

만약 먼저 늙고 죽음이 있고
뒤에 태어남이 있다고 한다면
이것은 곧 원인이 없는 것이 되나니[741]
태어나지 않고도 늙고 죽음이 있어야 할 것이다 하였다.

해석하여 말하면 앞에 게송은 먼저 태어남이 있고 뒤에 죽음이 있게 됩니까 한 것을 깨뜨린 것이니,

태어나는 것은 반드시 죽음을 원인하거늘 지금에 먼저 태어남이 있다고 한다면 곧 늙고 죽음을 원인하지 않고 있는 것이기에 그런 까닭으로 말하기를 늙고 죽지 않고도 태어남이 있어야 할 것이다

---

739 원문에 하유게下有偈란, 위에서 인용한 初二頌 다음에 第三頌과 第四頌이다.

740 본제품本際品엔 생불유노사生不有老死가 아니라 불생유노사不生有老死라 하였으니, 태어나지 않고도 늙고 죽음이 있어야 한다는 뜻이다.

741 이것은 곧 원인이 없는 것이 된다고 한 등은 『중론』에 말하기를 태어남이 뒤에 있는 까닭이며 또 태어나지 않고 어찌 늙고 죽음이 있겠는가 하였다. 역시 『잡화기』의 말이다.

하였다.

곧 또한 태어남으로 하여금 늙고 죽음이 없게 하는 것이니 먼저 홀로 태어난 까닭이다.

뒤에 게송은 먼저 죽음이 있고 뒤에 태어남이 있게 됩니까 한 것을 깨뜨린 것이니,

태어나는 것은 이 죽음의 원인이거늘 지금에 죽음이 앞에 있다고 한다면 곧 원인이 없는 것이 되는 것이다.

다음에 태어나고 죽는 것이 일시에 있게 됩니까 한 것을 깨뜨리는 게송[742]에 말하기를,

태어나는 것과 그리고 늙고 죽는 것이
일시에 함께 있음을 얻을 수 없나니
태어나는 때에 곧 죽음이 있다고 한다면[743]
이 두 가지가 함께 원인이 없는 것이 되는 것이다 하였다.

해석하여 말하면 태어나는 것은 죽음을 원인하지 않고, 죽는 것은 태어남을 원인하지 않는 까닭이다.

---

742 이 게송은 『중론中論』 본제품本際品 第五頌이다.

743 태어나는 때에 곧 죽음이 있다고 한다면 이라고 한 등은 『중론』에 말하기를 응당 태어날 때는 있고 죽은 때는 없어야 하거늘 / 만약 태어날 때 죽음이 있다고 한다면 / 이 사실이 그렇지가 않는 것이다. / 만약 태어날 때 일시에 태어난다고 한다면 / 곧 서로 원인이 없는 것이 / 마치 소의 뿔이 일시에 나는 것과 같아서 / 곧 서로 원인이 없는 것이다. / 이런 까닭으로 원인이 없다 이름한다 하였다.

뒤에 법이 공함을 맺어 말하기를
만약 하여금 처음도[744] 뒤도[745] 함께도 있다고 한다면
이것은 다 그렇지가 않는 것이니
무슨 까닭으로 희론하여
태어나고 늙고 죽음이 있다고 말하는가 하였다.

이미 본래 경계를 가히 얻을 수 없다면이라고 말한 아래는 소가가 『중론』을 해석한 것이니,
바로 시작도 종극도 있다고 하는 사견을 증거하는 까닭이다.

또 게송을 두어 말하였다고 한 것은 이것은 곧 사견품에[746] 끝이 있다는 등을 깨뜨린 게송 뒤에 말이니,
앞에서 이미 인용하여 마쳤다.

---

744 만약 하여금 처음이라고 한 등은 늙고 죽음을 생각한다면 곧 이것은 필경에 공이거늘, 그대는 지금 무슨 까닭으로 늙고 죽음에 탐착하고 희론하여 결정된 모습이 있다고 말하는가 하는 것이다. 역시 『잡화기』의 말이나 도리어 뜻이 잘 나타나지 않으니 내가 번역한 대로 보면 더욱더 분명하다 하겠다.

745 원문에 약사초후若使初後 운운은 본제품本際品 第六頌이다.

746 사견품이란, 사견품邪見品에는 없다. 『중론中論』 어디에도 없다. 따라서 사견품邪見品에 有邊等을 깨뜨린 이후에 게송偈頌을 의인意引한 것으로 보는 것이 좋겠다. 彼有라 한 彼 자는 破 자의 잘못이다.

疏

上諸邪見은 多是外道며 亦參小乘이니 菩薩善知하야 則問答無滯어늘 便擧破者는 令自他로 造中故也니라

이상에 모든 사견은 다분히 이 외도의 소견이며 또한 소승에게 들은 소견이니,
보살은 잘 알아[747] 곧 묻고 답함에 막힘이 없거늘 곧 거론하여 깨뜨린 것은 자기와 다른 사람으로 하여금 중도에 나아가게 하는 까닭이다.

鈔

上諸邪見下는 總結上意라 言菩薩善知問答者는 具四種答하니 一은 正是置答이요 二는 如說生死가 無有始終은 是一向答이요 三은 如云衆生器界가 五種不同은 是分別答이요 四는 若有問云호대 世尊이 約何法說我하며 何法說衆生고하면 應答言호대 約假名說我하며 約因緣說衆生은 是名隨問答이라 若通前七하야 以辨多聞인댄 問答居然可知리라 餘可思準이니라

이상에 모든 사견이라고 한 아래는 위에 뜻을 모두 맺는 것이다. 보살은 잘 알아 묻고 답한다고 말한 것은 네 가지 답을 갖추었나니

747 보살은 잘 안다고 한 등은 그 뜻에 말하기를 이미 잘 안다고 하였다면 곧 응당 네 가지를 갖추어 답하였거늘, 지금에는 다만 답이라는 말만 인용하여 둔 것은 중도에 나아가게 하고자 한 까닭이다. 역시 『잡화기』의 말이다.

첫 번째는 바로 그만둠으로 답하는 것이요

두 번째는 나고 죽음이 시작도 종극도 없다고 설하는 것과 같은 것은 이것은 한결같이 답하는 것이요

세 번째는 중생세계와 기세계가[748] 다섯 가지로 같지 않다고 말한 것과 같은 것은 이것은 분별하여 답한 것이요

네 번째는 만약 어떤 사람이 물어 말하기를 세존이 어떤 법을 잡아서 나라고 말하며 어떤 법을 중생이라고 말합니까 한다면, 응답하여 말하기를 거짓 이름을 잡아서 나라고 말하며 인연을 잡아서 중생이라고 말하는 것은 이것은 이름이 물음을 따라 답하는 것이다.

만약 앞에 일곱 가지[749]를 통틀어 다문多聞을 분별한다면 묻고 답한 것을 모르는 사이에 가히 알게 될 것이다.

나머지는 가히[750] 생각하여 기준할 것이다.

---

748 원문에 여운중생기계如云衆生器界 이하는 영인본 화엄 7책, p.145, 3행에 설출說出하였다.

749 원문에 前七이란, 사기私記에는 此四答과 영인본 화엄 7책, p.146, 9행에 三義를 七이라 하였으나 석연치 않다. 따라서 문장聞藏에 칠단七段이 있으니 1. 연생緣生, 2. 유루有漏, 3. 무루無漏, 4. 유위有爲, 5. 무위無爲, 6. 유기有記, 7. 무기無記라 한 것으로 보는 것이 좋다. 영인본 화엄 7책, p.50, 2행 七段이라 한 이하이다.

750 여가餘可에서 餘란 前七 外에 나머지 法을 말한다.

經

是名無記法이니라
菩薩摩訶薩이 作如是念호대 一切衆生이 於生死中에 無有多聞일새 不能了知此一切法하나니 我當發意하야 持多聞藏하야 證阿耨多羅三藐三菩提하야 爲諸衆生하야 說眞實法호리라하나니 是名菩薩摩訶薩의 第五多聞藏이니라

이것이 이름이 무기법입니다.

보살마하살이 이와 같은 생각을 하기를 일체중생이 나고 죽음 가운데서 많이 들은 것이 없기에 능히 이 일체법을 요달하여 알지 못하나니
내가 마땅히 뜻을 일으켜 다문의 창고를 가져 아뇩다라삼먁삼보리를 증득하여 모든 중생을 위하여 진실한 법을 설할 것이다 하나니, 이것이 이름이 보살마하살의 제 다섯 번째 다문의 창고입니다.

疏

第二에 菩薩下는 顯多聞之意니 謂悲物無聞하야 長淪生死故로 誓持聞藏하야 自證利他니라

제 두 번째 보살이라고 한 아래는 다문의 뜻을 나타낸 것이니, 말하자면 중생이 들은 것이 없어서 나고 죽음에 길이 빠지는 것을

슬퍼한 까닭으로 다문의 창고를 가져 스스로 증득하고 다른 사람도 이롭게 하기를 서원한 것이다.

청량 징관(清涼 澄觀, 738~839)

중국 화엄종의 제4조.

절강성浙江省 월주越州 산음山陰 사람으로, 속성은 하후夏侯, 자는 대휴大休, 탑호는 묘각妙覺이다.

11세에 출가하여 계율, 삼론, 화엄, 천태, 선 등을 비롯, 내외전을 두루 수학하였다. 40세(777년) 이후 오대산 대화엄사에 머물면서 『화엄경』을 여러 차례 강설하였으며, 이를 토대로 『대방광불화엄경소』 60권, 『대방광불화엄경수소연의초』 90권을 저술하고 강의하였다. 796년에는 반야삼장의 『40권 화엄경』 번역에 참여하였고, 덕종에게 내전에서 화엄의 종지를 펼쳤다. 덕종에게 청량국사淸涼國師, 헌종에게 승통청량국사僧統淸涼國師라는 호를 받는 등 일곱 황제의 국사를 지냈다.

저서로 『화엄경주소華嚴經註疏』, 『화엄경수소연의초華嚴經隨疏演義鈔』, 『화엄경강요華嚴經綱要』, 『화엄경략의華嚴經略義』, 『법계현경法界玄鏡』, 『삼성원융관문三聖圓融觀門』 등 400여 권이 있다.

관허 수진貫虛 守眞

1971년 문성 스님을 은사로 출가, 1974년 수계, 해인사 강원과 금산사 화엄학림을 졸업하고, 운성, 운기 등 당대 강백 열 분에게 10년간 참문수학하였다.

1984년부터 수선안거 10년을 성만하고, 1993년부터 7년간 해인사 강원 강주로 학인들을 지도하였다.

대한불교조계종 교육위원, 역경위원, 교재편찬위원, 중앙종회의원, 범어사 율학승가대학원장 및 율주를 역임하였다.

현재 부산 승학산 해인정사에 주석하면서, 대한불교조계종 고시위원장, 단일계단 계단위원·존증아사리, 동명대학교 석좌교수, 동명대학교 세계선센터 선원장 등의 소임을 맡고 있다.

청량국사화엄경소초 42-십무진장품 ①

초판 1쇄 인쇄 2024년 7월 30일 | 초판 1쇄 발행 2024년 8월 9일
청량 징관 찬술 | 관허 수진 현토역주 | 펴낸이 김시열
펴낸곳 도서출판 운주사
(02832) 서울시 성북구 동소문로 67-1 성심빌딩 3층
전화 (02) 926-8361 | 팩스 0505-115-8361

ISBN 978-89-5746-831-9 94220
ISBN 978-89-5746-592-9 (총서) 값 27,000원
http://cafe.daum.net/unjubooks 〈다음카페: 도서출판 운주사〉